LE COFFRE À OUTILS
DU CHERCHEUR DÉBUTANT

LE COFFRE À OUTILS

DU CHERCHEUR DÉBUTANT

Guide d'initiation
au travail intellectuel

JOCELYN LÉTOURNEAU

Toronto   OXFORD UNIVERSITY PRESS   1989

Oxford University Press, 70 Wynford Drive, Don Mills, Ontario, M3C 1J9

Toronto Oxford New York Delhi Bombay Calcutta Madras Karachi
Petaling Jaya Singapore Hong Kong Tokyo Nairobi Dar es Salaam
Cape Town Melbourne Auckland

et des compagnies associées à
Berlin Ibadan

DONNÉES DE CATALOGAGE AVANT PUBLICATION (CANADA)

Létourneau, J. (Jocelyn)
Le coffre à outils du chercheur débutant

Comprend des références bibliographiques.
ISBN 0-19-540691-5

1. Rapports — Rédaction. 2. Recherche. I. Titre.

LB2369.L47 1989   808′.02   C89-093590-4

1 2 3 4 - 2 1 0 9

Sommaire

I

SAVOIR-FAIRE PRATIQUES

II

DE LA DÉFINITION D'UN SUJET DE RECHERCHE À LA RÉDACTION D'UN TRAVAIL LONG

Remerciements

Fruit d'un travail collectif auquel ont participé directement onze chercheurs, ce guide a aussi bénéficié des suggestions de collègues, spécialistes et amis. Je voudrais en particulier remercier Jean-Marie Fecteau, Nicole Gagnon, Serge Genest, Bogumil Jewsiewicki, Gilles Langelier, Simon Langlois, Elzéar Lavoie, François Lépine, Gilles Paradis, Francine Sarrasin et Marc Vallières pour leurs commentaires extrêmement utiles sur certains chapitres; Émile Allie, Francine Audet, Rodrigue Lavoie, Louise Milot, Yves Tessier, Maryse Thivierge et Flora Veress, pour les indications ponctuelles qu'ils nous ont données, méritent d'être cités.

À maintes reprises, le manuscrit a été soumis à l'attention d'étudiants inscrits dans le cadre de cours d'apprentissages techniques dont j'étais titulaire. Qu'ils trouvent ici l'expression de ma gratitude pour leur enthousiasme et leurs observations pertinentes. M. Jean-Pierre Asselin a procédé à la révision du texte. Le CÉLAT, pour les facilités qu'il m'a accordées dans la préparation de la version finale du manuscrit, a droit à toute ma reconnaissance; de même Sally Livingston et Richard Teleky, éditeurs chez Oxford University Press, pour l'intérêt qu'ils ont porté à ce projet depuis le début, pour leur patience et la confiance qu'ils ont manifestée envers de jeunes auteurs.

Je remercie enfin le Vice-rectorat à l'enseignement et à la recherche de l'Université Laval qui, en m'accordant une subvention au titre du programme de soutien à l'innovation pédagogique, a permis le démarrage de ce projet.

Jocelyn Létourneau
Québec, le 26 octobre 1988

Présentation

Ce guide d'initiation au travail intellectuel, que nous avons significativement baptisé *Le coffre à outils du chercheur débutant*, s'adresse à tous ceux et celles qui, à l'université ou au collège, font leurs premiers pas dans l'univers de la recherche professionnelle[1].

Concrètement, ce guide se limite à l'enseignement de certains savoir-faire élémentaires que doit maîtriser tout étudiant fréquentant, ne serait-ce que transitoirement, les milieux de la recherche organisée. Ce guide n'introduit pas aux méthodologies propres aux sciences humaines ou aux sciences sociales. Il ne propose pas non plus une réflexion épistémologique sur les modes de production du savoir scientifique. L'ambition du guide est au contraire de fournir à l'étudiant une éducation scientifique, de l'aider à acquérir un *habitus* de la recherche professionnelle. Cet objectif n'implique pas, bien au contraire, que nous n'admettions aucune forme de savoir en dehors de la science. Il n'implique pas non plus que nous adhérions à ce principe tout à fait contestable voulant que seule l'éducation ou la formation scientifiques soient gages d'une objectivité des pratiques liées à la production de connaissances. Il reconnaît simplement que la production du savoir fondée sur une démarche méthodique et liée à certaines conventions d'usage est un savoir valable qui peut faire bénéficier la communauté des hommes et des femmes d'une meilleure compréhension de son passé et de son présent.

Ce guide n'a pas été conçu *in abstracto*. Il s'appuie sur plusieurs expériences d'enseignement réalisées au cours des dernières années. Plus important peut-être, il part des préoccupations, des contraintes et des problèmes concrets que rencontrent les étudiants dans leur apprentissage. C'est ce qui lui donne son originalité; c'est aussi ce qui marque ses limites. En effet, ce guide n'est pas un traité théorique établissant des principes universels de méthode. C'est un coffre à outils dans lequel on peut puiser des idées, des moyens, des techniques, des éléments de méthode et des trucs d'abord opérationnels pour réussir certains des exercices le plus fréquemment demandés par les professeurs aux étudiants de sciences humaines, de sciences sociales, de sciences de la gestion... et même de sciences naturelles.

En parcourant la table des matières, on peut voir que le guide comprend quatorze chapitres et deux annexes. Le contenu de ces différents chapitres et annexes rencontre d'assez près les objectifs de formation intellectuelle visés en première année de baccalauréat dans une majorité de départements et de programmes. Il correspond également à certains objectifs de formation pratique poursuivis au niveau collégial.

---

[1] Le générique masculin employé dans cet ouvrage n'a aucune volonté discriminante et ne vise qu'à l'allégement du texte.

C'est pourquoi nous pouvons dire que les exercices d'apprentissage formant le contenu de ce guide s'accordent directement avec la démarche intellectuelle de l'étudiant inscrit à des cycles d'études supérieures.

Grosso modo, quatre objectifs généraux ont inspiré ce projet :

1° concevoir un guide d'abord pratique et utile en misant sur une démarche d'apprentissage aussi pédagogique et didactique que possible;

2° adapter le contenu du guide aux tendances actuelles de la recherche;

3° rédiger un ouvrage avec des objectifs élevés d'apprentissage;

4° concevoir le guide de telle façon qu'il puisse être utilisé par des étudiants provenant de différentes disciplines.

Voyons quelles impressions la poursuite de ces objectifs généraux a laissées tant sur le fond que sur la forme du guide.

UN GUIDE D'ABORD PRATIQUE ET UTILE

L'objectif de faire du guide un support d'apprentissage d'abord pratique et utile s'est traduit, au niveau de la méthode suivie, de trois façons différentes :

— par la décomposition des démarches proposées en séquences logiques et progressives;

— par l'ajout de textes explicatifs et de schémas récapitulatifs;

— par l'incorporation d'exemples illustratifs.

La majorité des chapitres du guide suivent ce plan. Cette préoccupation pédagogique et didactique explique évidemment l'ampleur de l'ouvrage. Nous croyons cependant que la minutie apportée à la présentation des démarches se justifie pleinement. Diverses expériences d'enseignement nous ont en effet appris qu'une fois seul, sorti de l'encadrement du cours, l'étudiant se sentait souvent désemparé devant l'abondance des éléments d'explication fournis dans l'exposé oral du professeur et qu'il trouvait souvent très utile, sinon sécurisant, d'affiner et de conforter sa démarche et ses choix (donc de développer son autonomie) en ayant recours à différents ouvrages de référence. En un sens, l'intérêt de ce guide est précisément de jouer le rôle simultané d'ouvrage de consultation et de support de travail, que l'étudiant soit inscrit dans un apprentissage encadré ou qu'il procède en autodidacte.

UN GUIDE TENANT COMPTE DES TENDANCES ACTUELLES DE LA RECHERCHE

Exploiter des sources d'information inhabituelles, lire un tableau statistique, tirer profit de cartes historiques, savoir mener une enquête auprès d'informateurs, acquérir un *habitus* de la démarche interdisciplinaire, voilà certainement un programme de travail à l'agenda de tout jeune chercheur. L'objectif de lier le contenu du guide à certaines tendances fortes de la recherche actuelle s'est traduit par l'incorporation de quatre exercices d'apprentissage spécifiques. Ce sont les suivants :

— comment analyser et commenter une carte ancienne (chapitre 6);

— comment comprendre et tirer profit d'un tableau statistique (chapitre 7);

— comment utiliser l'autobiographie comme document informatif (chapitre 8);

— comment mener une enquête auprès d'informateurs (chapitre 9).

Il va de soi que l'information transmise dans chacun de ces chapitres renvoie à des savoir-faire, à des méthodes et à des indications de base seulement. Personne ne contestera que l'on ne devient pas analyste en données quantitatives du jour au lendemain et que l'on ne se met pas non plus à utiliser les cartes anciennes ou les autobiographies sans une connaissance approfondie des pièges et des particularités de ces documents. Nous considérons cependant que le jeune chercheur doit être, dans le cours de son apprentissage, entraîné à diverses façons de produire et de transmettre du savoir; entraîné et amené à les pratiquer, ne serait-ce que de façon limitée. C'est précisément dans cet esprit qu'ont été rédigés ces quatre chapitres.

Un second aspect sur lequel nous voudrions insister a trait à la pluralité et à la complémentarité des savoir-faire enseignés. La première section du guide est particulièrement riche de ce point de vue puisqu'elle propose des exercices d'apprentissage susceptibles d'intéresser tant l'historien que le géographe, le sociologue que l'ethnologue, l'historien de l'art que l'anthropologue. Or nous croyons que cette pluralité et cette complémentarité des savoir-faire enseignés, le fait aussi qu'ils soient présentés côte à côte dans un même ouvrage, ont des chances de susciter l'intérêt pour la démarche interdisciplinaire. C'est grâce à certains apprentissages fondamentaux, que l'on croyait propres à une autre discipline, que l'on s'ouvre parfois à la richesse de l'approche interdisciplinaire et que l'on bonifie de cette façon sa propre démarche scientifique.

UN GUIDE AUX OBJECTIFS D'APPRENTISSAGE ÉLEVÉS

Ce guide ne s'adresse pas principalement aux étudiants de niveau secondaire. Il entend surtout profiter aux étudiants de cycles supérieurs, ceux des collèges et des universités, désireux de s'initier à la démarche professionnelle. Or cette démarche n'est pas simple, sa maîtrise exige du temps, beaucoup de travail et de l'ambition assurément.

C'est pourquoi aucun compromis n'a été fait de notre part. Les démarches proposées, les méthodes décrites et les trucs suggérés n'ont jamais eu pour objectif de simplifier un apprentissage. Le but visé, conscient, a toujours été, plutôt, de rendre possible la maîtrise d'un exercice de façon professionnelle. En fait, les objectifs spécifiques d'apprentissage visés dans chacun des chapitres ont été portés aussi haut que possible. Nous n'avons ménagé aucun effort pour préciser des cheminements, décortiquer des démarches et complexifier des étapes. Nous croyons en effet que l'apprentissage collégial ou universitaire, comme dernière étape dans la formation intellectuelle, doit viser l'excellence. Cet objectif se justifie aisément dans la présente conjoncture. La concurrence des milieux de travail concrets renouvelle en effet les normes de l'effort et de l'efficacité. C'est la recherche de ces normes qui a guidé nos choix dans l'élaboration de chacun des chapitres.

UN GUIDE DESTINÉ AUX ÉTUDIANTS DE DIFFÉRENTES DISCIPLINES

Les exercices d'apprentissage formant le contenu de ce guide ont été conçus de telle façon qu'ils profitent à des étudiants de divers horizons disciplinaires et de différentes orientations scientifiques. Savoir rédiger un compte rendu critique de lecture, savoir analyser et mettre en contexte un témoignage écrit, savoir lire et analyser un tableau statistique, savoir exploiter la documentation contenue dans une grande bibliothèque, savoir définir un sujet de recherche, savoir communiquer sa pensée, voilà le lot de tout jeune chercheur, qu'il se spécialise en lettres, en sociologie, en administration, en physique, en médecine ou en génie.

En fait, bien avant de trouver sa source, son unité et ses significations dans une discipline, ce guide les trouve d'abord dans quatorze des principales activités d'apprentissage auxquelles est habituellement soumis l'étudiant de cycle supérieur.

Conseils à l'utilisateur

Comme un dictionnaire, le guide se consulte; il ne se lit pas d'un bout à l'autre. Chacun de ses chapitres est en effet autonome; chacun correspond à **une** activité d'apprentissage ou à **une** étape d'une démarche de recherche. Le guide a été conçu de telle manière que l'utilisateur consulte un chapitre au moment où il fait face à un problème particulier ou à un ensemble de problèmes. L'étudiant qui doit rédiger un compte rendu de lecture n'a par exemple qu'à parcourir le premier chapitre. De même, celui à qui il est demandé de définir un sujet de recherche peut pratiquement se limiter à la lecture du chapitre 11.

Dans la mesure où cela est possible, les chapitres sont accompagnés de schémas, figures ou tableaux récapitulant les principaux éléments de la matière transmise. D'un point de vue didactique, ces représentations visuelles n'ont pas leur pareil. Mais elles donnent souvent une vision simplificatrice d'un propos parfois beaucoup plus complexe ou nuancé. C'est pourquoi l'on ne saurait trop recommander au lecteur de scruter le schéma, la figure ou le tableau **en même temps** qu'il prend connaissance du texte. De cette façon, mémoire visuelle et lecture informée interagiront pour produire un effet maximal de compréhension.

À maintes reprises, des exemples sont introduits pour aider à l'assimilation des démarches proposées. Ces exemples ne doivent pas être apparentés à des modèles idéaux. Ils ne visent qu'à servir de **références** à l'étudiant désireux de voir comment des chercheurs plus expérimentés, soumis aux mêmes exercices, ont relevé le défi. Dans la mesure toutefois où ces exemples respectent les méthodes enseignées, ils peuvent se révéler de très efficaces supports d'apprentissage.

Le lecteur ne tardera pas à noter certaines répétitions de contenu. Ces redondances sont voulues. D'abord parce qu'étant donné les recoupements de matière, il était inévitable que certains propos soient repris; ensuite parce qu'un *habitus* ne se développe qu'avec les redites, les reprises et les recommencements gradués. C'est souvent en se faisant répéter la même chose qu'on découvre l'importance d'un enseignement ou qu'on l'assimile doucement...

Dans certains chapitres, des références bibliographiques ont été ajoutées au texte principal. Celles-ci indiquent au lecteur quelques ouvrages ou articles particulièrement appropriés pour approfondir la matière transmise.

Précisons enfin qu'un exercice d'apprentissage ou une démarche de recherche pose toujours certains problèmes spécifiques qui ne peuvent être résolus par les indications normatives énoncées dans un guide. Devant de tels problèmes, la méthode la plus efficace consiste probablement à user de son imagination, à profiter des conseils et de l'expertise de spécialistes, et à justifier chacun de ses choix.

En définitive, ce guide produira un effet bénéfique maximal s'il est utilisé comme support de travail et non comme modèle rigide ou livre de recettes. L'objectif de l'ouvrage est d'abord d'aider l'étudiant à développer son autonomie et à parfaire sa propre démarche. Notre ambition n'est pas d'ankyloser la créativité du chercheur en lui laissant croire qu'il n'y a qu'une seule façon de procéder. En fait, il n'y a de bonne méthode que celle qui convient à chacun et qui produit des résultats probants. Si les démarches que nous proposons satisfont le chercheur débutant, tant mieux. Ce guide n'est qu'un moyen supplémentaire que peut utiliser l'étudiant pour parvenir à ses fins, soit la production de travaux de meilleure qualité.

I
Savoir-faire pratiques

1
Comment faire la recension d'une lecture

L'un des premiers exercices demandés à l'étudiant lorsqu'il s'inscrit à un cours universitaire est de se livrer à l'étude d'un ouvrage scientifique. Les avantages de cet exercice sont nombreux : découvrir les travaux d'un chercheur; apprécier les subtilités de sa réflexion; se mettre au diapason de la science; assimiler de nouvelles connaissances; se familiariser avec des façons de faire, des méthodes de travail, des procédés d'analyse.

Dans la majorité des cas, c'est à travers la rédaction d'un compte rendu de lecture que le jeune chercheur procède à l'étude de l'ouvrage qui lui est suggéré. De toute évidence, il s'agit là, probablement, du meilleur exercice permettant à l'étudiant d'acquérir un savoir, de s'initier aux contraintes de la démarche méthodique et rigoureuse, d'aiguiser son esprit critique et de développer son autonomie intellectuelle.

C'est précisément l'objet de ce chapitre que d'introduire aux problèmes posés par la rédaction d'un compte rendu de lecture. Après avoir précisé en quoi consiste cet exercice intellectuel (§1), nous formulerons quelques conseils permettant de le réaliser convenablement (§2). Ces conseils prendront deux formes : l'explicitation d'une démarche méthodique et systématique de travail; l'indication de quelques trucs sans prétention mais efficaces. Le chapitre sera complété par des exemples de comptes rendus rédigés conformément aux recommandations prescrites (§3). Enfin, un tableau schématique permettra de récapituler les principaux acquis du chapitre.

1. CE QU'EST UN COMPTE RENDU DE LECTURE

L'objet premier du compte rendu est d'introduire le lecteur éventuel à la thèse et à l'argumentation centrales d'un ouvrage en essayant de dégager l'intérêt ou la banalité, la puissance et les lacunes de cette thèse et de cette argumentation (et donc de cet ouvrage).

Le compte rendu de lecture constitue un support efficace de diffusion du savoir dans les milieux de la recherche parce qu'il informe le lecteur du contenu et de l'intérêt d'un ouvrage sans que celui-ci ait nécessairement à en prendre connaissance complètement. À une époque où, par sa quantité, la production scientifique dépasse de loin les capacités de lecture du spécialiste le plus zélé, le compte rendu permet au lecteur de se tenir à jour, d'inventorier un maximum d'ouvrages (ou de publications) en un minimum de temps. Il s'agit donc d'un des meilleurs moyens d'augmenter la productivité intellectuelle du chercheur.

Le compte rendu de lecture est un exercice qui exige énormément d'attention, beaucoup de rigueur, un grand effort de synthèse et un esprit critique développé. Il nécessite aussi, de la part du recenseur, une bonne connaissance du contexte de production de l'ouvrage évalué, une connaissance minimale du profil intellectuel de son (ou de ses) auteur(s) et une connaissance approfondie du débat large (théorique, méthodologique, historiographique ou politique) au sein duquel s'inscrit cet ouvrage.

Le compte rendu se distingue du simple résumé de lecture par la **distance relative** que doit prendre le recenseur par rapport à l'ouvrage évalué. En effet, le compte rendu ne consiste pas exclusivement en la répétition condensée du contenu d'un volume. Il s'agit plutôt d'accéder à la structure fondamentale de ce volume, à ses propriétés distinctives, à certaines de ses caractéristiques non immédiatement visibles : la thèse avancée, l'intention de l'auteur, la progression du raisonnement, etc. Cette distance relative exige du recenseur plusieurs niveaux de lecture. On en compte trois principaux. Nous les nommons : **lecture d'assimilation**, **lecture de compréhension et lecture critique**. Nous distinguerons ces niveaux de lecture un peu plus loin.

Un bon compte rendu est ordinairement composé de trois parties. Une première qui **situe** l'ouvrage; une deuxième qui le **dissèque** et en **révèle le contenu**; et une troisième qui l'**apprécie**.

2. RÉDIGER UN COMPTE RENDU DE LECTURE

Assimiler une démarche méthodique de travail...

Soyons honnête : il n'y a pas une méthode universelle, déclassant toutes les autres et acceptée par l'ensemble des chercheurs, permettant de réaliser un compte rendu de lecture. L'expérience démontre cependant qu'un certain nombre de caractéristiques récurrentes se retrouvent dans la très grande majorité des comptes rendus. La démarche proposée ici repose sur la prise en compte de ces caractéristiques récurrentes qu'elle ordonne toutefois suivant un patron logique allant du général au particulier.

1° partie : Cadre et origine de l'ouvrage

La première partie du compte rendu a pour objectif de bien situer l'ouvrage recensé, de bien situer son (ou ses) auteur(s), d'identifier les buts qu'ils visent et les limites qu'ils fixent à leur projet et à leur démarche, et de préciser les traits distinctifs de l'ouvrage.

Bien situer un ouvrage, cela veut dire, premièrement, identifier le thème qu'il aborde et préciser le sujet sur lequel il porte. Par exemple : de quoi ce volume traite-t-il? À quelle question générale s'intéresse ce livre? De quel problème fondamental cette publication débat-elle?

Bien situer un ouvrage, cela veut dire également donner un certain nombre d'informations sur son contexte de production. Par exemple : à quel public s'adresse cet ouvrage? Dans quelle conjoncture politique, sociale ou intellectuelle a-t-il été rédigé? À quel courant théorique, méthodologique ou historiographique se raccroche-t-il?

Bien situer le (ou les) auteur(s) d'un ouvrage, cela veut dire, le cas échéant, indiquer pourquoi un ouvrage, parce qu'il a été rédigé par un (ou des) auteur(s) en particulier, possède de ce fait un intérêt nouveau et singulier, et prend une orientation originale.

Identifier les buts visés et les limites fixées par un auteur à son projet et à sa démarche, cela veut dire bien faire ressortir la perspective retenue par cet auteur pour approcher son objet d'étude, pour définir le cadre de son analyse et pour délimiter l'espace pertinent de son argumentation. Cela veut dire aussi reconnaître le cheminement qu'il utilise pour faire progresser sa démonstration. Cela veut dire enfin mettre en lumière les choix fondamentaux qui sous-tendent sa démarche intellectuelle : méthodes, procédés d'analyse, genre de preuve, style d'écriture, ton du texte, etc. Identifier les buts et les limites d'un ouvrage constitue une condition absolument nécessaire pour éviter de le commenter en fonction de critères irrecevables et faciles, et de trahir ainsi le projet de l'auteur.

Préciser les traits distinctifs d'un ouvrage, cela veut dire mettre en relief les particularités qui caractérisent et différencient cet ouvrage, qui lui donnent une originalité, une pertinence et un intérêt spécifiques.

2° partie : Schéma et analyse de l'ouvrage

La deuxième partie d'un compte rendu a pour objectif d'introduire le lecteur à la **démarche de raisonnement** de l'auteur et au **contenu** de l'ouvrage. Idéalement, cette deuxième partie se décompose en trois sous-parties qui correspondent à autant de paragraphes :

— cerner la **thèse** développée dans l'ouvrage;
— identifier le fil conducteur et les différentes articulations de la **démonstration** effectuée;
— faire ressortir la progression de l'**argumentation** en sachant distinguer l'essentiel de l'accessoire.

Dans cette partie, le recenseur introduit le lecteur aux principales hypothèses énoncées, aux points forts de la démonstration, à l'originalité et à l'audace des formulations, à la profondeur de l'analyse, à la finesse des observations, à la pertinence des exemples mentionnés et à la portée des conclusions. La "couverture" qu'il fait du livre dépend évidemment de l'espace rédactionnel qui lui est laissé.

Dans cette seconde partie, le recenseur doit être extrêmement respectueux du raisonnement de l'auteur et de la complexité de l'argumentation développée. Il doit éviter à la fois de caricaturer et de simplifier la thèse ou l'analyse. Il doit en fait rechercher un judicieux mélange de synthèse et de nuance, de façon à faire ressortir la richesse des argumentations. C'est la raison pour laquelle le compte rendu d'un ouvrage exige du recenseur une compréhension approfondie du volume qu'il a entre les mains.

3° partie : Bilan général et appréciation critique de l'ouvrage

La troisième et dernière partie du compte rendu a trait au **bilan général** et à l'**appréciation critique** de l'ouvrage recensé. Ce bilan et cette appréciation doivent être respectueux des objectifs et des limites assignés par un auteur à son ouvrage. L'appréciation d'un volume doit être autre chose qu'une somme de propos banals, sympathiques ou complaisants. Cette appréciation a pour fondement l'évaluation critique et intelligente de l'ouvrage.

Dans cette troisième partie, il est essentiel de faire ressortir clairement et de façon concise :

— ce qu'il importe de retenir de l'ouvrage recensé;

— ce pourquoi cet ouvrage mérite (ou ne mérite pas) d'être lu.

Dans un premier paragraphe, le recenseur doit préciser en quoi l'ouvrage évalué permet d'avancer dans la compréhension d'une question intellectuelle ou dans l'approfondissement d'un débat théorique ou méthodologique. Il doit également préciser les perspectives nouvelles ouvertes par cet ouvrage, les principaux enseignements qu'il livre et les réponses qu'il apporte par rapport au débat général dans lequel il s'inscrit ou par rapport aux questions posées à l'origine par les auteurs.

Dans un second paragraphe, le recenseur doit porter une appréciation critique globale sur l'ouvrage. Cette appréciation insiste sur des éléments propres à l'ouvrage (dans ce cas l'on parle d'une évaluation interne), ou se fait à partir d'une perspective extérieure à celui-ci (il s'agit alors d'une évaluation externe). Le recenseur peut également exploiter les deux possibilités. Dans le cas d'une évaluation interne, le recenseur s'interroge par exemple à savoir si les problèmes exposés par l'auteur dans son ouvrage sont formulés clairement; si son argumentation s'appuie sur des données vérifiées; si son raisonnement et sa discussion progressent de façon logique et cohérente; si ses conclusions sont originales, etc. Dans le cas d'une évaluation externe, le recenseur apprécie l'ouvrage par rapport à la contribution d'autres livres portant sur des sujets similaires ou utilisant une approche méthodologique semblable.

Précisons qu'il est également possible d'exposer certains jugements critiques de façon ponctuelle, ailleurs qu'à la toute fin du compte rendu, par exemple pour identifier une lacune, une contradiction, une incohérence, une erreur, une faute grammaticale ou typographique.

... Et connaître certains trucs

Si l'assimilation et la maîtrise d'une démarche méthodique de travail est une condition nécessaire à la rédaction d'un bon compte rendu, la connaissance de quelques trucs, fruits de l'expérience, ne peut qu'améliorer la qualité générale de l'exercice, tant sur le plan du fond que de la forme.

Avant la lecture

Contrairement à ce que l'on pense, le travail précédant la lecture intégrale et attentive de l'ouvrage recensé est très important, dans certains cas, déterminant.

Il apparaît ainsi essentiel de connaître un tant soit peu l'auteur de l'ouvrage évalué : connaître ses travaux, les sujets sur lesquels il a écrit, son cheminement intellectuel, les réseaux professionnels dont il fait partie, etc. Il s'agit en effet d'indices susceptibles de nous renseigner sur plusieurs caractéristiques internes de l'ouvrage : le ton du texte et le style de l'écriture, l'approche méthodologique choisie, les questions abordées, le genre de preuve utilisée, etc. Un ouvrage rédigé par Henry Kissinger sur l'intervention américaine au Vietnam ne peut être apprécié de la même façon qu'un ouvrage écrit sur ce sujet par un spécialiste de la politique extérieure des États-Unis, professeur de carrière et anti-impérialiste de surcroît.

Certes, il n'est pas toujours facile de trouver des renseignements sur l'auteur d'un ouvrage. Mais on peut s'en tirer en exploitant diverses sources d'information. Pensons par exemple à la notice biographique apparaissant souvent sur la jaquette ou dans les pages liminaires d'un volume. Pensons également au catalogue auteur des grandes bibliothèques, qui peut éventuellement donner la liste des autres publications d'un auteur. Pensons aussi à la bibliographie incorporée à l'ouvrage recensé qui, souvent, laisse apparaître une liste des travaux (publiés ou inédits) de l'auteur. Enfin, certains répertoires et dictionnaires spécialisés, par exemple le *Dictionnaire pratique des auteurs québécois* (Montréal, Fides, 1976), présentent des notices biographiques pour une foule d'auteurs plus ou moins connus. Évidemment, un chercheur efficace aura toujours sous la main un dictionnaire des noms propres, par exemple le *Petit Robert 2*. Précisons enfin que certaines grandes bibliothèques possèdent des fichiers centralisés de notices biographiques qui peuvent être d'un grand secours pour le recenseur.

Une façon d'identifier rapidement le thème abordé par un ouvrage, de connaître précisément les intentions de l'auteur, de cerner la méthodologie dont il se sert, de savoir à quel public il s'adresse et d'avoir une idée du plan suivi et de l'articulation des parties, consiste à lire attentivement l'introduction du volume. Une bonne introduction donne habituellement toutes ces informations en les justifiant. Cette lecture attentive de l'introduction est la condition *sine qua non* d'une lecture compréhensive du volume. Dans certains cas, la lecture de l'introduction peut être complétée par l'étude minutieuse de la table des matières lorsqu'elle est détaillée.

Enfin, avant d'aborder la lecture intégrale de l'ouvrage, le recenseur malin prendra en compte tout un ensemble de détails à première vue insignifiants : la date de publication initiale de l'ouvrage, qui nous permet d'identifier la conjoncture politique, sociale et intellectuelle pendant laquelle a été écrit le volume; la collection dans laquelle il est publié, qui nous informe des limites éditoriales au projet de l'auteur (un ouvrage publié dans une collection commanditée doit se conformer à certaines exigences qui influent décisivement sur son fond et sa forme); les travaux cités en référence, qui nous en disent long sur l'effort de recherche de l'auteur et sur le type de savoir à partir duquel il décide de composer.

Pendant la lecture

Le recenseur chargé d'évaluer un ouvrage doit s'astreindre à trois niveaux de lecture pour bien se pénétrer du contenu du volume. Avec l'expérience, ce travail en vient toutefois à s'effectuer d'un seul coup.

Le premier niveau de lecture consiste en une **assimilation du contenu** de l'ouvrage. L'objectif visé est d'apprendre, de se renseigner, d'écouter l'auteur . Il s'agit en somme, à la suite de cette lecture, de pouvoir répondre à la question élémentaire suivante :

que dit l'auteur dans cet ouvrage? Ce premier niveau de lecture peut déjà donner lieu à un important travail de défrichage du volume : identification des affirmations principales (têtes de paragraphe) autour desquelles se structure et se développe la discussion; numérotation des éléments de preuve servant à soutenir ces affirmations; repérage des incohérences d'argumentation; annotation systématique des erreurs, coquilles, fautes, inélégances de style, etc. Idéalement, le recenseur reconstitue sur des feuilles à part la charpente de chacun des chapitres en résumant l'essentiel d'un paragraphe, d'un bloc de paragraphes ou d'une sous-partie par une phrase ou un mot clé. Ce travail est fondamental : il permet de ne rien oublier et rend possible la distinction immédiate entre l'essentiel et l'accessoire. Un exemple de lecture d'assimilation incorporant un travail de défrichage est donné à la page suivante.

Le deuxième niveau de lecture consiste en une **compréhension de la démarche** suivie par l'auteur, en une acceptation de ses choix et de ses intentions, et en une compréhension du raisonnement et de la démonstration qu'il effectue. Au terme de cette lecture, le recenseur peut répondre aux questions suivantes : comment l'auteur s'y prend-il pour dire les choses dans son ouvrage? Quel cheminement suit-il pour les dire? Quels sont les limites qu'il assigne à son propos? Quels étaient ses postulats de départ? Par cette lecture compréhensive, le recenseur accède à la structure de l'ouvrage, atteint le coeur de la pensée de l'auteur. C'est la condition nécessaire pour prendre cette fameuse distance par rapport à l'ouvrage dont nous parlions plus tôt. Distance qui permet de "décoller" du texte (et donc éviter de sombrer dans le résumé), sans par ailleurs trahir le projet de l'auteur, son raisonnement et sa démonstration.

Le troisième niveau de lecture consiste en une **appréciation critique** de l'ouvrage. Cette lecture permet au recenseur de répondre aux questions suivantes : quelle est la portée, la valeur, l'intérêt et la faiblesse de ce que dit l'auteur? Son propos est-il original, nouveau, stimulant? En mettant à profit les acquis de ses deux précédentes lectures, le recenseur aboutit nécessairement à une évaluation pertinente, nuancée et fondée de l'ouvrage.

Au moment de la rédaction

Trois choses ici :

D'abord, l'absolue nécessité d'utiliser un dictionnaire analogique pour trouver le mot juste et la nuance appropriée, et pour améliorer la beauté de l'expression écrite.

D'autre part, réfléchir. Le mauvais compte rendu est presque toujours le produit d'un recenseur automate qui lit sans assimiler ni comprendre les pages qu'il dévore, qui ne laisse pas "décanter" sa lecture avant d'écrire son texte et qui rédige machinalement en croyant que le respect scrupuleux d'une méthode de travail peut lui faire réaliser l'économie d'un effort d'intelligence.

Enfin, soigner son style, rechercher la synthèse et toujours s'efforcer de bien situer le lecteur par rapport à la progression de son propre texte. Cette **mise en situation** peut être réalisée en recourant à certaines phrases de cadrage. Par exemple : "La question traitée dans cet ouvrage est..."; "L'objectif de l'auteur est..."; "La thèse développée par l'auteur peut être énoncée comme suit:"; "Cette thèse se décompose en ... parties"; "Du texte de... ressortent les enseignements suivants : "; etc.

LECTURE D'ASSIMILATION ET TRAVAIL DE DÉFRICHAGE D'UN TEXTE

TÊTE DE PARAGRAPHE

[Il est vrai qu'au cours des années 1940 et 1950 la population québécoise peut bénéficier des grands programmes d'assurance et d'assistance sociale mis sur pied par le gouvernement fédéral et auxquels contribuent financièrement les provinces.] Ainsi, dès 1940, certaines catégories de travailleurs

1° ÉLÉMENT DE PREUVE

se retrouvant en dehors de la production économique peuvent toucher des prestations d'assurance-chômage. À partir de 1944, les familles avec enfants

2° ÉLÉMENT

à charge peuvent de leur côté bénéficier de prestations d'allocations familiales. À partir de 1951, les personnes âgées de plus de 70 ans peuvent compter sur les prestations de sécurité de la vieillesse, et les personnes âgées

3° ÉLÉMENT

de 65 à 70 ans, sur les prestations d'assistance-vieillesse. Quant aux aveugles et aux invalides, ils peuvent bénéficier, à partir de 1951 et 1954 respec-

4° ÉLÉMENT

tivement, d'un élargissement des critères d'admissibilité aux programmes d'assistance financière qui leur sont spécifiquement réservés. Enfin, à partir de 1959 au Québec, les personnes nécessiteuses ne travaillant pas peuvent

5° ÉLÉMENT

compter sur ~~sur~~ les prestations d'assistance-chômage. [Historiquement, tous ces programmes ont eu pour effet de diminuer la part de risques inhérents à la vie courante et de favoriser la consommation marchande pour des

CONCLUSION DU PARAGRAPHE

catégories sociales ayant ordinairement beaucoup de difficultés à acheter les conditions de leur reproduction dans la circulation générale des marchandises capitalistes.]

TÊTE DE PARAGRAPHE

[Pourtant, au début des années 1960, les données fondamentales relatives au problème de la dépendance économique ne sont pas vraiment changées dans la province.] Plus de 30% de la population continue en effet de souffrir

1° ÉLÉMENT DE PREUVE

d'insuffisance de revenu et par conséquent de vivre sous le seuil de la pauvreté. En utilisant d'autres critères de mesure du niveau de vie, la

2° ÉLÉMENT

proportion des individus et des ménages vivant ponctuellement ou régulièrement une situation de pauvreté s'élève considérablement pour dépasser, chez certaines catégories d'âges, les 50%.

TÊTE DE PARAGRAPHE

[Les raisons à cette situation sont nombreuses. Nous nous en tiendrons ici à l'énumération de celles qui sont liées à l'administration des programmes de sécurité du revenu.] Ainsi, à cette époque, les montants versés au titre

1° ÉLÉMENT DE PREUVE

des programmes existant de sécurité du revenu sont très bas et, surtout, ne sont pas indexés au coût de la vie. Les critères d'admissibilité aux prestations sont dans certains cas particulièrement restrictifs, si bien qu'un

2° ÉLÉMENT

grand nombre d'individus et de ménages restent exclus des bénéfices des programmes. Enfin, pour toutes sortes de raisons dont l'une tient à la qualification douteuse des fonctionnaires chargés d'administrer et de coor-

3° ÉLÉMENT

donner les programmes d'assistance sociale, l'accessibilité des individus et des ménages aux prestations reste très inégale entre les régions, les villes et les villages. [Dans l'ensemble, la sécurité du revenu telle qu'elle est

CONCLUSION DU PARAGRAPHE

organisée au Québec au début des années 1960 reste inadéquate à solutionner le problème très important d'insuffisance de revenu sévissant dans la province.]

8

3. EXEMPLES DE RECENSIONS

Pour rendre plus évidentes les recommandations formulées précédemment, nous proposons dans les pages qui suivent deux exemples de comptes rendus. Le premier porte sur un texte court, l'autre sur un ouvrage au complet. Dans le but de maximiser l'effet didactique, nous avons nommément identifié, en marge des deux recensions, les éléments d'information qui apparaissent habituellement dans un compte rendu. Précisons que ces exemples ne sont pas des modèles indépassables mais, tout simplement, des façons convenables de réaliser l'exercice.

Avant de terminer, une brève remarque s'impose. Les quinze dernières années ont été marquées par un accroissement du nombre d'ouvrages collectifs. Or un ouvrage collectif n'est jamais simple à recenser étant donné l'hétérogénéité fréquente des textes qui le composent. Deux possibilités s'offrent néanmoins pour le chercheur : procéder de façon conventionnelle en mettant en relief la contribution de chacun des auteurs par rapport au thème central de l'ouvrage; identifier un certain nombre de lieux communs et faire ressortir l'apport de l'un ou l'autre des textes en regard de ces lieux communs.

Recension d'un texte court[1]

Cadre et origine

genre de texte (indicatif des limites du texte)	Dans ce texte de synthèse rédigé pour un public étranger,
compétence de l'auteur	Jean-Claude Robert, coauteur d'une très célèbre *Histoire du Québec contemporain*,
intention de l'auteur et sujet abordé	cherche à définir et identifier les principales caractéristiques d'un épisode célèbre de l'histoire récente du Québec : la Révolution tranquille.
objectifs spécifiques du texte	Son objectif est triple : repérer les principaux changements survenus au sein de la société québécoise dans les années 1960-66; faire ressortir les discontinuités évidentes entre la période dite de la Révolution tranquille et celle du régime duplessiste; enfin, proposer une chronologie des événements marquants de la Révolution tranquille.
genre d'analyse	L'analyse proposée par l'auteur de ce dernier épisode est essentiellement descriptive et son interprétation assez conventionnelle.

[1] Le texte recensé est un extrait de l'ouvrage de Jean-Claude Robert, *Du Canada français au Québec libre : Histoire d'un mouvement indépendantiste*, Paris, Flammarion, 1975, p. 199-206; republié dans *Le Québec en textes*, éd. par Gérard Boismenu, Laurent Mailhot et Jacques Rouillard, Montréal, Boréal Express, 1980, p. 207-213.

influence de la conjoncture sur les questions abordées

Rédigé dans une conjoncture politico-sociale marquée par l'effervescence du nationalisme agressif et du projet autonomiste, le texte de Robert s'inscrit dans un courant historiographique qui, implicitement, vise à faire ressortir le long processus d'affirmation de la société québécoise comme société distincte et entière.

Schéma et analyse

thèse avancée

Pour Robert, la Révolution tranquille désigne "l'ensemble des transformations subies par la Province de Québec entre 1960 et 1966".

progression de la thèse

Selon lui, ces transformations sont de trois ordres : la prise en charge des intérêts des Québécois par leur gouvernement; l'affirmation d'un pluralisme idéologique; la naissance d'un nouveau nationalisme.

fil conducteur

Ces transformations distinguent nettement la période 1960-66 des années antérieures, caricaturalement mais significativement qualifiées d'années de la "Grande Noirceur". Loin d'être nées du hasard, ces transformations ont été apportées par de nouvelles couches sociales qui ont réussi à culbuter les anciennes élites.

éléments essentiels d'argumentation

L'intervention de plus en plus largement reconnue de l'État en matière de développement économique et social, la volonté de démocratiser la vie politique, l'ouverture de la culture québécoise à la culture française notamment, le déclin de la religion et l'émergence d'un nouveau nationalisme, agressif et assuré, constituent, de l'aveu de Robert, les caractéristiques distinctives de la période 1960-66. La Révolution tranquille, scandée par plusieurs événements marquants qui incarnent son caractère de renouveau (arrivée au pouvoir des Libéraux; parution des *Insolences du Frère Untel*; Commission Parent; inauguration de la Délégation générale du Québec à Paris; nationalisation de l'électricité), s'essouffle toutefois à partir de 1964.

Bilan

principaux enseignements du texte

Du texte de Robert se dégage la conclusion suivante : avec la Révolution tranquille s'amorce une nouvelle phase de l'évolution historique du Québec. Une phase marquée par l'intervention accrue et omniprésente de l'État et par la volonté du Québec d'assurer et d'assumer son devenir collectif.

Recension d'un ouvrage au complet

Jocelyn Létourneau. Compte rendu de l'ouvrage de K.J. Rea, *The Economic History of Ontario, 1939-75*, Toronto, University of Toronto Press, 1985. *Revue d'histoire de l'Amérique française*, vol. 40, n° 4 (printemps 1987), p. 618-622.

situation de l'ouvrage

Le volume recensé est le premier d'une série de trois ouvrages à paraître sur l'histoire économique de l'Ontario. Les deux autres ouvrages couvriront des tranches chronologiques antérieures à celle étudiée par K.J. Rea. Rédigé par un économiste réputé de l'Université de Toronto, ce volume de synthèse s'adresse à un public large. On peut toutefois penser qu'il sera particulièrement apprécié des chercheurs désireux de retrouver, dans un seul livre, un panorama assez complet des principales facettes du développement économique de l'Ontario depuis 1939.

genre d'ouvrage

question principale abordée dans l'ouvrage

objectif poursuivi par l'auteur

organisation générale de l'ouvrage

méthodologie

limites de la discussion

L'objectif visé par l'auteur est clairement énoncé dans la préface : il s'agit essentiellement de rendre compte des caractéristiques principales du développement économique de l'Ontario au cours de la période 1939-75 en insistant particulièrement sur le rôle joué par l'État dans l'organisation et la régulation de la vie économique. La contribution du secteur privé à ce développement est laissée de côté. L'objectif de l'auteur détermine l'organisation générale du livre. Sur onze chapitres (en incluant la conclusion), trois traitent de la contribution des divers facteurs à la croissance économique ontarienne (Population and Labour Force; Land and Capital Resources; Transportation and Communications); quatre retracent l'évolution des principaux secteurs d'activité économique de la province (The Services Sector, Trade, and Finance; Agriculture, Fishing, Fur Production, and Tourism; Mines and Forests; Manufacturing); enfin, deux autres mettent en relief le rôle croissant assumé par l'État en matière de gestion de la force de travail sociale, d'allocation des ressources et de régulation économique (Education, Health and Welfare; The Economic Role of the Provincial Government). Le chapitre d'ouverture (War, Recovery, and Management of the Provincial Economy) brosse un tableau des conditions économiques concrètes prédominant dans l'Ontario d'après-guerre, établit certains des principaux défis qu'avaient à relever les élus de l'époque et rend compte de certains enjeux importants soulevés au sein des débats publics.

Dans l'ensemble, la discussion est surtout descriptive. C'est d'ailleurs là la principale force et tout l'intérêt du livre. L'auteur se défend bien de faire reposer son propos sur un modèle explicite d'analyse économique, c'est-à-dire de construire son argumentation sur une perception axiomatique du fonctionnement d'une économie nationale. En pratique, il reprend les classifications conventionnelles apparaissant dans la plupart des manuels d'économie. Mais cela n'enlève rien à l'intérêt de l'ouvrage, l'objectif premier étant d'informer et de documenter, non d'interpréter et de débattre. Extrêmement prudent dans ses propos, plaidant toujours l'absence de preuves définitivement concluantes, l'auteur refuse d'endosser une position l'obligeant à trancher. L'exemple le plus évident, qui revient fréquemment, est certainement celui de savoir si l'intervention régulatrice de l'État a eu ou non des effets positifs sur la croissance économique provinciale. Si la croyance de l'époque, inspirée par la diffusion des idées keynesiennes, était effectivement favorable à la thèse d'un effet bénéfique des interventions publiques, l'analyse économique est très rarement parvenue, de son côté, à vérifier concrètement, c'est-à-dire quantitativement, la réalité de cet effet.

11

caractéristiques
distinctives
de l'ouvrage

Écrit dans un style sobre, s'appuyant sur une documentation principalement composée d'archives ministérielles, de rapports de commissions d'enquête, de recueils statistiques et d'études spécialisées, l'ouvrage est agrémenté d'un index utile. Cinquante-et-un tableaux accompagnent le texte. L'absence d'une bibliographie et de quelques cartes permettant au lecteur de "mémoriser" la configuration changeante de l'espace économique ontarien est à noter. Il est vrai que l'ouvrage appartient à une série qui comprend aussi un guide bibliographique (Olga B. Bishop *et al.*, *Bibliography of Ontario History, 1867-1976 : Cultural, Economic, Political, Social*, 1980, 2 vol.), et un atlas historique (R. Louis Gentilcore and C. Grant Head, *Ontario's History in Maps*, 1984).

La discussion menée par l'auteur s'organise autour de deux lignes directrices qui s'entrelacent continuellement. Les points saillants de cette discussion peuvent être résumés comme suit :

thèse avancée

principaux éléments de la démonstration

1. Après la guerre, l'Ontario, la région du sud-ouest en particulier, consolide sa position de premier centre industriel et financier du Canada. Plusieurs facteurs concourent à cet état de fait : une croissance démographique appréciable couplée à des mouvements internationaux et interprovinciaux de migration favorisant la province; un fort taux de participation de la main-d'oeuvre, particulièrement de la main-d'oeuvre féminine, aux activités rémunérées; l'"expansion", grâce à la maîtrise de nouvelles technologies permettant l'exploitation rentable du potentiel minier et forestier de la province, de l'espace économique existant; un volume d'investissements privés et publics très élevé, notamment au niveau de la construction résidentielle et commerciale, des infrastructures de transport et de l'aménagement du potentiel hydro-électrique; une augmentation constante de la demande en biens d'équipement et en services rendue possible par la progression des revenus réels, de meilleures conditions d'offre et une transformation des pratiques de consommation populaires. Les conséquences engendrées sur la "figure" de la structure industrielle ontarienne par ces tendances de fond ont été remarquables : une progression considérable du secteur des services, des activités de commerce et de finance, et du tourisme; un déclin relatif, comme sources de revenus et d'emplois, des activités liées aux secteurs de l'agriculture, des pêches et des fourrures; une consolidation de l'importance des activités minières et forestières, particulièrement génératrices d'effets de développement dans les régions situées plus au nord de la province; le maintien de l'industrie manufacturière comme source importante d'emplois, de revenus et de valeur ajoutée.

thèse avancée

principaux éléments de la démonstration

2. Graduellement, au cours de la période considérée, l'intervention régulatrice de l'État se manifeste et se déploie dans à peu près toutes les sphères d'activités. Encore faut-il souligner, toutefois, que cette présence de l'État est moins étendue en Ontario que dans d'autres provinces. Recherche d'un certain aménagement des rapports inter-capitalistes par la régulation des marchés; recherche d'une gestion

de la main-d'oeuvre par l'extension de la législation du travail; recherche d'un contrôle relatif des conditions d'exploitation des richesses naturelles par l'instauration de mesures disciplinaires; recherche d'une certaine régularisation des conditions d'existence de la population par la prise en charge d'une partie des coûts inherents à la reproduction des ménages et des particuliers (éducation, santé, bien-être), voilà autant d'exemples qui confirment l'importance acquise par l'État. Selon l'auteur, cette intervention accrue du gouvernement dans la vie économique et sociale tient à quatre raisons principales : à une demande accrue de services étatiques par à peu près toutes les couches sociales; aux pressions causées par le processus d'industrialisation et d'urbanisation (nécessité de nouveaux services); à la volonté des décideurs publics ontariens de résister aux prétentions du gouvernement fédéral d'assumer une responsabilité toujours grandissante en matière d'organisation de la vie économique; à l'idée de plus en plus répandue, dans toutes les couches de la société, de l'opportunité d'une intervention stabilisatrice de l'État; ce que des auteurs ont appelé la diffusion d'une culture sociale-étatiste.

bilan critique

Si l'ouvrage de Kenneth Rea constitue une référence indispensable pour apprécier, dans ses grandes lignes, le développement économique de l'Ontario dans la période d'après-guerre, le volume contient un certain nombre de faiblesses qui ne tiennent pas nécessairement à son genre.

1° élément de critique

La première faiblesse découle du peu d'efforts à contextualiser le développement économique de l'Ontario par rapport à ce que j'appellerai "l'économie politique du fédéralisme rentable" au Canada, par rapport à l'environnement concurrentiel spécifique au sein duquel s'insère la province, et par rapport aux grandes tendances se manifestant à cette époque au sein de l'espace d'accumulation nord-américain. C'est ainsi que le développement économique de l'Ontario apparaît comme le résultat d'une dynamique relationnelle entre un certain nombre de facteurs produisant des effets de croissance au sein d'un espace pratiquement clos. À l'exception de quelques allusions qui n'ont pas de portée significative sur la discussion menée, aucune analyse spécifique n'est faite des effets engendrés au sein de l'espace économique ontarien par la stratégie de croissance mise en oeuvre par le gouvernement fédéral au sortir de la deuxième grande guerre. Le développement économique de l'Ontario n'est à peu près jamais mis en rapport avec la dynamique interindustrielle propre à la région des Grands Lacs (environnement économique et concurrentiel auquel appartient pourtant fondamentalement la province). Enfin, le développement économique de l'Ontario n'est pas non plus étudié à la lumière d'une prise en compte de la division économique du travail fonctionnant à l'échelle du continent nord-américain après la guerre (effets générés par ce que plusieurs auteurs ont appelé l'"intégration continentale dépendante"). Toute la contribution conceptuelle et analytique de chercheurs tels que Wallace Clement, Glen Williams et David Wolfe, pour n'en nommer que trois, est ainsi négligée. Cette négligence résulte certes d'un choix volontaire de l'auteur. Mais elle l'empêche d'accéder à un niveau de lecture du développement économique de l'Ontario qui appauvrit singulièrement l'analyse empirique à laquelle il se livre.

2° élément de critique

On comprend mal, d'autre part, pourquoi Kenneth Rea traite de la question fondamentale de la "régulation étatique du rapport salarial" (mon appellation) dans un chapitre qui s'intéresse principalement aux mouvements de population, au taux de participation de la main-d'oeuvre, à sa composition et à sa répartition par grands secteurs économiques (chap. 2). L'étude de l'extension du système des relations industrielles, le rôle joué par l'État dans la formation de nouvelles normes salariales et dans la détermination des conditions de travail aurait dû faire l'objet d'un chapitre en soi, étant donné l'importance de ces volets dans l'effort de régulation macrosociale et macroéconomique auquel se livrent les divers niveaux de gouvernement après la guerre.

3° élément de critique

Enfin, le chapitre 10, celui s'intéressant au rôle économique du gouvernement provincial, laisse le lecteur sur sa faim. Il est vrai qu'il s'agit d'une question très difficile à maîtriser. Malgré tout, l'on aurait pu s'attendre à une discussion plus riche, à tout le moins plus suggestive, sur la dynamique à l'origine de l'expansion des dépenses publiques. La croissance du rôle économique du gouvernement est interprétée comme le résultat imprévisible de contraintes et de circonstances conjoncturelles pour lesquelles il est pratiquement impossible de trouver un principe directeur ou une cohérence d'ensemble. L'auteur a peut-être raison. Mais on garde l'impression que cette interprétation résulte beaucoup plus d'une démission devant l'effort de comprendre que le résultat d'une réflexion le moindrement approfondie en regard du problème soulevé. En aucun temps, l'État n'est considéré comme un appareil possédant une certaine autonomie institutionnelle et agissant positivement en vue d'infléchir des tendances, d'orienter un devenir. La pauvreté réflexive du chapitre 10 découle vraisemblablement du choix de l'auteur de s'en tenir à une analyse empirique *stricto sensu* et à son refus de tirer profit de certaines problématiques développées par la science politique et la sociologie contemporaines. Il se peut que le genre de preuve habituellement considéré comme valable par ces disciplines ne satisfasse pas l'économiste incapable, au fond, de se défaire du paradigme de la quantification.

mérite principal

Dans l'ensemble, l'ouvrage de Kenneth Rea constitue une solide pierre d'assise à partir de laquelle il est possible d'entreprendre de nombreuses autres études portant sur l'histoire économique de l'Ontario. Si la discussion qui y est menée n'est pas très stimulante, étant donné la grande prudence de l'auteur, elle a au moins le mérite d'établir certaines balises dont il est impossible de ne pas tenir compte. L'ouvrage réalisera son objectif quand d'autres chercheurs, aventureux, décideront de pénétrer l'univers toujours risqué de l'interprétation en s'appuyant sur la contribution du professeur Rea.

FAIRE LA RECENSION D'UNE LECTURE

objectifs du compte rendu	situer l'ouvrage	révéler son contenu	l'apprécier
éléments d'information à donner au lecteur	• sujet du livre • question spécifique abordée par l'auteur • qui est l'auteur? Est-il spécialiste du sujet? Notes sur son cheminement intellectuel récent • quels sont ses intentions, ses objectifs à travers l'ouvrage? • à qui l'auteur s'adresse-t-il? • quels sont les choix fondamentaux qui sous-tendent sa démarche (méthodes; procédés d'analyse; genre de preuve; style d'écriture; ton du texte; etc.)? • caractéristiques distinctives de l'ouvrage, par exemple: possède-t-il une bibliographie? un index? des tableaux? • limites de l'ouvrage: celles identifiées par l'auteur et celles posées par certaines contraintes éditoriales	• quelle est la thèse avancée dans l'ouvrage? • comment l'auteur fait-il progresser sa thèse? (L'auteur structure sa thèse en . . . parties. Il suit le cheminement suivant: il commence d'abord par. . .) • quels sont les points saillants de l'argumentation développée? (mise en relief des principales affirmations et conclusions — commentées, le cas échéant, par le recenseur)	• procéder au bilan: — principaux enseignements de l'ouvrage: — évaluation critique (interne ou externe) • ce pourquoi l'ouvrage mérite ou ne mérite pas d'être lu
trucs	• se renseigner sur l'auteur • lire attentivement l'introduction de l'ouvrage • étudier la table des matières • scruter la bibliographie • identifier les auteurs cités dans l'ouvrage • noter la date de publication de l'ouvrage et la collection à laquelle il appartient • tenir compte du genre d'ouvrage: synthèse, ouvrage de vulgarisation; manuel; précis; ouvrage théorique, etc.	un préalable: • s'astreindre à trois niveaux de lecture de l'ouvrage: — une lecture d'assimilation (que dit l'auteur?) — une lecture de compréhension (comment s'y prend-il pour le dire?) — une lecture critique (quelle est la valeur et la portée de ce qu'il dit?) Comment ne rien oublier? • utiliser la méthode des mots clés pour reconstituer la charpente de l'argumentation développée par l'auteur • noter toute caractéristique particulière au fur et à mesure de la lecture	• tirer profit des lectures précédentes • consulter le cas échéant une synthèse portant sur le sujet du livre de façon à bien évaluer sa contribution, son apport, son originalité

Précautions à prendre au moment de la rédaction
• utiliser un dictionnaire analogique
• rechercher l'écriture synthétique

• soigner son style			• mettre son lecteur en situation

2

Comment se documenter et maximiser son travail en bibliothèque

Devant des étages entiers de livres et des salles remplies de périodiques, l'étudiant se sent souvent désemparé. Comment répertorier le bon ouvrage? Comment être sûr qu'il s'agisse du meilleur ou du plus récent bouquin sur la question? Comment choisir entre deux volumes qui, en apparence, semblent aussi bons l'un que l'autre? Comment découvrir l'article convoité en perdant le moins de temps? Et surtout, comment être certain qu'aucune publication majeure n'a été oubliée? En d'autres termes, comment tirer profit de la richesse documentaire d'une grande bibliothèque?

Des études l'ont prouvé, le chercheur débutant avance souvent à tâtons dans les méandres d'une bibliothèque. Il ignore les ressources qu'elle offre et oublie fréquemment que pour trouver il faut savoir chercher méthodiquement.

Le but de ce chapitre est justement d'expliciter une démarche de travail (§1) et quelques trucs (§2) rendant possible la maîtrise de cette masse considérable de documents que contient une grande bibliothèque. Un diagramme récapitulant les différentes étapes de la démarche décrite est inséré à la page 43. L'une des clés d'accès à cette documentation est certainement de connaître les principaux ouvrages de référence, d'indexation et de repérage. Cette section en fournit une liste, certes incomplète, mais tout de même suffisante pour faciliter la démarche du chercheur débutant en sciences humaines et sociales. Présentée sous la forme d'un coffre à outils documentaires, elle apparaît à la fin du chapitre.

Des problèmes posés par l'explosion de l'information

Il y a une trentaine d'années, un chercheur pouvait assez facilement répondre à ses besoins documentaires en exploitant les ouvrages qu'il possédait personnellement ou en s'abonnant à quelques périodiques scientifiques. S'appuyant sur ce corpus documentaire somme toute assez restreint du point de vue des critères actuels, il pouvait à peu près suivre l'évolution des publications dans sa discipline. À partir d'un article de revue ou d'un livre portant sur le sujet de sa recherche, il s'agissait pour lui de scruter les références bibliographiques citées au bas des pages afin d'identifier d'autres documents apparentés. En remontant le courant d'une référence bibliographique à l'autre, il réussissait ainsi à se constituer un corpus documentaire relativement exhaustif.

Ce comportement, encore largement répandu de nos jours, n'est pas mauvais en soi. Il risque cependant de poser certaines difficultés si le chercheur se limite à cette seule façon de procéder.

En effet, l'augmentation considérable du nombre de publications à caractère scientifique est venue radicalement changer les règles de la recherche documentaire. Le phénomène n'a pas épargné les sciences humaines et sociales, bien au contraire. Donnons quelques indices : en 1965, un grand total de 15 693 thèses de doctorat étaient déposées dans les universités canadiennes et américaines. Au début des années 1980, on en recensait annuellement plus du double, soit près de 35 000. En sciences sociales seulement, le nombre triplait au cours de la même période, passant de 4 771 à 13 026 annuellement[1]. À l'échelle internationale, le nombre de livres publiés augmentait pour sa part de près de 230% entre 1960 et 1984, passant de 332 000 à 780 000[2].

D'autres études quantitatives avancent des chiffres plus impressionnants encore pour les revues scientifiques[3]. Ainsi, il n'existait en 1750 que 10 publications périodiques. En 1850, ce nombre était déjà passé à 1 000. Or en 1980, on comptait environ 220 000 titres de périodiques actifs, et l'on estime que ce nombre devrait doubler tous les 15 ans. Mais il y a plus! En 1963, le nombre total d'articles publiés par ces revues atteignait le chiffre astronomique de 10 millions. En 1980, le nombre variait de 20 à 30 millions. Il atteindra vraisemblablement les 50 millions en 1988.

Précisons qu'à cette augmentation strictement quantitative de la documentation s'ajoute le côté très interdisciplinaire des humanités et des sciences sociales. Cette caractéristique vient complexifier la recherche d'information. L'interrelation et l'interpénétration des disciplines composant les sciences humaines et sociales élargit en effet beaucoup le terrain documentaire initial du chercheur. Cette situation entraîne une dispersion de la documentation avec laquelle il faut composer, surtout si l'on préconise une approche capitalisant sur les apports de plusieurs disciplines.

Face à l'accroissement sans précédent du nombre de publications qui l'intéressent mais qu'il ne peut certainement pas acquérir personnellement, le chercheur doit développer des habiletés documentaires spécifiques et se tourner vers ces vastes centres d'information que constituent les bibliothèques.

Pour naviguer dans cet univers documentaire pratiquement infini, les usagers des grandes bibliothèques disposent d'instruments spéciaux appelés **ouvrages de référence et de repérage**. Mentionnons à ce titre les dictionnaires et les encyclopédies (de plus en plus spécialisés), les bibliographies de bibliographies, les index de périodiques,

---

[1] *American Doctoral Dissertation*, 1972-73, p. V, et 1979-80, p. V.

[2] UNESCO, *Annuaire statistique 1986*, tableau 6.1.

[3] Voir à ce sujet Marc Chauvenic, *Le réseau bibliographique automatisé et l'accès au document*, Paris, Éditions d'organisation, 1982, 295 p., coll. "Systèmes d'information et de documentation".

les bases de données bibliographiques accessibles par ordinateur ou sur disque compact et les catalogues de bibliothèques disponibles sur microfiches ou sur ordinateur. La liste pourrait s'allonger considérablement. Les pages qui suivent visent justement à faire ressortir l'utilité pratique de ces ouvrages dans le cadre d'une stratégie de recherche documentaire.

1. UNE DÉMARCHE MÉTHODIQUE POUR TROUVER DE LA DOCUMENTATION EN BIBLIOTHÈQUE

Quelle est la démarche à entreprendre lorsque, par rapport à un sujet donné, l'on doit bâtir une bibliographie, élaborer une revue critique de la littérature scientifique ou tout simplement se mettre à jour?

De très nombreuses options existent. Nous proposons pour notre part une démarche comportant six étapes : la formulation précise d'un sujet de recherche (§1); l'établissement d'un plan de concepts exprimant toute la richesse de ce sujet et de sa problématique sous-jacente (§2); une stratégie documentaire tirant profit de la variété et de la complémentarité des différents instruments de travail disponibles dans une grande bibliothèque (§3). Cette démarche initiale, en trois étapes, trouve son aboutissement dans une opération de collecte minutieuse de l'information documentaire (§4), d'analyse de cette documentation (§5) et d'évaluation de la démarche de recherche documentaire dans son ensemble (§6). Voyons chacune de ces étapes en détail.

Les étapes initiales de la recherche documentaire

1° étape : La formulation précise d'un sujet de recherche

Une recherche documentaire ne se fait pas sans objectif. Elle prend pour point de départ un sujet déjà approximativement cerné. (Les recommandations données au chapitre 11 concernant la définition d'un sujet de recherche pourraient être lues ici avec profit.)

D'un point de vue documentaire, l'étape de la formulation du sujet consiste à écrire un premier énoncé de son sujet de recherche. Cet énoncé doit être aussi précis et succinct que possible. Il doit tenir de préférence en une phrase, au maximum en quelques lignes. Par exemple :

> "Les formes d'entraide offertes aux femmes
> victimes de violence conjugale"
>
> "Le concept de soi chez les enfants maltraités"

Les termes employés dans l'énoncé doivent être significatifs. Les mots vides de sens ou les concepts utilisés dans un sens figuré sont à bannir. Soulignons que certains systèmes documentaires s'appuient uniquement sur les mots du titre pour le repérage de l'information. C'est notamment le cas pour le répertoire sur microfiches, *Thèses canadiennes*, et pour la base de données bibliographiques, *Social Scisearch*.

En somme, un chercheur donnant un titre farfelu ou non significatif à sa recherche court le risque que son énoncé ne soit pas repéré dans la masse documentaire.

2° étape : La détermination d'une liste de mots-clés (plan de concepts)

L'étape suivante nous amène à considérer les multiples facettes du sujet de recherche et de sa problématique sous-jacente. En s'appuyant sur l'énoncé originel du sujet (ex. : "Les formes d'entraide offertes aux femmes victimes de violence conjugale"), cette deuxième étape vise à l'établissement d'un **plan de concepts** représentatif de ce sujet et susceptible d'exprimer la richesse de la problématique accompagnatrice. En termes clairs, il s'agit de faire correspondre le sujet et la problématique de recherche à un ensemble de **mots-clés** tirés du langage courant. À partir des concepts qui nous viennent à l'esprit, l'opération consiste à inventorier, sous la forme de mots-clés pertinents, les différents aspects de ce sujet et de cette problématique de recherche.

Même si le vocabulaire des sciences humaines et sociales n'est pas toujours normalisé, il faut s'efforcer de choisir des termes non équivoques représentant chacun des aspects du sujet et de la problématique retenus. Le principe à suivre est qu'il faudra autant de mots-clés qu'il y a de significations dans l'énoncé du sujet et de la problématique de recherche. La prudence est de mise afin de surveiller les écarts entre les termes employés selon les disciplines, les aires géographiques et les langues. Dans les sciences humaines et sociales, un même concept cache souvent des significations différentes.

Les mots retenus doivent être représentatifs du contenu de la question posée et de l'information désirée. Tous les synonymes possibles sont retenus; de même, s'il y a lieu, les termes français et leurs équivalents en anglais ou dans d'autres langues.

De manière illustrative, le plan de concepts auquel pourrait donner lieu l'énoncé initial de notre sujet de recherche ("Les formes d'entraide offertes aux femmes victimes de violence conjugale") serait le suivant :

Les formes d'entraide offertes aux femmes victimes de violence conjugale			
A. Premier groupe de concepts		*B. Second groupe de concepts*	
En français	**En anglais**	**En français**	**En anglais**
groupes d'entraide	self-help groups	femmes victimes de violence	battered women
groupes de support	mutual support	femmes battues	wife abuse
réseau naturel	helping network(s)	femmes violentées	women abuse
intervention	treatment	violence conjugale	abused wife
aide	therapy	violence familiale	family violence
entraide	mutual aid	violence faite aux femmes	abused women
maison d'hébergement	transition house	violence exercée sur les femmes	violence against women
refuge	sheltering	violence entre conjoints	spouse abused
services offerts	etc.	etc.	woman battering
etc.			mental violence
			etc.

19

En dépit des difficultés qu'il pose, cet effort de développement du vocabulaire et de mise sur papier des concepts correspondant à la définition du sujet est loin d'être inutile. Cette liste de mots-clés, même imparfaite dans sa première version, servira en effet de porte d'entrée à la documentation disponible. Les concepts retenus constitueront autant de clés d'accès à l'information sur le sujet. Ils serviront de termes de recherche au moment de l'utilisation des instruments de repérage de l'information.

Afin de s'assurer que le champ conceptuel de la problématique de recherche soit bien couvert, il est fortement conseillé, dès cette étape, d'identifier et de consulter certains ouvrages de base (dictionnaires et encyclopédies spécialisés), voire même (si le chercheur a déjà une certaine connaissance de son sujet) quelques articles de périodiques. Le cas échéant, on parcourra également les titres et têtes de chapitres d'ouvrages spécialisés. L'objectif n'est pas ici de constituer une bibliographie exhaustive mais de donner un caractère plus définitif à la liste des mots-clés.

D'autres variables, susceptibles de mieux fixer les limites de l'objet d'étude et d'influencer tout le processus de la recherche documentaire, méritent également d'être examinées. Tout en forçant le chercheur à s'interroger sur le découpage additionnel de son objet, la liste de questions proposées dans l'encart de la page suivante aidera à déterminer certaines avenues documentaires à explorer ou à rejeter dès le départ. Il va de soi que ces variables ne s'appliquent pas nécessairement à toutes les recherches. Il s'agit plutôt de les parcourir afin de s'assurer que la couverture de la documentation est conforme à l'énoncé du sujet et aux différents aspects de la problématique retenue.

Répondre à ces questions obligera le chercheur à préciser, voire dans certains cas à redéfinir radicalement la formulation initiale de son sujet de recherche. Selon les particularités de la problématique retenue, d'autres interrogations, auxquelles il sera également nécessaire de répondre, surgiront. Il convient de rappeler que cette opération de définition et de redéfinition du sujet a des chances d'être beaucoup plus efficace si elle est soumise à la critique de personnes-ressources possédant une expertise documentaire.

Le cheminement décrit dans cette seconde étape peut paraître laborieux. Il est pourtant essentiel, car les efforts consacrés à la définition du sujet seront rentabilisés dans les étapes ultérieures. Rappelons que l'opération documentaire se fait en fonction des objectifs de recherche. Plus le sujet sera énoncé de façon précise, plus facile sera la recherche documentaire.

VARIABLES À CONSIDÉRER POUR COUVRIR LE CHAMP DOCUMENTAIRE

— Ai-je un besoin de documentation courante/récente? [ ]
rétrospective/historique? [ ]
Les publications de la dernière année, des cinq ou dix dernières années,
suffisent-elles? [ ]
Période à couvrir : _____ [ ]

— Une limitation géographique s'applique-t-elle? [ ]
La documentation québécoise sur le sujet suffit-elle? [ ]
Autre(s) aire(s) géographique(s) : _____ [ ]

— Une limitation linguistique est-elle applicable? [ ]
La documentation en langue française est-elle suffisante? [ ]
Autre(s) langue(s) : _____ [ ]

— La recherche d'information peut-elle se restreindre à des frontières
disciplinaires? [ ]
Discipline(s) : _____ [ ]

— Utilisations envisagées de l'information :
Travail pour un cours ou une thèse de doctorat [ ]
Activité de recherche [ ]
Décision administrative [ ]
Développement personnel/professionnel [ ]
Autre(s) utilisation(s) : _____ [ ]

— Nature de l'information souhaitée/effectivement trouvée :
Théorique [ ]
Empirique [ ]
Historique [ ]
Statistique [ ]
Scientifique et technique [ ]
De vulgarisation [ ]
Autre(s) : _____ [ ]

— Va-t-on privilégier les sources primaires (les oeuvres fondamentales, les
textes originaux, les documents de base) ou les sources secondaires (les
analyses, les commentaires, les études particulières, les critiques)? [ ]

— A-t-on besoin d'une synthèse ou d'une analyse en profondeur des
documents pertinents? [ ]

— Quelle est l'ampleur de la documentation existante sur le sujet? [ ]
Situation de rareté ou d'abondance de l'information? [ ]

— Types de documents à privilégier :
Documents imprimés [ ]
Livres, manuels, traités [ ]
Articles de périodiques [ ]
Rapports de recherche [ ]
Mémoires ou thèses [ ]

21

```
Publications gouvernementales                              [   ]
Articles de journaux                                       [   ]
Autre(s) : _____                  [   ]
Documentation audiovisuelle                                [   ]
Diapositives                                               [   ]
Films                                                      [   ]
Vidéos                                                     [   ]
Photographies                                              [   ]
Autre(s) : _____                  [   ]
Documentation cartographique                               [   ]

— Quels supports d'information paraissent les plus appropriés?   [   ]
Emprunt du document original                               [   ]
Photocopie de l'article                                    [   ]
Documents sur microfiches ou sur microfilms                [   ]
Autre(s) : _____                  [   ]

— La visite d'associations, d'organismes privés, gouvernementaux ou para-
gouvernementaux peut-elle avantageusement compléter ma recherche
d'information?                                              [   ]
Nom de l'organisme : _____               [   ]

— Peut-on prévoir des difficultés d'accès aux documents?   [   ]
Quelle documentation pertinente est déjà accessible sur place, dans ma
bibliothèque ou mon centre documentaire?                   [   ]
Devrai-je utiliser les services du prêt entre bibliothèques?  [   ]
Devrai-je me déplacer vers d'autres bibliothèques, centres de
documentation, etc.?                                       [   ]

— Contraintes financières à considérer :
Coûts d'une recherche bibliographique par ordinateur       [   ]
Coûts des demandes de prêts entre bibliothèques, des photocopies
d'articles et de livres                                    [   ]
Autre(s) coût(s) : _____          [   ]
```

3° étape : La recherche documentaire proprement dite

Une fois les diverses composantes du sujet connues, une fois les mots-clés sélectionnés et le plan de concepts établi, il s'agit de tirer profit des nombreux ouvrages de référence, de repérage et d'indexation disponibles à la bibliothèque. Ces instruments de travail sont la clé d'accès à la documentation qui s'y trouve. Leur utilisation ne se fait toutefois pas par hasard, au gré des trouvailles opportunes. Chaque instrument de travail offrant en quelque sorte un "service spécialisé" (voir encart de la page suivante), il est important d'y avoir recours en temps et lieu, stratégiquement. Habituellement, leur utilisation est déterminée par la logique de progression de la recherche documentaire (on ne lit pas un article de périodique avant d'avoir consulté une encyclopédie) et

RECONNAÎTRE LA DIVERSITÉ ET L'UTILITÉ SPÉCIFIQUE DES INSTRUMENTS DE TRAVAIL

Suivant le type d'information qu'ils contiennent, les ouvrages de référence se divisent en deux catégories :

- **ceux qui fournissent des renseignements autonomes**, l'information proprement dite, que ce soit une adresse, une définition, une notice biographique, etc. Entrent sous cette catégorie les annuaires, les dictionnaires, les encyclopédies, les traités, les manuels, les répertoires biographiques, etc.;

— **ceux qui fournissent les moyens d'accéder à l'information par la référence bibliographique du document recherché**. On pense ici aux bibliographies, aux index de périodiques, aux bases de données bibliographiques, aux catalogues de bibliothèques, etc. Dans ce cas, l'utilisateur doit ensuite consulter le document recensé (un article de périodique, un livre, une thèse) pour trouver l'information désirée.

Pour faciliter l'identification des instruments de travail par le chercheur, il est utile de les regrouper en **outils de base** et en **outils supplémentaires**. Les premiers correspondent aux instruments de référence le plus couramment utilisés. Ils doivent être normalement considérés avant les outils supplémentaires. Ces derniers, essentiels pour certaines recherches aux implications documentaires complexes, sont utilisés de façon plus sporadique, plus circonstancielle. Il est toutefois nécessaire de préciser que, pour une recherche donnée, certains instruments qualifiés d'outils supplémentaires peuvent également devenir des outils de base. Mentionnons enfin que les balises posées lors de l'énoncé du sujet de recherche déterminent le type d'ouvrage de référence à consulter. Autrement dit, l'ampleur de la recherche et la nature de l'information désirée agissent sur la sélection des sources d'information à utiliser.

Le tableau suivant établit une liste et catégorise les principaux instruments de travail ordinairement utilisés par le chercheur dans le cadre d'une démarche documentaire :

	OUTILS DE BASE	OUTILS SUPPLÉMENTAIRES
instruments fournissant directement de l'information	dictionnaires encyclopédies	traités manuels, annuaires répertoires biographiques ouvrages de synthèse
	OUTILS DE BASE	**OUTILS SUPPLÉMENTAIRES**
instruments fournissant des moyens d'accès à l'information	catalogues de bibliothèques répertoires de vedettes-matière guides bibliographiques index de périodiques index de journaux	bibliographies de bibliographies bibliographies générales bibliographies spécialisées répertoires de thèses répertoires de publications gouvernementales répertoires de publications des organismes internationaux répertoires de publications statistiques répertoires de documents cartographiques répertoires de documentation audiovisuelle répertoires de comptes rendus, répertoires de tests

par les problèmes spécifiques qu'éprouve le chercheur dans sa démarche documentaire (on recourra volontiers à la recherche documentaire informatisée si l'ensemble des opérations menées à partir d'ouvrages conventionnels n'a pas donné de résultats probants).

De façon générale, la progression de la recherche documentaire se fait de la manière suivante :

Savoir tirer profit lucidement des catalogues de la bibliothèque, en particulier du catalogue sujet

Qu'il soit sur fiches cartonnées, sur microfiches ou qu'il soit accessible par ordinateur, le catalogue d'une grande bibliothèque ou d'un centre documentaire demeure encore l'instrument permettant de se retrouver le plus immédiatement à l'intérieur du fonds documentaire d'une institution. Il a surtout le grand mérite de signaler les documents disponibles sur place.

Les types de publications signalées dans le catalogue varient d'une bibliothèque à l'autre. La majorité des catalogues mentionnent les livres, les rapports de recherche, les thèses et les mémoires; quelques-uns indiquent aussi la documentation audiovi-suelle, les publications gouvernementales et celles des organismes internationaux. Sauf exception, aucun catalogue de bibliothèque n'inclut les articles de revues et les articles de journaux.

Les catalogues de bibliothèques offrent un triple accès à la documentation : selon l'auteur, selon le titre et selon le sujet ou la matière. La recherche par auteur se fait au nom de famille de l'auteur lorsque celui-ci est une personne, au nom de l'organisme si l'auteur est une collectivité. La recherche par titre se fait au titre exact du document. Les titres, comme les noms d'auteurs, sont classés par ordre alphabétique.

Le **catalogue sujet**, dont l'utilisation est rendue possible par l'existence du **répertoire de vedettes-matière**, est certainement l'un des outils de recherche bibliographique des plus profitables qu'offre une grande bibliothèque à sa clientèle. Ce catalogue donne en effet une liste souvent intéressante d'ouvrages de référence et de publications diverses classés par rubriques, thèmes ou sujets. En l'absence de pistes pour trouver de l'information sur une question donnée, le catalogue sujet offre un point de départ utile. Dans certains cas, il peut être à l'origine de la découverte d'un ouvrage déterminant pour la poursuite d'une recherche.

Mais le catalogue sujet a aussi ses limites. Ainsi, il donne très peu d'informations sur le contenu des publications mentionnées. Un ouvrage collectif touchant à l'histoire du Québec et comportant dix chapitres sur dix sujets différents ne recevra, au moment de son analyse, que deux ou trois mots-clés tirés du *Répertoire de vedettes-matière*. Les chapitres portant par exemple sur l'histoire maritime ou sur l'histoire des Cantons de l'Est ne recevront pas nécessairement de traitement particulier. Ils ne seront donc pas repérables au catalogue.

Par ailleurs, avant d'amorcer une recherche documentaire, on connaît souvent très mal le sujet sur lequel on doit confectionner une bibliographie. Consulter uniquement le catalogue sujet (les plus pressés ne songent même pas à élaborer un plan de concepts!)

risque de nous amener à une perception extrêmement étroite de notre sujet et ainsi considérablement appauvrir notre recherche documentaire. Ultimement, c'est le traitement du sujet qui peut en souffrir. On doit savoir en effet que le *Répertoire de vedettes-matière* (voir encart ci-après) est élaboré par des documentalistes à partir d'une liste de termes prédéterminés visant à couvrir l'ensemble des connaissances et des domaines d'intérêt. C'est à partir de ce vocabulaire pluridisciplinaire que les documentalistes analysent les ouvrages reçus à la bibliothèque et leur assignent deux ou trois mots-clés. L'objectif est d'abord de rendre le fichier opérationnel et cohérent. Il ne peut d'ailleurs en être autrement étant donné la masse de documents traités. Mais cette opération comporte une lacune importante. En effet, en raison même de sa couverture encyclopédique, le *Répertoire de vedettes-matière* ne recoupe pas nécessairement la dynamique des questionnements intellectuels à partir desquels procède le chercheur. Si celui-ci voulait par exemple trouver de l'information sur le "concept de soi chez les enfants maltraités", il devrait parcourir la table des matières et l'index de toutes les publications indiquées au sujet "Enfants maltraités". Tenter de repérer des documents sur le "concept de soi chez les enfants maltraités" grâce au catalogue de la bibliothèque l'obligerait pratiquement à passer en revue toutes les publications portant sur les enfants maltraités, car il n'y a pas d'entrée plus directe au catalogue. La conversion des catalogues traditionnels de bibliothèque à des systèmes accessibles par ordinateur atténue quelque peu cet inconvénient. En multipliant les points d'accès (grâce à l'ordinateur, la recherche n'est pas seulement possible par auteur, titre ou sujet; elle l'est également par langue, date de publication, mots du titre, etc.) et en offrant le recours à la logique booléenne (mise en relation de deux ou plusieurs mots-clés ou groupes de mots-clés), les progiciels documentaires augmentent de façon considérable la capacité de repérage des catalogues de bibliothèques.

Bien souvent, la consultation du catalogue sujet doit être envisagée comme une activité complémentaire de recherche documentaire. Dès le départ, d'autres filons doivent aussi être exploités.

LE RÉPERTOIRE DE VEDETTES-MATIÈRE

Pour faciliter le repérage des ouvrages traitant d'un sujet précis, il y a le *Répertoire de vedettes-matière*. La majorité des bibliothèques nord-américaines utilisent ce répertoire pour qualifier leurs documents. Les bibliothèques anglophones s'inspirent de la version anglaise, le *Library of Congress Subject Headings*. Dans sa version française, le *Répertoire de vedettes-matière* est élaboré par la Bibliothèque de l'Université Laval.

Dit simplement, cet instrument regroupe en ordre alphabétique tous les mots-clés (ou groupes de mots-clés) sur lesquels une bibliothèque possède des documents.

Imaginons ainsi qu'un chercheur veuille s'informer sur les femmes victimes de violence conjugale. Sous quelle rubrique la bibliothèque regroupe-t-elle les ouvrages traitant de ce sujet?

C'est ici que le plan de concepts élaboré plus tôt devient particulièrement utile. Il s'agit en effet de confronter tous les termes retenus dans le plan de concepts avec les mots-clés du *Répertoire de vedettes-matière* de façon à trouver la clé d'accès aux documents traitant du sujet retenu.

Il est évident que certains concepts ne figurent pas dans le répertoire alors que d'autres y apparaissent. Cette situation est due au fait que le répertoire précise les mots-clés officiellement retenus par les bibliothèques pour analyser et ficher les documents reçus. C'est pourquoi le chercheur devra parfois traduire certains de ses concepts sous la forme de mots-clés opérationnels et recevables pour le répertoire.

Reprenons dans ces conditions notre exemple. Au mot-clé : "Violence conjugale", le répertoire indique :
VIOLENCE CONJUGALE
VOIR : Violence entre conjoints

Ceci signifie qu'au catalogue sujet de la bibliothèque, les publications traitant de la violence conjugale sont regroupés au mot-clé "Violence entre conjoints" et non à "Violence conjugale".

En poursuivant sa démarche de recherche documentaire à partir du répertoire, le chercheur découvrira d'autres mots-clés. La présentation apparaissant sous ses yeux est la suivante :

VIOLENCE ENTRE CONJOINTS

VA   Enfants maltraités
       Violence exercée sur les femmes
x   Violence conjugale
       Violence intracouple
xx   Époux
       Famille inadaptée
       Infractions contre la personne
       Violence familiale

Décodons cette fenêtre. Les mots ou expressions précédés de l'abréviation VA (qui signifie "voir aussi") sont des rubriques plus particulières ou connexes à partir desquelles on peut trouver d'autres documents. Les termes précédés du signe XX représentent d'autres mots-clés, plus généraux, également utilisés par la bibliothèque pour ficher ses documents. Si bien qu'il est possible de repérer, au catalogue sujet, toute une gamme de publications portant directement ou indirectement sur le thème de la violence entre conjoints. Le signe X indique que ce concept en particulier n'a pas été retenu comme rubrique servant à analyser et classer des documents.

Le *Répertoire de vedettes-matière* ne fournit que le mot-clé principal. À celui-ci peuvent évidemment s'ajouter, au catalogue sujet, des subdivisions de sujet ou de forme, de chronologie ou de géographie. Les subdivisions de sujet servent à définir un aspect particulier du sujet principal. Par exemple : PERSONNES ÂGÉES — Loisirs. Les subdivisions de forme précisent la forme du document : une bibliographie, un périodique, un dictionnaire, etc. Exemple : DÉLINQUANCE JUVÉNILE — Bibliographie. Les subdivisions chronologiques et géographiques situent le sujet dans le temps et dans l'espace. Exemples : AGRICULTURE — Québec (Province) — Histoire — 19e siècle; ÉMIGRATION ET IMMIGRATION — Québec (Province); ÉMIGRATION et IMMIGRATION — France.

Consulter les encyclopédies, dictionnaires scientifiques et guides de recherche

En fait, l'une des étapes initiales d'une démarche documentaire menée méthodiquement consiste à se renseigner de façon générale sur le sujet de sa recherche, ne serait-ce que pour enrichir le plan de concepts déjà établi et ainsi mieux exploiter le *Répertoire de vedettes-matière* et le catalogue sujet.

À ce chapitre, la consultation d'**encyclopédies générales et spécialisées**, d'une part, de **dictionnaires thématiques**, **biographiques et terminologiques**, d'autre part, apparaît indispensable. Précisons que dans plusieurs cas, l'article d'encyclopédie ou de dictionnaire scientifique est accompagné d'une courte liste d'ouvrages essentiels à l'approfondissement du sujet abordé. Par ailleurs, et ceci est capital, la plupart des articles d'encyclopédies et de dictionnaires sont complétés par une liste de renvois ou de corrélats permettant au chercheur d'explorer d'autres aspects (parfois insoupçonnés) de son sujet de départ, ou de relier ce sujet à d'autres matières sur lesquelles il n'aurait pas nécessairement pensé se renseigner. Ce système de renvois permet ainsi de découvrir ou d'élargir un sujet en fonction de diverses perspectives d'étude.

Il est possible, pour le chercheur qui n'a aucun titre en tête, de repérer les dictionnaires et les encyclopédies spécialisés grâce au catalogue sujet de la bibliothèque. Ainsi, un dictionnaire de sociologie, une encyclopédie sur le marxisme ou en sciences sociales seraient repérables au sujet correspondant, suivi de la subdivision dictionnaire ou encyclopédie. Exemples : MARXISME — Encyclopédies; SCIENCES SOCIALES — Encyclopédies; SOCIOLOGIE — Dictionnaires.

La consultation de **guides bibliographiques** (aussi appelés **guides de recherche**) apparaît également comme une opération à mener dès le début d'une recherche documentaire. Véritables "coffres à outils documentaires" déjà constitués, ces ouvrages présentent les instruments de travail pertinents à une discipline ou un domaine d'étude. L'étudiant par exemple intéressé à l'histoire du Canada devrait absolument connaître le *Guide du chercheur en histoire canadienne*, un modèle du genre. Celui-ci donne une liste exhaustive de sources, monographies, ouvrages de référence, études spécialisées, revues, atlas, répertoires statistiques, sur lesquels le chercheur peut compter pour s'informer et documenter un sujet. Les guides bibliographiques sont repérables au catalogue sujet de la même façon que les dictionnaires et les encyclopédies.

La principale lacune de ces guides est que, dans la majorité des cas, ils n'apprécient pas les ouvrages et publications dont ils font mention. D'un autre côté, par l'exhaustivité de leurs bibliographies, ils risquent parfois de noyer le chercheur débutant dans un torrent d'informations documentaires. Or celui-ci a souvent besoin de renseignements plus généraux et d'appréciations qualitatives des publications qu'il voit citées. C'est pourquoi l'on ne saurait trop conseiller, à cette étape de la recherche documentaire, la consultation de **guides spécialement préparés pour chercheurs débutants**. Ceux-ci ont en effet l'avantage de proposer des directions de lecture au chercheur. De tels guides peuvent être trouvés grâce aux guides bibliographiques.

Exploiter la documentation déjà constituée et tirer profit de certains ouvrages de référence et d'indexation

Trouver un ouvrage implique nécessairement que par cet ouvrage on peut en trouver d'autres. Les titres complétant les articles d'encyclopédies et de dictionnaires permettent ainsi de se constituer une première liste d'ouvrages généraux et spécialisés se rapportant à un sujet. Consulter ces ouvrages, la plupart du temps eux-mêmes accompagnés de bibliographies plus ou moins exhaustives, rend possible la découverte d'autres titres. Et ainsi de suite. Le procédé fait "boule de neige".

Mais cette démarche n'épuise pourtant pas toutes les possibilités documentaires d'une grande bibliothèque. Elle risque par ailleurs de mener à une accumulation énorme et disparate de titres. Un autre moyen consiste donc à tirer profit de trois types d'ouvrages de référence : les bibliographies générales et spécialisées (voir typologie page suivante), les revues d'analyse et d'indexation, et les répertoires spécialisés.

Les **bibliographies générales**, comme par exemple celle de Paul Aubin consacrée à l'histoire du Québec et du Canada, présentent des listes extrêmement longues de titres classés par périodes chronologiques, territoires géo-politiques, grands thèmes (économie, société, politique, institutions, culture, etc.) et sous-thèmes. Qu'elles soient signalétiques ou annotées, ces bibliographies sont constituées à partir de la recension systématique d'une grande partie de la littérature scientifique se rapportant à une période historique, à une entité nationale ou à une discipline. Intégralement parcourues, elles permettent au chercheur d'avoir une connaissance approfondie de la documentation disponible se rapportant à un sujet. Elles renseignent aussi, de façon implicite, sur l'orientation de la production scientifique concernant un sujet ou une discipline.

Les **bibliographies spécialisées** permettent d'aller encore plus loin dans l'exploitation des ressources documentaires d'une grande bibliothèque. Celles-ci donnent en effet des listes de titres, classés par rubriques, se rapportant à un seul sujet intégrateur : les idéologies, les relations de travail, les genres de vie, le monde ouvrier, les femmes, etc. Ces bibliographies, ordinairement préparées par des spécialistes de la question, ont l'avantage de rassembler, dans une seule publication facilement accessible, des centaines de titres que seule une longue et minutieuse recherche aurait permis de regrouper. En dispensant le chercheur de procéder à une revue de la littérature existante, la bibliographie spécialisée lui évite aussi de "réinventer la roue". Elle lui fournit également une idée assez précise de l'abondance ou de la rareté relative des écrits sur un sujet. Il n'existe cependant pas de bibliographies spécialisées sur tous les sujets ou toutes les problématiques de recherche.

À l'instar des autres types d'ouvrages de référence, il est extrêmement important de procéder à un survol de l'introduction ou de la préface des bibliographies spécialisées. Cette démarche précise en effet au chercheur le mode d'emploi de l'outil qu'il a en main en plus de lui indiquer la méthodologie suivie pour la recension des écrits, l'étendue de l'investigation documentaire et les limites de l'instrument de travail. L'encart de la page 30 donne certains conseils pratiques que le chercheur devrait suivre avant d'utiliser un ouvrage de référence.

Les **bibliographies de bibliographies**, qui dressent l'inventaire exhaustif de bibliographies déjà constituées, sont probablement le meilleur moyen de repérer les

LES TYPES DE BIBLIOGRAPHIES

Qu'elles soient générales ou spécialisées, courantes ou rétrospectives, signalétiques ou analytiques, nationales ou internationales, les bibliographies recensent, selon des critères multiples et variés, des documents écrits sur un sujet donné[1]. Elles peuvent se présenter sous la forme d'un document autonome, d'une série de documents, d'une annexe à un document ou à une partie de document. En voici une brève typologie[2] :

Bibliographie générale	*Bibliographie spécialisée*
Liste de publications rassemblant toutes sortes de textes sans distinction des sujets dont ils traitent.	Liste de publications rassemblant des textes ne traitant que d'un seul sujet ou domaine.
Bibliographie courante	*Bibliographie rétrospective*
Bibliographie périodique recensant et décrivant des documents au fur et à mesure de leur publication.	Bibliographie recensant et décrivant des documents publiés durant une période donnée.
Bibliographie signalétique	*Bibliographie analytique ou annotée*
Bibliographie présentant seulement la référence bibliographique des documents.	Bibliographie dont chaque référence bibliographique est suivie d'un résumé ou d'une courte analyse.
Bibliographie nationale	*Bibliographie internationale*
Bibliographie recensant et décrivant des documents publiés sur le territoire d'un seul pays ou état.	Bibliographie recensant et décrivant des documents sans considération de langue ni de pays.

[1] Précisons qu'une bibliographie peut posséder une seule ou une combinaison de ces caractéristiques.
[2] Certaines définitions sont empruntées au *Vocabulaire de la documentation* 2e éd., Paris, AFNOR, 1987, 159 p., coll. "Les dossiers de la normalisation".

---

bibliographies spécialisées. On peut également les trouver grâce au catalogue sujet. *Bibliographie de bibliographies québécoises* se veut un exemple d'inventaire de bibliographies publiées au Québec ou relatives au Québec. Comme la plupart des instruments du genre, cet outil signale les bibliographies parues sous la forme de monographies ou d'articles de périodiques.

À partir des bibliographies générales et spécialisées, le chercheur peut découvrir de très nombreuses publications se rapportant à un sujet. En autant, évidemment, que ce sujet corresponde à peu près aux rubriques de classement des titres dans le recueil bibliographique. Sinon, il risque d'éterniser sa consultation.

D'où l'utilité des **répertoires d'indexation d'articles de périodiques** (parfois appelés **abstracts**) et des **répertoires d'indexation d'articles de journaux**. Ceux-ci procèdent en effet à un classement très pointu de la production scientifique et tiennent

PROFITER AU MAXIMUM DES INSTRUMENTS DE TRAVAIL QUE L'ON A EN MAIN

Pour profiter au maximum des instruments de travail découverts, il apparaît opportun de rappeler quelques règles générales concernant leur utilisation. Celles-ci sont empruntées à Marcelle Beaudiquez, *Guide de bibliographie générale : Méthodologie et pratique*, Munich, K.G. Saür, 1983, 280 p. :

1° **Tout d'abord, lire le mode d'emploi**. Certes, cela paraît aller de soi! Mais combien de chercheurs, trop pressés, escamotent le "manuel d'instruction" que constituent la préface ou l'introduction des instruments de travail? Les premières pages de ces ouvrages donnent pourtant des informations indispensables sur les modalités d'utilisation de l'instrument. Pour qui prend le temps de les consulter, elles évitent un gaspillage d'énergie, bien des frustrations et des désenchantements.

2° **Effectuer un survol de l'instrument**. Avant d'utiliser un répertoire, il est sage de consacrer quelques minutes pour l'apprivoiser et l'apprécier. Cette appréciation porte sur les aspects suivants :

— l'identification des auteurs et des organismes (éditeurs) qui sont intervenus dans son élaboration;
— l'examen des éléments constitutifs de l'ouvrage (préface, introduction, table des matières détaillée, annexes, listes d'abréviations);
— la consultation précise de certaines parties de l'ouvrage (organisation du contenu, classement principal et sous-classements, nature des index, mises à jour du contenu, réédition, etc.);
— la période couverte par le répertoire;
— la nationalité du répertoire et des documents signalés;
— la nature des documents indexés ou recensés (types de documents couverts, langue des documents signalés);
— la nature de la référence bibliographique (référence complète ou abrégée, présence de résumés, etc.).

3° **Reconnaître les culs-de-sac documentaires**. Toute recherche d'information n'est pas nécessairement productive. Il peut arriver que l'absence ou la rareté de l'information oblige le chercheur à modifier son approche. L'utilisation approfondie de plusieurs instruments de repérage l'amènera à reconnaître ces situations.

4° **Mettre le temps.** Le temps consacré à la maîtrise d'un outil documentaire est un investissement à long terme. Par exemple, l'apprentissage des modalités d'utilisation de *Point de repère* (index d'articles de périodiques québécois et étrangers) est une opération qui demeure un acquis pour toute recherche ultérieure portant sur le Québec. Une fois maîtrisés, la majorité des instruments de travail sont en effet susceptibles d'être utiles bien des fois au chercheur.

compte des nouveaux questionnements et des nouvelles problématiques explorés par les chercheurs. Les recoupements directs entre sujet de recherche (ou mots-clés du plan de concepts) et rubriques de classification sont dès lors beaucoup plus fréquents.

L'importance de l'article de revue n'est plus à démontrer dans la recherche documentaire. Tous les chercheurs s'accordent d'ailleurs pour dire que la circulation des connaissances est largement facilitée par les périodiques. Les articles qu'ils contiennent sont les supports d'une information originale. Dans toutes les disciplines scientifiques, les résultats les plus récents de la recherche de pointe passent d'abord par les articles de périodiques. L'information scientifique passe plus lentement dans le livre, qui reste plutôt réservé aux travaux de synthèse.

Pour le repérage des articles de revues, le chercheur a à sa disposition les **index de périodiques**. De façon générale, ces répertoires procèdent à l'indexation systématique des articles parus dans un nombre donné de périodiques sélectionnés d'après certains critères : le lieu de leur publication (*Canadian Periodical Index, America : History and Life*), leur discipline de rattachement (*Social Sciences Index, Psychological Abstracts*) ou un domaine spécialisé de recherche (*Women's Studies Abstracts, Refugee Abstracts, Tourism Bibliography*).

Les index de périodiques paraissent à intervalles réguliers. Leur mise à jour est souvent mensuelle, ce qui permet au chercheur d'être à l'avant-garde de la production scientifique. Plusieurs répertoires signalent des articles depuis quarante ou cinquante ans, offrant ainsi une couverture rétrospective exhaustive.

Certains index de périodiques sont aussi appelés **abstracts**. Ceux-ci, en plus de fournir la référence bibliographique des articles, en proposent une analyse ou de courts résumés. La présence d'un résumé de l'article accélère encore la démarche documentaire du chercheur puisqu'elle lui fait prendre instantanément connaissance de son contenu. C'est le cas du répertoire québécois *Point de repère*, qui résume en une ou deux phrases l'article recensé. Certains index de périodiques se rattachant à une discipline offrent parfois des résumés de dix à quinze lignes.

En plus des articles de périodiques, certains index répertorient d'autres types de publications : des thèses, des rapports, des livres, etc. C'est notamment le cas du *Bulletin signalétique*, publié par le Centre de documentation en sciences humaines du CNRS (Paris).

Il est recommandé, au moment d'utiliser un index de périodiques ou un abstract, de noter les particularités de ces instruments de travail (voir l'encart de la page suivante).

Les **répertoires d'indexation d'articles de journaux** constituent un moyen d'accès à l'information diffusée dans les principaux quotidiens. La plupart des grands quotidiens canadiens sont indexés dans le *Canadian News Index* (journaux de langue anglaise) ou dans l'*Index de l'actualité à travers la presse écrite* (journaux de langue française : *Le Devoir, La Presse, Le Soleil*). Certains journaux publient leur propre index. C'est notamment le cas du *New York Times*, du *Times* (Londres), de *La Presse* (Montréal) et, de façon plus sporadique, du journal *Le Monde* (Paris).

Une autre façon d'accéder à de la documentation susceptible de recouper directement un sujet de recherche consiste à exploiter certains **répertoires spécialisés** : par exemple les répertoires de thèses, les répertoires de publications gouvernementales ou d'organismes internationaux, les répertoires de publications statistiques, les répertoires de documentation cartographique et audiovisuelle, et les répertoires de tests.

RAPPELS CONCERNANT L'UTILISATION DES INDEX DE PÉRIODIQUES

— Chaque index de périodiques et chaque abstract comprend habituellement sa liste de revues dépouillées ou analysées. Cette liste permet de vérifier si les articles de tel périodique sont régulièrement signalés ou analysés par le répertoire, ou si ce dernier retient à la fois les articles de revues scientifiques et les articles d'autres types de revues (bulletin de nouvelles; *Newsletters*; revues populaires ou de vulgarisation; etc.).

— Même si le titre du répertoire est en anglais (ex. : *Sociological Abstracts, Psychological Abstracts*), il ne faut pas conclure que tous les articles cités dans cet instrument sont de langue anglaise. La couverture internationale de ces outils fait souvent découvrir des articles dans d'autres langues, dont le français. Les résumés des articles en français seront toutefois, le cas échéant, dans la langue du répertoire.

— Les bibliothèques et les centres de documentation ne sont pas abonnés à toutes les revues mentionnées ou analysées dans les index de périodiques ou les abstracts. On vérifiera la disponibilité d'un périodique en consultant la *Liste des revues de la bibliothèque*.

— Pour économiser l'espace, bon nombre d'index ou d'abstracts indiquent de façon très abrégée la référence au titre des revues. Une "liste des revues dépouillées", placée au début ou à la fin de l'index, permet cependant d'obtenir les titres complets des revues. Exemples :

Anthropol. Soc.	Anthropologie et Sociétés
Cah. Socio. Dem. Méd.	Cahiers de sociologie et de démographie médicales
J. Amer. Folk	Journal of American Folklore

— Attention à la redondance! Une revue importante peut être dépouillée simultanément par plusieurs index de périodiques ou abstracts. Par conséquent, les mêmes articles pourront être signalés par plusieurs de ces instruments.

— Attention à la complémentarité! Les articles de périodiques moins connus (c'est souvent le cas des revues de langue française!) ne seront dépouillés que par de rares instruments.

— Soyez à l'affût des refontes annuelles, quinquennales ou même décennales. La refonte annuelle d'un index de périodiques évitera de consulter l'un après l'autre tous les numéros individuels parus durant l'année. La plupart des index ou abstracts saisissent tous les sujets traités pendant l'année dans un *Annual Subject Index* ou dans un *Cumulative Subject Index*.

Les **répertoires de thèses** donnent une liste exhaustive des thèses déposées dans les universités de divers pays au cours d'une période donnée. Ainsi, les thèses et les mémoires déposés dans les universités canadiennes sont signalés, depuis 1947, dans le répertoire *Thèses canadiennes*. Depuis 1980, cet instrument paraît sur microfiches. Les thèses sont ordinairement classées par discipline ou par sujet. Un index des auteurs complète habituellement les répertoires. Dans certains cas, un résumé du contenu de la thèse accompagne la description bibliographique. C'est notamment le cas dans l'outil de repérage *Dissertation Abstracts International*, l'un des meilleurs du genre, qui est également accessible par ordinateur.

La connaissance des thèses est un aspect extrêmement important de la recherche documentaire. Qui ne voudrait pas être informé rapidement des travaux originaux déjà complétés dans le domaine qui l'intéresse? En sciences sociales et humaines, la thèse de doctorat contient habituellement un chapitre théorique et méthodologique très étoffé sur lequel se greffe une revue exhaustive de la littérature scientifique pertinente. Ces caractéristiques en font un outil de précision pour le chercheur.

On trouve les répertoires de thèses par le biais de certains guides bibliographiques spécialisés, par exemple *Thèses au Canada* (publié par la Bibliothèque nationale du Canada) et *Guide to the Availability of Theses*.

Les **répertoires de publications gouvernementales** donnent accès à une documentation riche, volumineuse et parfois inconnue, celle des organismes publics et parapublics. En raison de l'importance acquise par les divers niveaux de gouvernements dans l'organisation et la régulation des activités des sociétés contemporaines, cette documentation apparaît indispensable pour l'approfondissement de nombreux sujets débordant considérablement la question de la seule participation des pouvoirs publics.

Parmi les répertoires des publications courantes des gouvernements, mentionnons en particulier la *Liste mensuelle des publications du Gouvernement du Québec* (depuis 1981) et *Publications du Gouvernement fédéral*.

Les **répertoires de publications des organismes internationaux** donnent accès aux documents de toutes sortes publiés par les organismes internationaux. Habituellement, chaque organisme publie son propre répertoire annuel ou cumulatif.

Les **répertoires (ou catalogues) de publications statistiques** dressent l'inventaire des documents statistiques disponibles (et non pas les données elles-mêmes). Au Canada, le plus connu demeure le *Catalogue de Statistique Canada*. Cette publication annuelle est l'instrument essentiel pour trouver la source de données la plus appropriée parmi les publications de Statistique Canada, car elle est accompagnée d'un index par sujet extrêmement détaillé. Un *Catalogue rétrospectif 1918-1980* et une *Bibliographie des sources fédérales de données à l'exception de Statistique Canada* complètent le répertoire annuel.

À titre d'organisme statistique national, Statistique Canada est chargé de la collecte et de la publication de données sur presque tous les aspects de la vie sociale et économique au Canada. Pour ce faire, il administre un vaste programme de publications dont le *Catalogue* est le reflet. Outre les publications imprimées, Statistique Canada produit des données sur microfilms et sur microfiches. Il offre également l'accès sur demande à CANSIM, base de données sur ordinateur. Statistique Canada effectue aussi un recensement de la population et un recensement de l'agriculture à intervalles réguliers. En plus d'apparaître au catalogue annuel, les fascicules du recensement sont regroupés dans le document *Produits et services du recensement*, publié lors de chaque recensement quinquennal.

Les documents de nature statistique produits par les ministères et organismes gouvernementaux du Québec sont indexés dans le *Répertoire des publications statistiques du Gouvernement du Québec*, publié par le Bureau de la Statistique du Québec.

Les **répertoires de documentation cartographique** donnent accès à ces sources incomparables d'information que sont les cartes géographiques, les atlas, les cartes anciennes, etc. On sait que ces sources couvrent une multitude de sujets et de phénomènes économiques, politiques, historiques et culturels qu'ils représentent dans l'espace. Ainsi, une recherche portant sur la situation des femmes ou sur les autochtones peut être avantageusement enrichie par la consultation d'un atlas, par exemple l'*Atlas of American Women* ou l'*Atlas of North American Indians*.

Les bibliothèques offrent à leurs clientèles les services de personnes-ressources spécialisées dans l'information cartographique. Celles-ci, mieux que quiconque, savent guider le chercheur vers l'utilisation de répertoires et d'outils cartographiques appropriés. Parmi les répertoires couvrant la documentation cartographique portant sur le Canada et le Québec, mentionnons en particulier : *Bibliographie du Québec, Section III : Documents cartographiques*, et N.L. Nicholson et L.M. Sebert, *The Maps of Canada : A Guide to Official Canadian Maps, Charts, Atlases and Gazetteers* (1981).

Les **répertoires de documentation audiovisuelle** classent, en fonction de sujets très précis, la documentation disponible sur support non imprimé comme les films, les disques, les enregistrements sonores, les diaporamas, les ensembles multimédias et les vidéos. Il s'agit d'une documentation qui peut être avantageusement exploitée pour les fins d'une recherche. En plus de la liste des documents audiovisuels fournie par la bibliothèque, quelques répertoires permettent au chercheur de repérer rapidement une production audiovisuelle des plus diversifiées. Notons au passage le *Répertoire des documents audiovisuels gouvernementaux* (films et vidéos du Gouvernement du Québec), *Le Tessier* (répertoire des documents audiovisuels canadiens de langue française) et le *Catalogue des films et vidéos de l'Office national du film du Canada*.

Enfin, les **répertoires de tests** permettent aux psychologues, éducateurs, travailleurs sociaux et même aux spécialistes du monde du travail de sélectionner et d'évaluer divers instruments de mesure concernant les attitudes et les comportements.

Aller plus loin dans la recherche documentaire : savoir choisir le bon ouvrage

Une fois dix, vingt, trente publications rassemblées grâce aux instruments de travail consultés, encore faut-il savoir sélectionner celles qui seront effectivement utilisées pour mener à terme sa recherche. Le problème est clair : le chercheur ne peut lire tous ces ouvrages, articles et documents; il n'en a pas le temps. Mais il ne peut non plus choisir arbitrairement ceux qu'il retiendra pour consultation et lecture approfondie. Comment s'en sortir? En se livrant bien sûr à une observation minutieuse du volume. Mais aussi en trouvant des comptes rendus. Or comment savoir, justement, si un ouvrage a fait l'objet d'une critique? Et comment savoir où cette recension est parue?

Le meilleur moyen consiste à tirer profit des **répertoires de comptes rendus**. Ceux-ci permettent en effet de repérer rapidement les ouvrages et publications qui ont été recensés dans divers périodiques scientifiques ou autres. En comparant deux ou trois comptes rendus d'ouvrage, le chercheur peut voir, immédiatement, comment et jusqu'à quel point un ouvrage en particulier peut être utile à la progression de son travail.

Plusieurs disciplines possèdent leur propre revue spécialisée dans la critique d'ouvrages scientifiques. Citons par exemple *Contemporary Sociology : A journal of Reviews*, *Reviews in Anthropology, Revue canadienne des comptes rendus en philosophie*. D'autres répertoires plus généraux signalent les comptes rendus parus dans différentes revues scientifiques. Mentionnons à titre d'exemple le *Book Review Index*, le *Book Review Index to Social Science Periodicals* et le *Canadian Periodical Index/Index de périodiques canadiens*. En plus de faciliter le repérage des comptes rendus d'ouvrages, certaines revues d'indexation proposent elles-mêmes des analyses (ou résumés, ou courtes recensions) de ces ouvrages. Parfois, il s'agit d'analyses originales. En d'autres occasions, il s'agit d'extraits reproduits d'un compte rendu publié ailleurs. C'est notamment le cas du *Book Review Digest*.

Avec les index de périodiques, les répertoires de comptes rendus permettent au chercheur d'avoir une connaissance opérationnelle et utilitaire d'une partie de la documentation qu'il a amassée. Avant même d'avoir complètement lu les ouvrages et les articles colligés, il peut discriminer sa documentation d'une manière informée.

Compléter sa recherche documentaire en exploitant d'autres ouvrages de référence

Plusieurs ouvrages, utiles à différents titres, permettent d'accumuler d'autres détails névralgiques pour la documentation d'un sujet. Ainsi en est-il des **répertoires biographiques**, des **annuaires** (chronologiques ou statistiques), des **répertoires d'organismes**, des **traités** et des **manuels**. Ces ouvrages peuvent être trouvés à l'aide des guides bibliographiques (ou guides de recherche) et aux catalogues titre et sujet des bibliothèques. Le chercheur avisé a cependant tôt fait de s'en constituer une liste personnelle qu'il utilise en fonction de ses besoins ponctuels.

Les **répertoires biographiques** permettent la recherche d'informations biographiques sur des personnalités célèbres, vivantes ou décédées, des personnages historiques, des auteurs importants, des théoriciens, etc. On distingue les **dictionnaires biographiques** (étude et histoire de personnes connues) des **Who's Who**, qui eux tracent les grandes lignes de la carrière de personnalités plus contemporaines.

Il existe une variété de *Who's Who* et de dictionnaires biographiques. Qu'ils soient internationaux (*Current Biography, The International Who's Who, Who's Who in the World*), nationaux (*Dictionnaire biographique du Canada, Biographies canadiennes françaises, The Canadian Who's Who, Who's Who in America... in France... in Germany*) ou spécialisés (*Dictionnaire biographique de tous les temps et de tous les pays, Dictionnaire des personnalités historiques de tous les temps*), ils couvrent presque toutes les sphères d'activité professionnelle.

La plupart des répertoires dont le titre débute par l'appellation *Who's Who* sont mentionnés au catalogue titre des bibliothèques. En raison du grand nombre de répertoires biographiques sur le marché de l'édition, des **index de biographies** ont été publiés. Mentionnons notamment *Biography Index* et *Bio-Base* (offert sur microfiches). Au lieu de fournir directement la notice biographique d'un personnage, ces index précisent la source où se trouve l'information recherchée. Soulignons que la revue d'indexation *Bio-Base* (également disponible par ordinateur sous le nom de *Biography Master Index*) fournit l'accès à près de trois millions de notices biographiques parues dans plus de 500 répertoires biographiques différents. Ce super-outil est à utiliser si la bibliothèque le possède.

Publiés annuellement, les **annuaires** contiennent des renseignements variables d'une édition à l'autre. L'information est présentée de façon descriptive ou statistique. Bon nombre d'entités politico-géographiques possèdent leur propre annuaire. Par exemple : *Le Québec statistique*, l'*Annuaire du Canada*, l'*Annuaire de l'Afrique du Nord*, l'*Annuaire de l'URSS*, le *Statistical Abstract of Latin America*, l'*Annuaire statistique de la France*. L'*Annuaire des Nations unies* illustre bien, de son côté, la richesse informative rendue accessible aux chercheurs par les organismes internationaux. Compilant des données relatives à leurs sphères d'activité ou à leurs domaines d'intervention, ces organismes publient d'ailleurs de nombreux annuaires et bulletins statistiques. Parmi les plus connus, signalons l'*Annuaire statistique* et l'*Annuaire démographique des Nations unies*.

Le catalogue sujet des bibliothèques répertorie les publications statistiques consacrées à un pays ou à une région (ou à une subdivision de ce pays ou de cette région). Exemples : ASIE-Statistiques; JAPON — Statistiques. Un outil très raffiné, l'**index des statistiques**, répertorie les données contenues dans un grand nombre de publications statistiques. Citons à titre d'exemple le *Canadian Statistics Index/Index des statistiques du Canada* et l'*American Statistics Index*.

L'annuaire constitue, pour le chercheur ignorant des principales caractéristiques sociologiques, historiques, politiques, économiques et culturelles d'un pays ou d'une région, un instrument de travail très utile.

La recherche d'une information ponctuelle sur un organisme ou une personne est facilitée par ces instruments de travail que l'on appelle les **répertoires d'organismes**. Ce vocable désigne un grand nombre d'ouvrages de référence. Mentionnons entre autres les répertoires d'adresses ou d'institutions, les bottins téléphoniques, les annuaires d'associations professionnelles, les annuaires administratifs, certains guides d'informations générales ou spécialisées.

Les répertoires d'organismes vont des plus généraux (*World of Learning, Encyclopedia of Associations, Yearbook of International Organizations, Répertoire des associations du Canada, Répertoire des associations du Québec*) aux plus spécialisés (*Annuaire des CLSC, Guide to Graduate Departments of Sociology, Répertoire des ressources bénévoles de la région administrative de Québec [03], Répertoire des municipalités du Québec, Répertoire des groupes de femmes du Québec*). Enfin, certains organismes privés ou publics publient des guides qui, par leur contenu, s'apparentent à des répertoires. Pensons notamment au *Guide des jeunes*, au *Guide des aînés* et au *Guide d'information pour les femmes*.

Ouvrages de synthèse, les **traités** rendent compte d'un domaine déterminé de la connaissance d'une manière aussi complète que possible. En pratique, ils jouent le rôle d'une véritable encyclopédie. Songeons par exemple au *Traité de sociologie*, au *Traité du social*, au *Handbook of Social Methods*, au *Handbook of North American Indians*, au *Handbook of Aging in the Social Sciences*. Ordinairement rédigés en collaboration par un groupe d'auteurs, ces outils comptent souvent plus de mille pages. Ils se présentent parfois en plusieurs volumes. Malheureusement, tous les domaines de la connaissance ne sont pas couverts par les traités.

Le **manuel** présente, de façon très didactique, les notions essentielles d'un art, d'une science ou d'une technique. Sa matière est souvent étroitement associée aux exigences requises pour les programmes de cours. La structuration de son contenu permet à l'utilisateur de cerner rapidement un sujet. Facilement accessible à l'étudiant, ce type d'ouvrage nécessite toutefois des mises à jour périodiques. Dans le cadre d'une démarche documentaire, le manuel sert d'ouvrage d'information très générale, peut aider à contextualiser un sujet et offre parfois certaines indications bibliographiques. Le chercheur ne peut toutefois se limiter au contenu d'un manuel pour approfondir un sujet. Le manuel peut être avantageusement complété par l'**ouvrage de synthèse**. Celui-ci, surtout s'il s'adresse à un public déjà rompu aux fondements d'une discipline ou d'un sujet, présente habituellement une information plus étoffée, pousse plus loin l'analyse, rend compte des recherches de pointe et ouvre des pistes pour des recherches ultérieures. Les ouvrages de synthèse font souvent partie de **collections spécialisées** dont l'objectif premier est de tracer le bilan des connaissances se rapportant à un sujet ou de faire le point sur les recherches en cours dans une discipline ou un domaine d'étude. Mentionnons à titre d'exemple la collection *Nouvelle Clio*, particulièrement appréciée des jeunes chercheurs en histoire.

La recherche documentaire informatisée

La recherche documentaire contemporaine ne se limite pas aux instruments de travail imprimés. Au cours des dix dernières années, la recherche documentaire informatisée, depuis longtemps accessible dans certains milieux privilégiés, a connu un engouement soutenu de la part des chercheurs. Certes, celle-ci ne remplace pas totalement les moyens conventionnels. Et elle les élimine encore moins. En fait, il est important de concevoir la recherche documentaire informatisée comme un moyen s'ajoutant à la recherche documentaire conventionelle pour repérer de l'information. L'utilisation de bases de données bibliographiques est d'ailleurs déjà largement répandue et la tendance ira s'accentuant. Le chercheur pourra dès lors accéder à un potentiel documentaire pratiquement inépuisable.

Cette section vise à présenter sommairement ce qu'est la recherche documentaire informatisée en insistant sur ses avantages et ses inconvénients. Certaines recommandations nécessaires à la réalisation d'une recherche documentaire de ce type sont également données.

Commençons d'abord par une définition : la recherche documentaire informatisée (aussi appelée téléréférence) est la consultation en direct d'une ou de plusieurs banques d'information. Quoique nous retrouvions, dans le paysage documentaire actuel, des bases de données bibliographiques, factuelles, textuelles, numériques ou statistiques, nous limiterons ici notre propos aux bases de données bibliographiques. Ces sources d'information accessibles par ordinateur sont, dans plusieurs cas, des versions automatisées d'instruments de repérage également disponibles sur papier. C'est le cas notamment des index de périodiques ou de journaux, de certaines bibliographies et de répertoires de thèses. Plusieurs abstracts et index de périodiques touchant à une ou des disciplines scientifiques sont aussi accessibles par voie informatique.

Une base de données bibliographiques contient habituellement la même information que le répertoire imprimé. Pour un document en particulier (article, livre, thèse, rapport, etc.), la référence bibliographique complète (auteur, titre, adresse bibliographique, source, type de document, langue de publication) et les éléments décrivant le contenu de ce document (résumé, mots-clés ou descripteurs) deviennent tous des clés d'accès potentielles pour la recherche.

Les bases de données bibliographiques sont développées autant par des organismes gouvernementaux que par des firmes privées. Elles couvrent une grande variété de domaines. N'appartenant pas à une bibliothèque en particulier, elles doivent être consultées à distance[4]. De nombreux guides et manuels décrivant leur contenu sont régulièrement publiés par les producteurs de base et ceux que l'on appelle les "serveurs". À partir d'un ordinateur central, un serveur (ex. : DIALOG Information Services, BRS Bibliographic Retrieval Services, Questel Télésystèmes) offre simultanément l'accès à de multiples bases de données et ce, à plusieurs utilisateurs à la fois.

Mais le recours à l'ordinateur n'est pas une panacée pour tous les problèmes de documentation. Les avantages sont nombreux... mais les inconvénients existent aussi. Voyons les choses de plus près.

LES AVANTAGES

Ils sont au nombre de huit :

— accroît la rapidité d'exécution par rapport à une recherche manuelle;
— permet des recherches complexes pratiquement impossibles à mener avec les instruments de repérage imprimés;
— offre l'accès à une information plus récente que le répertoire sur papier (les mises à jour sont en effet mensuelles, hebdomadaires et même quotidiennes);
— permet des recherches rétrospectives sur plusieurs années;
— fournit plus de possibilités d'accès à l'information qu'un instrument de travail traditionnel;
— rend possible l'établissement de relations entre les mots-clés par l'utilisation des opérateurs logiques (ET, OU, SAUF);
— permet l'impression des références sur papier;
— offre la possibilité de mettre en mémoire une recherche et de la réexécuter dans une autre base de données ou quelques jours plus tard.

---

[4] Depuis peu, les chercheurs peuvent utiliser sur place, dans leurs bibliothèques, des bases de données sur CD-ROM (Computer Disk — Read Only Memory/Disque compact à mémoire permanente). En sciences humaines et sociales, une variété d'outils documentaires (index de périodiques, encyclopédies, bibliographies) ont maintenant une version sur disque compact. Cette technologie, qui présente une capacité phénoménale de stockage, offre à son utilisateur la possibilité d'effectuer lui-même la recherche dans une base de données et ce, en raison de la facilité du processus d'interrogation (simplification du langage de commandes). À la portée d'à peu près tout chercheur ayant consacré deux heures à son apprentissage, les bases sur CD-ROM font une entrée en force dans les grandes bibliothèques.

Ils sont importants. Mentionnons-en cinq :

— certains sujets ne se prêtent pas à la recherche par ordinateur (absence de bases, problématique trop récente, rareté documentaire, vocabulaire imprécis, etc.);
— des problèmes techniques (panne du système ou du réseau de transmission des données, temps de réponse) obligent parfois à reprendre la recherche;
— la majorité des bases de données sont de création récente (début des années 1970). Elles ne permettent donc pas des recherches rétrospectives s'étalant sur une longue période. Par ailleurs, ce n'est que récemment que les bases de données se sont développées au Québec. Les deux principaux services (Centrale des bibliothèques et IST Télésystèmes) offrent l'accès à plus de trente bases de données documentaires québécoises. Parmi celles-ci, notons HISCABEQ, QUEBAC, REPERE, LOGIBASE et INFODEX;
— la recherche bibliographique à l'aide de l'ordinateur n'est pas gratuite. L'utilisateur doit acquitter une partie ou la totalité des coûts. Ces frais varient d'une institution à l'autre;
— l'accès aux documents repérés peut être restreint. En effet, la bibliothèque de rattachement du chercheur peut ne pas posséder tous les documents apparaissant sur la liste bibliographique fournie par l'ordinateur.

Si le chercheur juge que, dans son cas, les avantages dépassent les inconvénients, il peut alors, en se fondant sur l'expertise d'un spécialiste, entreprendre une recherche documentaire informatisée. Mais attention! Celle-ci se prépare minutieusement. Elle comprend trois étapes :

1° PRÉPARATION DE L'INTERROGATION

Une recherche bibliographique menée avec l'aide de l'ordinateur ne s'improvise pas. Avant de s'asseoir au terminal, un effort de planification s'impose. Les étapes du processus de recherche documentaire plus tôt décrites s'appliquent ici directement. On s'attardera principalement à la définition du sujet de recherche et à l'élaboration du plan de concepts. La majorité des bases de données étant produites dans le monde anglophone, le chercheur se verra obligé de composer son plan de concepts dans la langue anglaise. Le choix des termes variera suivant le mode de composition de la base de données. Si celle-ci fonctionne à partir d'un vocabulaire libre, les termes retenus dans le plan de concepts seront recherchés dans le titre et dans le résumé des documents déjà en mémoire. Le chercheur aura donc intérêt à multiplier les synonymes des mots-clés qu'il aura retenus au départ et ce, de façon à ne pas laisser de côté une masse documentaire par l'omission d'un terme en particulier.

Mais la base de données peut également fonctionner à partir d'un vocabulaire contrôlé. Dans ce cas, les documents en mémoire sont analysés à partir d'une liste de mots-clés (ou descripteurs). Cette liste de descripteurs s'appelle THESAURUS. Une liste contrôlée de mots-clés obéit à des règles terminologiques propres. Les descripteurs sont reliés entre eux par des relations sémantiques (hiérarchiques, associatives ou d'équivalence). L'interrogation d'une base avec un vocabulaire contrôlé exige de déterminer dans le THESAURUS la meilleure terminologie correspondant au plan de concepts du chercheur. Il est important que chaque aspect de la recherche soit représenté dans la liste des mots-clés retenus.

Certaines bases de données admettent l'emploi conjoint de descripteurs contrôlés avec les mots-clés en vocabulaire libre.

2° AGENCEMENT DES MOTS-CLÉS

Comme l'interrogation des bases de données procède par ensembles, il y a lieu de regrouper les mots-clés dans un plan de concepts définitifs et d'établir des relations entre les différents concepts ou groupes de concepts.

Chaque ensemble représente une variable et les mots d'un même ensemble sont regroupés dans une même colonne. Les combinaisons entre les mots-clés ou les ensembles se font à l'aide des opérateurs logiques ET, OU, SAUF.

Dans l'exemple suivant, nous cherchons la documentation relative au "concept de soi chez les enfants négligés". Comme nous désirons cerner principalement les aspects psychologiques de cette problématique, la recherche par ordinateur sera effectuée dans la base de données PSYINFO. Celle-ci signale depuis 1967 les articles de plus de 1 300 revues et répertorie les livres, les rapports techniques et les thèses en psychologie jusqu'en 1980. L'analyse des documents se faisant avec des mots-clés en langue anglaise, le plan de concepts reflétera cette contrainte :

A		B
self concept ou self esteem ou self actualization ou self perception	ET	child abuse ou child neglect ou neglected children ou battered children ou battered child ou abused children ou child sexual abuse

Dans ce profil de recherche, l'ensemble A représente le "concept de soi" alors que l'ensemble B correspond à la variable "enfants maltraités". L'intersection des ensembles A et B fournira au chercheur les documents auxquels l'un ou l'autre des mots-clés du groupe A a été assigné en même temps que (ET) l'un ou l'autre des mots-clés du groupe B.

Ayant obtenu 64 références par la combinaison de A et B, il y a possibilité de raffiner ce résultat par des critères tels que la langue de publication, la date de parution, etc. Il serait ainsi possible de restreindre la recherche aux documents de langue française ou aux publications portant sur une seule année. Ces possibilités obligent le chercheur à revenir constamment à ses objectifs de recherche et à la définition de son sujet, lesquels précisent le degré de spécificité ou de généralité des mots-clés qu'il retiendra finalement.

3° RECHERCHER L'EXPERTISE DE PERSONNES COMPÉTENTES

Que ce soit avant, pendant ou après une recherche par ordinateur, le chercheur devrait pouvoir compter sur le support et l'encadrement de personnes-ressources compétentes. Ordinairement, les grandes bibliothèques offrent à leur clientèle un encadrement portant sur les points suivants :

— la préparation de la stratégie de recherche;
— la méthode d'utilisation du THESAURUS;
— la structuration du plan de concepts;
— la détermination de la base de données à interroger;
— l'aspect technique de l'interrogation au terminal;
— l'aspect intellectuel de la recherche;
— l'analyse des références repérées.

Les responsabilités énumérées peuvent être conjointes, partiellement ou entièrement déléguées au chercheur ou au bibliothécaire de référence. La présence du chercheur au moment de l'interrogation de la base a l'avantage de permettre une réorientation immédiate de la recherche. Selon les résultats obtenus, celui-ci réagit en direct à l'évolution de la recherche documentaire.

Les dernières étapes de la recherche documentaire

On aurait tort de croire que la démarche documentaire s'arrête avec l'exploitation des ouvrages de référence ou des bases de données bibliographiques. Encore faut-il colliger minutieusement l'information documentaire, évaluer brièvement le contenu des documents répertoriés par rapport aux buts visés de la recherche et s'interroger sur l'efficacité de sa démarche documentaire. Voyons les choses de plus près.

4° étape : La collecte de l'information documentaire

Cette étape consiste à colliger l'information brute telle qu'elle apparaît dans les ouvrages de référence utilisés par le chercheur. Il s'agit de sélectionner les références les plus concordantes avec le sujet préalablement défini. On a vu à quel point les répertoires de comptes rendus, en donnant accès à des appréciations critiques des ouvrages découverts, pouvaient aider à cette opération de sélection. Il n'en demeure pas moins qu'un sujet bien défini facilite considérablement le choix des documents à retenir.

La recherche documentaire étant un travail de précision, la notation minutieuse des références bibliographiques est une opération fondamentale. Rien n'est plus frustrant, en effet, que d'être obligé de retourner à la bibliothèque pour compléter une adresse bibliographique mal notée. Pour éviter ce désagrément, il est recommandé de noter la référence bibliographique complète d'un document et de noter aussi, ne serait-ce qu'en abrégé, les coordonnées principales de l'instrument de travail avec lequel on a repéré le document. Avec de telles précisions, il sera toujours possible de compléter la recherche documentaire sans perdre de temps.

5° étape : L'analyse de l'information recueillie

La capacité d'analyser et de synthétiser les multiples facettes de l'information recueillie au moment de la collecte des documents demeure une opération intellectuelle et personnelle qui varie d'un chercheur à l'autre.

L'objectif principal est d'évaluer le contenu des documents colligés par rapport aux buts visés de la recherche, par rapport à la problématique de départ, aux aspects abordés de la question et à la stratégie de démonstration du chercheur. Cette opération d'analyse de l'information recueillie permet au chercheur de procéder à une sélection encore plus spécifique de sa documentation. Dans certains cas, le sujet de la recherche pourra subir certaines modifications dans sa définition et son énoncé, suivant les contraintes documentaires et l'avancement des travaux sur la question.

6° étape : L'évaluation générale de la recherche documentaire

Cette étape amène le chercheur à s'interroger sur l'efficacité de sa démarche documentaire. Idéalement, ce bilan tire profit de l'avis de collègues, de professeurs ou de documentalistes. Les questions à l'ordre du jour sont les suivantes :

— Ai-je besoin de revenir à certaines étapes du processus?
— Compte tenu de mes objectifs de départ, ai-je consulté toutes les personnes-ressources disponibles?
— Ai-je parcouru les sources d'information les plus pertinentes?
— Dois-je documenter de nouvelles variables de ma recherche, voire redéfinir plus largement ou plus étroitement mon sujet de recherche?
— Par rapport à l'étendue de mon projet de recherche, ai-je une information qualitativement et quantitativement suffisante?

Même si nous la présentons ici comme la dernière étape du processus de recherche documentaire, cette opération d'évaluation peut être faite à n'importe quel moment de la démarche. Rien n'oblige en effet le chercheur à patienter jusqu'au dernier moment pour faire le point sur son cheminement.

Le diagramme apparaissant à la page suivante reconstitue les principales étapes de la recherche documentaire décrite précédemment.

AIDE-MÉMOIRE DE LA RECHERCHE DOCUMENTAIRE[1]

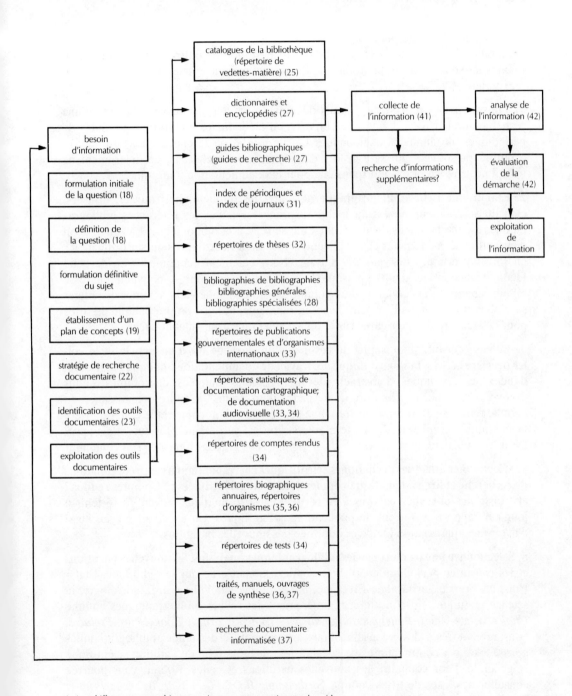

1. Les chiffres entre parenthèses renvoient aux pages pertinentes du guide.

2. SEIZE TRUCS À CONNAÎTRE POUR MAXIMISER SON TRAVAIL À LA BIBLIOTHÈQUE

Il existe une démarche méthodique et logique pour se documenter et maîtriser la masse considérable de publications que contient une grande bibliothèque. Mais cette démarche n'est pas exclusive. Le chercheur avisé doit exploiter certains trucs pour maximiser son travail en bibliothèque. En voici une courte liste, découverts à partir d'expériences vécues.

1. Constituer sa propre liste d'outils documentaires. On découvre, à la suite d'une recherche ou par hasard, une encyclopédie, un dictionnaire scientifique, un index de périodiques, un annuaire quelconque? On le note et on le classe dans son "coffre à outils" personnel. Qui sait si, lors d'une prochaine recherche, cet instrument de travail ne se révélera pas indispensable pour la documentation d'un sujet?

2. Établir une fiche bibliographique de toutes les publications trouvées, utilisées, consultées. La mémoire est incapable d'enregistrer toutes les références bibliographiques qu'un chercheur découvre lorsqu'il se rend à la bibliothèque. La seule façon d'être efficace est de noter ces publications (sur fiches cartonnées ou sur ordinateur), en suivant certaines conventions d'usage. Non seulement économise-t-on de cette façon beaucoup de temps (puisque l'on s'évite de vérifier à nouveau l'adresse bibliographique ou la collation d'un volume consulté lorsque vient le temps de rédiger sa bibliographie), mais l'on peut disposer, rapidement, de sa propre banque de titres pour des recherches ultérieures sur le même sujet ou sur un sujet connexe.

3. Le cas échéant, photocopier le résumé d'un ouvrage ou d'un article et le coller derrière la fiche bibliographique. Le travail de documentation implique l'utilisation d'index de périodiques, d'abstracts, de bibliographies annotées, de comptes rendus de livres. Pourquoi ne pas faire d'une pierre deux coups? Prendre connaissance du compte rendu ou du résumé de l'ouvrage convoité, le photocopier et le coller derrière la fiche bibliographique. De cette manière, l'on est sûr, même plusieurs mois après avoir lu cet article ou cet ouvrage, de se rappeler les grandes lignes de son contenu.

4. Sélectionner quelques périodiques scientifiques correspondant à ses préoccupations de recherche et lire systématiquement les deux sections intitulées : "Comptes rendus" et "Liste des ouvrages envoyés à la revue". C'est le meilleur moyen de se tenir à jour par rapport au torrent de publications scientifiques. Un excellent moyen aussi d'avoir une appréciation lucide et informée des nouvelles parutions.

5. Sélectionner une ou deux revues bibliographiques analysant les nouvelles parutions et les consulter périodiquement. Vous voulez connaître ce qui se publie aux États-Unis, en France, en Grande-Bretagne, par exemple sur l'histoire, la sociologie, la science politique? En consultant régulièrement des revues bibliographiques comme *Choice* (États-Unis), *Bulletin critique du livre français*, *British Book News*, *Préfaces*, vous aurez accès à des recensions d'ouvrages récents, à des études bibliographiques poussées et aux commentaires de spécialistes sur le marché de l'édition scientifique et générale. Pour connaître les nouvelles parutions et celles à venir, vous pourrez consulter des listes de titres comme *Forthcoming Books*, *Canadian Books in Print* et *The Publisher's Trade List Annual*.

6. Se méfier de "l'absence de documentation". Avant de conclure, déprimé, à l'absence de documentation sur un sujet, il est recommandé de parcourir, au cas où..., un ou deux index de périodiques reconnus sur une période de quelques années. Qui sait si l'on ne découvrira pas alors un trésor?

7. Arpenter la bibliothèque attentivement et être à l'affût des découvertes fortuites. Le temps pris pour se déplacer entre deux volumes recherchés mais situés aux extrémités de la bibliothèque peut être rentable pour le chercheur malin. Qui sait si un livre déposé sur une table n'est pas, en regard d'un sujet que l'on se propose éventuellement d'aborder, un joyau? Qui sait si le livre malencontreusement déplacé, près de celui que l'on cherche, ne se révélerait pas plus utile pour le travail que l'on est à compléter? Qui sait si un périodique que l'on repère par hasard en se rendant vers un titre ne contiendrait pas un ou deux articles susceptibles de nous intéresser? Autrement dit, en se rendant à la bibliothèque, le chercheur avisé ne fait pas que chercher un titre. Il pénètre un univers fantastique de ressources documentaires où son imagination et sa curiosité, peut-être plus qu'en d'autres temps, doivent être en état d'éveil.

8. Ne jamais oublier que les publications sont classées par sujet et donc qu'un ouvrage se situe toujours entre deux publications apparentées. Se rendre sur les rayons pour ne trouver que le titre dont on a la référence n'est pas la meilleure façon d'utiliser la bibliothèque. C'est parfois l'ouvrage situé à côté de celui que l'on cherche qui pourrait se révéler vraiment utile.

9. Se souvenir qu'un auteur est souvent spécialiste d'une question et qu'il n'a pas qu'une seule publication à son actif. Vous trouvez un ouvrage intéressant? Vous constatez qu'un auteur est souvent cité dans les volumes que vous utilisez? Consultez rapidement le catalogue auteur ou un index de périodiques. Vous courez la chance de découvrir, sous le nom de cet auteur, plusieurs titres indispensables à la poursuite de votre recherche. S'il s'agit d'un auteur célèbre ou important, vous pourriez par ailleurs découvrir au catalogue sujet/matière, à son nom ou à la dénomination de sa théorie, des ouvrages se rapportant à sa personne.

10. Tirer profit des ressources bibliographiques mises à votre disposition par les professionnels de la bibliothèque. Une grande bibliothèque offre à sa clientèle les services d'un personnel nombreux et spécialisé. Celui-ci produit régulièrement des documents recelant des masses d'informations bibliographiques. Que l'on pense aux guides bibliographiques, aux bibliographies sélectives, aux listes d'acquisitions récentes, aux bulletins de nouvelles, aux feuillets d'information de toutes sortes. Tous ces documents sont la plupart du temps fournis gratuitement... à ceux et celles qui en font la demande!

11. Explorer la section "Nouvelles acquisitions". Vous êtes à la bibliothèque, fatigué, somnolent... Pourquoi ne pas prendre une pause rentable intellectuellement en explorant la section des nouvelles acquisitions? Une grande bibliothèque permet ordinairement à sa clientèle de prendre connaissance des nouveaux titres qu'elle acquiert (des dizaines chaque jour!) avant de les classer d'une façon permanente sur les rayons.

12. Photocopier les bibliographies d'ouvrages spécialisés. Un ouvrage spécialisé sur un sujet contient-il une bibliographie particulièrement abondante? Il peut être intéressant de l'avoir sous la main, surtout si l'on est amené à travailler régulièrement ce sujet.

13. Lire les articles offrant un "État de la question" ou une "Revue de la littérature". De tels articles donnent en effet beaucoup d'informations bibliographiques, contextualisent les nouvelles parutions par rapport à l'état des connaissances sur un sujet donné et proposent des appréciations critiques des publications recensées. Ce genre d'article, que l'on trouve surtout dans les revues spécialisées, évite souvent au chercheur de réinventer la roue...

14. Utiliser les services des professionnels de la bibliothèque. Les professionnels oeuvrant quotidiennement dans les grandes bibliothèques ont accumulé des connaissances pratiques extrêmement détaillées en ce qui touche l'état des ressources documentaires, les ouvrages de référence, les outils de repérage de l'information et la méthodologie de la recherche documentaire. Dans bien des cas, le recours à leur expertise fait gagner du temps et permet d'obtenir des avis lucides et informés sur les moyens et les possibilités effectives de trouver de la documentation.

15. Bouquiner régulièrement dans les librairies. C'est une façon agréable de repérer et de prendre connaissance des nouveaux titres. L'observation attentive de la table des matières, de la présentation générale de l'ouvrage et de l'infrastructure logistique du volume (présence d'une bibliographie, références, présence de cartes, d'un index, de tableaux, etc.) est souvent suffisante pour permettre de sélectionner entre un bon ouvrage et un autre qui n'apporte rien de neuf.

16. Développer son réseau personnel de collaborateurs. Il s'agit d'une voie additionnelle de recherche documentaire que l'on ne doit pas négliger. Ce canal de communication permet en effet d'obtenir de l'information originale et ce, beaucoup plus rapidement qu'aucun outil documentaire ne permettrait de le faire. Tant pour l'étudiant que pour le chercheur expérimenté, les contacts avec les collègues sont un moyen privilégié pour transmettre ou recevoir de l'information.

Un coffre à outils documentaires

L'utilisation optimale des ressources documentaires offertes par une grande bibliothèque a pour secret la connaissance des ouvrages de référence, de repérage et d'indexation.

Cette section propose un choix d'outils documentaires fréquemment utilisés par les chercheurs en sciences humaines et sociales. L'inventaire, général, est volontairement sélectif et ne vise nullement à l'exhaustivité. Même si l'on y retrouve à la fois des outils disciplinaires et des instruments de travail pluridisciplinaires, l'objectif n'est pas de proposer un coffre à outils documentaires pertinent à une discipline, à plusieurs disciplines ou à un domaine spécialisé d'enseignement ou de recherche.

En raison du public auquel s'adresse ce guide, un effort a été fait pour inclure des instruments de travail québécois ou portant sur le Québec. Là encore, cependant, nous ne prétendons pas avoir bâti un guide des ressources documentaires sur le Québec.

En fait, notre pari serait gagné si le chercheur débutant confectionnait, dans le cours de ses activités de recherche documentaire et de consultation à la bibliothèque, un coffre à outils qui, tout en incluant parfois certaines publications que nous mentionnons, verrait d'abord à combler ses besoins particuliers et évolutifs.

Précisons pour terminer que la référence bibliographique des publications a été quelque peu abrégée pour faciliter et accélérer la consultation. Le principe retenu est celui de l'entrée la plus évidente au catalogue auteur ou titre. Les recommandations données à l'annexe I concernant le mode de présentation des références bibliographiques ne sont donc pas intégralement respectées.

Le coffre contient les rubriques suivantes :

1. Dictionnaires (p. 47)
2. Encyclopédies (p. 48)
3. Guides bibliographiques (p. 49)
4. Index de périodiques ou abstracts (p. 49)
5. Index de journaux (p. 51)
6. Résumés de l'actualité (p. 52)
7. Bibliographies (p. 52)
8. Répertoires généraux de thèses (p. 53)
9. Répertoires de publications gouvernementales (p. 54)
10. Répertoires généraux de comptes rendus (p. 54)
11. Répertoires biographiques (p. 55)
12. Sélection de revues scientifiques québécoises et canadiennes (p. 56)
13. Répertoires d'organismes (p. 57)
14. Annuaires et publications statistiques (p. 57)
15. Répertoires statistiques (p. 59)
16. Bibliographies de bibliographies (p. 60)
17. Répertoires de documentation audiovisuelle (p. 60)
18. Atlas (p. 60)
19. Bases de données bibliographiques accessibles par ordinateur (p. 61)

1. Dictionnaires

Bernard, Yves, Jean-Claude Colli et Thierry Walrafen. *Dictionnaire économique et financier.* 4e édition. Paris, Seuil, 1984.

Un dictionnaire de la vie économique, sociale et financière dans son sens le plus large.

Boudon, Raymond, et François Bourricaud. *Dictionnaire critique de la sociologie.* 2e édition. Paris, PUF, 1986.

Articles élaborés qui rendent compte de toutes les traditions sociologiques. Résumés de l'oeuvre et de la pensée de douze sociologues importants.

Cabanne, Claude, avec la collab. de Michel Chesnais *et al. Lexique de géographie humaine et économique.* Paris, Dalloz, 1984.

Facilement accessible; brèves définitions. Ouvrage tenant compte de l'interdisciplinarité des concepts et expressions consacrés.

Debbasch, Charles, et Yves Daudet avec la collab. de Jacques Bourdon *et al. Lexique de politique : États, vie politique, relations internationales.* 4e édition. Paris, Dalloz, 1984.

Ouvrage s'adressant à des non-initiés désireux de trouver des renseignements de base seulement.

Dion, Gérard. *Dictionnaire canadien des relations de travail.* 2e édition. Québec, PUL, 1986.

Plus de 19 442 entrées; sections française et anglaise. Liste des conventions adoptées par l'OIT depuis sa fondation. Nomenclature des lois d'exception votées par le gouvernement fédéral et ceux des provinces depuis 1955. Ouvrage fondamental pour tout étudiant des relations de travail au Canada.

Foulquié, Paul. *Vocabulaire des sciences sociales.* Paris, PUF, 1978.

Donne l étymologie et l'origine latine des mots; nombreuses citations qui appuient les définitions; vocabulaire courant, peu spécialisé.

Grawitz, Madeleine. *Lexique des sciences sociales.* 3e édition. Paris, Dalloz, 1986.

Très courtes définitions de concepts propres à l'ensemble des sciences sociales. Bref rappel de l'évolution de ces concepts à travers l'histoire.

Hamel, Réginald, John Hare et Paul Wyczynski. *Dictionnaire pratique des auteurs québécois.* Montréal, Fides, 1976.

Source de références sur quelques 600 auteurs de langue française au Québec et dans les autres provinces du Canada. Articles de nature bio-bibliographique.

Ibarrola, Jesus, et Nicolas Pasquarelli. *Nouveau dictionnaire économique et social.* Paris, Éditions sociales, 1981.

Définition des concepts dans une perspective marxiste.

Kuper, Adam, et Jessica Kuper, éd. *The Social Science Encyclopedia.* Londres et Boston, Routledge and Kegan Paul, 1985.

Dictionnaire qui s'intéresse également à des individus qui ont marqué, de façon significative, le domaine des sciences sociales. Chaque définition est complétée par une liste de références.

Lemire, Maurice, sous la dir. de. *Dictionnaire des oeuvres littéraires du Québec.* Montréal, Fides, 1978-1987. 5 vol.

Recense et décrit systématiquement toutes les oeuvres qui peuvent constituer le corpus de la littérature québécoise, sans égard pour leur popularité ou leur qualité. La période couverte s'étend de 1900 à 1975. Bibliographie accompagnant chaque article.

Miller, P. M., et M. J. Willson. *A Dictionary of Social Science Methods.* Toronto, Wiley, 1983.

Brèves mises en contexte des méthodes d'analyse. Système de renvois croisés (*cross-referencing*) augmentant les possibilités de recoupement des informations. Sélection des termes choisis en fonction de leur importance théorique et de leur qualité opérationnelle dans la recherche.

2. Encyclopédies

Encyclopaedia Universalis. 2e édition. Sous la dir. de Jacques Bersani *et al.* Paris, Encyclopaedia Universalis, 1984-85. 22 vol.

Mise à jour annuellement par Universalia. La plupart des articles sont accompagnés d'une bibliographie et de corrélats qui rendent possible une investigation en profondeur des sujets.

Encyclopédie du Canada. Montréal, Stanké, 1987. 3 vol.

Adaptation française de *The Canadian Encyclopedia.* Comprend 8 000 articles répartis sur plus de 2 000 pages. Aborde tous les sujets spécifiques à l'histoire, à la vie politique, aux mentalités et à l'actualité au Canada.

Grande encyclopédie. Paris, Larousse, 1971-1976. 60 vol., deux suppl., un index.

Une encyclopédie générale de langue française facilement accessible.

Landry, Louis. *Encyclopédie du Québec.* Montréal, Éditions de l'Homme, 1973. 2 vol.

La première et la seule encyclopédie du Québec. Ne comporte pas de longs articles. Donne des informations générales. Accessible à un large public, elle demeure un outil de référence très modeste.

New Encyclopaedia Britannica. 15e édition. Chicago, Encyclopaedia Britannica, 1980. 30 vol.

La plus connue des encyclopédies générales de langue anglaise. Un outil de qualité destiné à un public averti.

Que sais-je? Le point des connaissances actuelles. Paris, PUF, 1941—.

Une collection encyclopédique de près de 2 400 fascicules. Chacun d'eux aborde un sujet particulier en 125 pages.

Sills, David L., éd. *International Encyclopedia of the Social Sciences.* New York, Macmillan, 1968-1979. 18 vol.

La seule encyclopédie spécialisée en sciences sociales. Informe sur les concepts et les méthodes de recherche en sciences sociales. Comprend la biographie de 600 individus ayant eu un impact sur le développement des sciences sociales. Bibliographies imposantes destinées à enrichir les sujets abordés.

3. Guides bibliographiques

Bosa, Réal., sous la dir. de. *Les ouvrages de référence au Québec.* Montréal, Bibliothèque nationale du Québec, 1969 (suppl. en 1975 et 1984).

Un guide des outils documentaires relatifs au Québec. Mentionne les ouvrages de référence au sens strict et large (encyclopédies, dictionnaires, annuaires, guides, manuels, traités, etc.).

Hamelin, Jean, sous la dir. de. *Guide du chercheur en histoire canadienne.* Québec, PUL, 1986.

En dépit de son titre restrictif, ce guide documentaire servira autant l'historien que l'étudiant et le chercheur en sciences sociales. Les outils documentaires québécois occupent une place de choix. Doté d'un index thématique et onomastique. Un instrument à parcourir.

Ryder, Dorothy E. *Canadian Reference Sources : A Selective Guide.* 2e édition. Ottawa, Canadian Library Association, 1981.

Un coffre à outils d'instruments de travail publiés au Canada. Les humanités et les sciences sociales y sont bien représentées.

Sheehy, Eugene P., *et al.*, éd. *Guide to Reference Books.* 10e édition. Chicago, American Library Association, 1986.

Régulièrement mis à jour, ce coffre à outils est multidisciplinaire. Il présente des ouvrages généraux et spécialisés dans toutes les disciplines, y compris les sciences humaines et sociales.

Webb, William H., *et al. Sources of Information in the Social Sciences.* 3e édition. Chicago, American Library Association, 1986.

Ce volumineux guide dresse des listes d'instruments de travail pour huit sciences sociales : l'histoire, la géographie, l'économique et l'administration, la sociologie, l'anthropologie, la psychologie, l'éducation et la politique. Chaque chapitre est en soi un guide bibliographique directement utilisable.

4. Index de périodiques ou abstracts

America : History and Life. Santa Barbara (California), Clio Press, 1964—.

Répertoire d'articles de périodiques relatifs au Canada et aux États-Unis. Mentionne également les ouvrages et les thèses. S'intéresse à toutes les périodes. Également accessible par ordinateur.

Bibliographie géographique internationale. Paris, CNRS, 1893—.

Depuis 1978, plus de 1 500 périodiques sont régulièrement dépouillés. Mentionne également des volumes. Incorporée à la base de données FRANCIS.

Fondation nationale des sciences politiques. *Fichier bibliographique.* Paris, FNSP, 1968—.

Cet instrument de repérage sur fiches signale les résumés d'articles parus dans environ 2 200 périodiques. Un plan de classification détaillé couvre l'ensemble des sciences sociales. Tous les pays du monde sont représentés.

Bulletin signalétique. Paris, CNRS, Centre de documentation en sciences humaines, 1947—.

Résumés d'articles de revues en sciences humaines et sociales parues dans le monde entier. L'équivalent automatisé se nomme FRANCIS. Le Centre national de la recherche scientifique (France) publie des bulletins signalétiques dans plusieurs disciplines (390 : Psychologie; 520 : Éducation; 521 : Sociologie; 529 : Ethnologie; etc.). Plan de classement des articles.

Canadian Business Index. Toronto, Micromedia, 1982—.

Fait suite à *Canadian Business Periodicals Index* (1975/78-). Publication mensuelle avec refonte annuelle. Répertorie les articles dans plus de 200 périodiques canadiens touchant le monde des affaires, de la finance, de l'économie et de l'administration. Répertorie également les articles apparaissant dans l'édition de fin de semaine du *Financial Times* et dans l'édition quotidienne du *Financial Post* et du *Globe and Mail.*

Canadian Periodical Index/Index de périodiques canadiens. Toronto, Info Globe, 1920—.

Répertoire d'articles de revues canadiennes. Procède aussi à l'indexation des comptes rendus publiés dans les revues dépouillées. Multidisciplinaire. Comprend une entrée par sujet et une par auteur.

Current Index to Journals in Education. New York, Macmillan, 1969—.

Résumés d'articles couvrant toutes les facettes de l'éducation. Mensuel avec refontes semi-annuelles. Entrée par sujet. Correspond à la base de données bibliographiques ERIC.

Historical Abstracts. Part A : Modern History Abstracts, 1450-1914 ; Part B : Twentieth Century Abstracts, 1914—. Santa Barbara (California), American Bibliographical Center et Clio Press, 1971—.

Fait suite à *Historical Abstracts : Bibliography of the World's Periodical Literature, 1775-1945* (1955-1971). Présentation d'articles parus dans diverses revues (environ 2 000) à travers le monde. Porte principalement sur les relations internationales et la science politique pour la période postérieure à 1775. Classification selon la géographie et la chronologie. Également accessible par ordinateur.

Index des Affaires. Montréal, Inform II-Microfor, 1988— .

Répertorie et classe suivant différents types de mots-clés les articles parus dans 7 journaux québécois (*La Presse, Le Devoir, Le Soleil, Les Affaires, Finance, This Week in Business, Industries culturelles*) et dans 8 revues d'affaires (*PME, Commerce, L'Argent et vous, Le Magazine Affaires +, Info Presse, Quebec Business, Forces, MBA*).

Periodex. Montréal, Ministère de l'Éducation du Québec, 1972-1983.

Répertoire d'articles de revues de langue française dans tous les domaines. Comprend un index alphabétique des sujets, un index méthodique et un index des auteurs d'articles. Donne un bref résumé du contenu des articles. Continué par *Point de repère* depuis 1984.

Point de repère. Montréal, Centrale des bibliothèques, Bibliothèque nationale du Québec, 1984—.

Index analytique d'articles provenant de plus de 250 périodiques québécois et étrangers. Repérage par sujet précis et par discipline. Fusion de *Radar* et de *Periodex.* Également accessible par ordinateur sous le nom de REPERE. Multidisciplinaire.

Psychological Abstracts. Washington, D.C., American Psychological Association, 1927—.

Résumés d'articles de périodiques en psychologie et dans les disciplines connexes. Comprend aussi les thèses en psychologie. Accessible par ordinateur (PSYINFO).

Radar. Montréal, Ministère des Affaires culturelles et Bibliothèque nationale du Québec, 1972-1983.

Répertoire analytique d'articles provenant d'une centaine de revues du Québec. Comprend deux sections : analytique et méthodique. Également accessible par ordinateur sous le nom de REPERE. Continué par *Point de repère* depuis 1984.

Social Sciences Index. New York, Wilson, 1974/75-

Trimestriel avec cumulatif annuel. Répertoire d'articles publiés dans des périodiques américains de sciences sociales. Fait suite à *Social Sciences & Humanities Index* (1907-1974/75).

Social Work Research and Abstracts. New York, National Association of Social Workers, 1965—.

Répertoire d'articles de revues américaines et de thèses de doctorat en service social. Chaque numéro comprend aussi des articles de fond touchant plusieurs dimensions du travail social. Accessible par ordinateur. Fait suite à *Abstract for Social Workers* (1965-1978).

Sociological Abstracts. San Diego, Sociological Abstracts, 1953—.

Dépouille près de 1 200 revues de sociologie; couverture internationale. Présente une liste des parutions récentes. Accessible par ordinateur (SOCIOLOGICAL ABSTRACTS).

Women's Studies Abstracts. Rush (N.Y.), Rush Publishing, 1972—.

Répertoire d'articles de revues féministes et non féministes depuis 1972. Classement thématique et multidisciplinaire.

Work Related Abstracts. Détroit, Information Coordinators, 1950—.

Répertoire d'articles provenant de 250 périodiques américains touchant au domaine des relations industrielles. Entrée par sujet. Index détaillé.

5. Index de journaux

Canadian News Index. Toronto, Micromedia, 1980—.

Autrefois *Canadian Newspaper Index* (1977-1979). Répertorie les articles parus dans sept quotidiens anglophones.

Index analytique du journal "Le Monde diplomatique", 1954-1983. Québec, Microfor et Collège F.X. Garneau, 1984.

Dépouille systématiquement les articles parus dans le journal entre 1954 et 1983.

Index de l'actualité vue à travers la presse écrite. Québec, Microfor, 1966—.

Dépouille les articles du quotidien *Le Devoir* depuis 1966, ceux de *La Presse* et *Le Soleil* depuis 1972.

Infodex. Montréal, Centrale des bibliothèques, 1987— .

Index des articles parus dans le journal *La Presse*. Entrées par sujet et auteur.

New York Times Index. New York, New York Times, 1851—.

Répertoire très détaillé des articles de l'un des quotidiens américains les plus prestigieux. Bref résumé des articles.

6. Résumés de l'actualité

Annuaire des Nations unies/Yearbook of the United Nations. New York, United Nations, 1946/47—.

Annuaire de l'Organisation des Nations unies et de ses agences spécialisées.

Canadian Annual Review of Politics and Public Affairs. Toronto, University of Toronto Press, 1960—.

Résumé de l'actualité canadienne dans divers secteurs d'activité. Textes rédigés par des universitaires.

Canadian News Facts. Toronto, Marpep, 1967—.

Publication bimensuelle dépouillant plus de 20 journaux des capitales canadiennes; recense également quelques sources privées et des rapports gouvernementaux. Résumé des articles dépouillés.

Current Digest of the Soviet Press. Columbus (Ohio), American Association for the Advancement of Slavic Studies, 1949—.

Publication hebdomadaire. Sélection d'articles provenant de la presse soviétique et traduits en anglais.

Current History. Philadelphie, Current History, 1914—.

Revue d'actualité internationale mettant l'accent sur l'étude d'un pays ou d'une zone géographique particulière (Afrique, Moyen-Orient, etc.). Publiée neuf fois par année. Numéros thématiques. Chronique des événements à caractère international.

Évolution du système de commerce international. Genève, GATT, 1988—.

Chaque trimestre, ce document résume les faits nouveaux importants de politique commerciale survenus au cours de la période en mettant l'accent sur ceux qui présentent de l'intérêt pour les travaux du GATT.

Facts on File. New York, Facts on File, 1941—.

Hebdomadaire avec refonte annuelle. Couverture de l'actualité internationale à partir de 50 journaux.

Keesing's Contemporary Archives : Records of World. Londres, Longman, 1931—.

Publication hebdomadaire, puis mensuelle. Résumés de l'actualité internationale.

L'état du monde. Sous la direction de François Gèze *et al.* Montréal et Paris, Boréal Express/La Découverte, 1981—.

Annuaire économique et géopolitique mondial. Comprend sept parties : Questions stratégiques; Journal de l'année; L'événement; Tendances; Questions démographiques; Statistiques mondiales; Index.

7. Bibliographies

Aubin, Paul, sous la dir. de. *Bibliographie de l'histoire du Québec et du Canada, 1966-1975, 2 tomes; 1976-1980, 2 tomes; 1946-1965, 2 tomes.* Québec, IQRC, 1981, 1985 et 1987.

Inventaire des écrits relatifs à l'histoire du Québec et du Canada. Divers types de classements retenus. Ouvrage de référence indispensable pour tout chercheur intéressé par l'histoire québécoise et canadienne dans son sens large. Également accessible par ordinateur (base de données bibliographiques HISCABEQ).

Bibliographie du Québec. Québec, Bibliothèque nationale du Québec, 1968—.

Liste mensuelle des documents publiés au Québec. Inclut les publications du Gouvernement du Québec.

Bibliographie du Québec, 1821-1967. Québec, Bibliothèque nationale du Québec, 1980—.

Ce projet de bibliographie rétrospective s'étalera sur plusieurs années. Il couvrira tout ce qui a été imprimé ou publié sur le territoire québécois pendant 147 ans.

Books in Print. New York, Bowker, 1948—.

Liste annuelle des livres disponibles publiés aux États-Unis par plus de 22 500 éditeurs. Accès par auteur et titre. L'accès par sujet est comblé par le *Subject Guide to Books in Print.*

Canadiana. Ottawa, Bibliothèque nationale du Canada, 1951—.

Bibliographie nationale du Canada. Mensuelle avec cumulatif annuel. Signale tous les documents publiés au Canada. Des refontes sont aussi accessibles sur microfiches.

Hamelin, Jean, *et al. Brochures québécoises, 1764-1972.* Québec, Ministère des Communications, Direction générale des publications gouvernementales, 1981.

Plus de 10 000 brochures répertoriées par ordre alphabétique dans un cadre chronologique. Mention des bibliothèques où sont conservées les brochures.

Les livres disponibles / French Books in Print. Paris, Cercle de la librairie, 1977—.

Liste annuelle des ouvrages disponibles publiés en langue française dans le monde. Accès par auteur, titre, sujet et collection.

Library of Congress Catalog : Books/Subjects. Washington D.C., Library of Congress, 1950—.

Liste des ouvrages provenant du monde entier reçus par la plus importante bibliothèque nord-américaine, la Bibliothèque du Congrès à Washington. Disponible sur microfiches et par ordinateur.

Préfaces. Paris, Cercle de la Librairie/Éditions Professionnelles du Livre, 1987—.

Actualité du livre et nouvelles parutions françaises. Revue bimestrielle.

8. Répertoires généraux de thèses

Dissertation Abstracts International. Ann Arbor (Mich.), Xerox University Microfilms International, 1861—.

Répertoire des thèses de doctorat complétées dans les universités américaines (depuis 1861), canadiennes et européennes. La partie A mentionne les thèses en sciences humaines et sociales; la partie C, les thèses déposées dans une sélection d'universités européennes. Également accessible par ordinateur.

Dossick, Jesse J. *Thèses de doctorat concernant le Canada et les Canadiens, 1884-1983.* Ottawa, Bibliothèque nationale du Canada, 1986.

Les thèses sont regroupées par disciplines et sous-disciplines. Index des auteurs.

Guide to the Availability of Theses. 2ᵉ édition. Compiled by D.H. Borchardt and J.D. Thawley. Munich, K.G. Saür, 1981.

Permet d'identifier des listes de thèses dans 698 établissements universitaires de 85 pays. Précise en outre les modalités d'accès à ces thèses. Comprend des suppléments.

Robitaille, Denis, et Jean Waiser. *Thèses au Canada. Guide bibliographique.* 2ᵉ édition. Ottawa, Bibliothèque nationale du Canada, 1986.

Liste des thèses complétées dans les universités canadiennes ou à l'étranger et portant sur le Canada.

Thèses canadiennes. Ottawa, Bibliothèque nationale du Canada, 1947—.

Depuis 1981, ce répertoire paraît sur microfiches. Il signale les mémoires de maîtrise et les thèses de doctorat des universités canadiennes et québécoises.

9. Répertoires des publications gouvernementales

Beaulieu, A., J.-C. Bonenfant et J. Hamelin. *Répertoire des publications du Gouvernement du Québec de 1867 à 1964, et Répertoire des publications du Gouvernement du Québec de 1965 à 1968.* Québec, Imprimeur de la Reine, 1968 et 1970.

Repère systématiquement les publications officielles et officieuses du Gouvernement du Québec.

Commissions et comités d'enquêtes du Québec depuis 1867. Québec, Bibliothèque de la Législature, 1972.

Le lecteur pourra trouver, pour chaque commission, les données techniques suivantes : date de création de la commission, nom des commissaires, mandat, titre du rapport, etc. Ouvrage facile à consulter mais aux informations sommaires.

Deschênes, Gaston, avec la collab. de Madeleine Albert. *Livres blancs et livres verts au Québec, 1964-1984.* 3ᵉ édition. Québec, Bibliothèque de l'Assemblée nationale, 1986.

Comprend un bref rappel historique de l'origine des Livres blancs et verts en Grande-Bretagne et au Québec.

Liste mensuelle des publications du Gouvernement du Québec. Québec, Les Publications du Québec, 1981—.

Les notices bibliographiques sont classées par ministère et organisme, de même que par ordre alphabétique. On y trouve les contenus de projets de lois, les résultats d'enquêtes, d'études, etc.

Henderson, George Fletcher. *Federal Royal Commissions in Canada, 1867-1966 : A Checklist.* Toronto, University of Toronto Press, 1967.

Liste abrégée des commissions royales d'enquête mises sur pied par le gouvernement fédéral.

Microlog : Index de recherche du Canada. Toronto, Micromedia, 1979—.

Auparavant *Microlog Index.* Signale depuis 1979 toutes les publications du gouvernement fédéral et des gouvernements provinciaux, y compris des organismes qui reçoivent des subventions de recherche publiques. Comprend un index des statistiques du Canada et des rapports annuels. Outil de recherche rapide et efficace.

Publications du Gouvernement du Canada. Ottawa, Centre d'édition du Gouvernement du Canada, 1979—.

Fait suite à *Publications du gouvernement canadien.* Liste trimestrielle des publications du gouvernement fédéral.

Monthly Catalog of United States Government Publications. Washington, U.S. Government Printing Office, 1895—.

Liste mensuelle des publications du gouvernement américain. Index annuel cumulatif.

10. Répertoires généraux de comptes rendus

Book Review Digest. New York, Wilson, 1905—.

Extraits de recensions (classés selon les auteurs des ouvrages recensés), parues dans divers périodiques. Ne répertorie que des livres publiés et distribués aux États-Unis.

Book Review Index. Détroit, Gale Research, 1965—.

Bimestrielle avec cumulatif annuel. Couvre à peu près tous les domaines d'études. Signalement des livres recensés dans plus de 460 publications périodiques.

Book Review Index to Social Science Periodicals. Ann Arbor (Mich.), Pierian Press, 1979. 4 vol.

Index des critiques de livres parues dans des revues de sciences sociales de 1964 à 1974.

Bulletin critique du livre français. Paris, Association pour la diffusion de la pensée française, 1945—.

Sélection de nouvelles publications en langue française, classées par disciplines (littérature, sciences et techniques, sciences humaines). Brefs comptes rendus.

Canadian Book Review Annual. Toronto, Martin, 1975—.

Recensions d'ouvrages canadiens de langue anglaise dans tous les domaines.

Choice : Current Reviews for College Libraries. Middleton, Association of College and Research Libraries, 1964—.

Liste mensuelle de nouvelles parutions américaines, classées par disciplines. Revue agrémentée de courts essais et d'articles de fond touchant à divers aspects du monde de l'édition.

Combined Retrospective Index to Book Reviews in Humanities Journals, 1802-1974. Woodbridge (Conn.), Research Publications, 1982-84. 10 vol.

Répertorie environ 500 000 comptes rendus parus dans plus de 150 périodiques.

Combined Retrospective Index to Book Reviews in Scholarly Journals, 1886-1974. Arlington (VA.), Carrollton Press, 1979. 15 vol.

Répertoire de comptes rendus. S'attarde particulièrement aux disciplines suivantes : histoire, science politique et sociologie.

Index to Book Reviews in the Humanities. Williamston (Mich.), Thomson, 1960—.

Index des livres recensés dans plus de 700 périodiques de sciences humaines. Publication annuelle.

11. Répertoires biographiques

Bio-Base. Détroit, Gale Research, 1984. (Suppl. 1985-88).

Publication irrégulière. Cet outil sur microfiches donne accès à près de 5,25 millions de notices biographiques réparties dans plus de 575 répertoires biographiques différents. C'est un instrument à utiliser de façon privilégiée. Également accessible par ordinateur sous le nom de BIOGRAPHY MASTER INDEX.

Biographies canadiennes françaises/Who's Who in Quebec. Montréal, Éditions biographiques canadiennes-françaises, 1920—.

S'intéresse uniquement à des personnages contemporains qui s'illustrent dans le domaine social, la vie politique et le monde des affaires. Biographies mettant l'emphase sur le plan de carrière de l'individu. Photos.

Biography Index. New York, Wilson, 1946—.

Précise les sources à partir desquelles on peut retrouver la notice biographique d'un personnage (périodiques, biographies individuelles ou collectives, magazines). Recense différents genres d'écrits : correspondances, journaux personnels, mémoires, etc. Publié quatre fois par année. Index cumulatif à tous les deux ans.

Canadian Who's Who. Toronto, Who's Who Canadian Publications, 1910—.

Très courtes biographies de personnalités canadiennes. Index cumulatif couvrant les années 1898-1984.

Dictionnaire biographique du Canada/Dictionary of Canadian Biography. Toronto et Québec, University of Toronto Press/Presses de l'Université Laval, 1966—.

Biographies de personnages historiques. Les ouvrages parus couvrent les périodes 1000-1700, 1701-1740, 1741-1770, 1771-1800, 1801-1820, 1821-1835, 1836-1850, 1851-1860, 1861-1870, 1871-1880, 1881-1890.

Current Biography. New York, Wilson, 1940—.

Publication mensuelle avec index annuel. Biographies détaillées de personnalités s'étant illustrées sur le plan international.

International Who's Who. Londres, Europa Publications, 1935—.

18 000 biographies (de style télégraphique) publiées depuis 1935. Couvre tous les domaines d'activité.

Who's Who in Canada : An Illustrated Biographical Record of Men and Women of the Time. Toronto, International Press, 1910—.

Très courtes biographies de personnalités canadiennes. Éditions annuelles revues et corrigées.

12. Sélection de revues scientifiques québécoises et canadiennes d'intéret disciplinaire

Acadiensis
Actualité économique
Analyses des politiques
Annales canadiennes d'histoire
Anthropologica
Anthropologie et sociétés
Bulletin d'histoire de la culture matérielle
Cahiers de droit
Cahiers de géographie du Québec
Cahiers québécois de démographie
Canadian Journal of Political and Social Theory
Canadian Journal of Regional Science
Canadian Journal of Sociology
Canadian Historical Review
Canadian Women's Studies
Copie zéro
Criminologie
Critère
Études canadiennes
Écrits du Canada français
Études ethniques du Canada
Études françaises
Études internationales
Études Inuit Studies
Études littéraires
Géographe canadien
Histoire sociale
Interventions économiques
Jeu : Cahiers de théâtre
Journal of Canadian Studies
Labour / Le Travail
Loisir et société

Our Generation
Parachute
Politique
Protée
Québec science
Questions de culture
Recherches amérindiennes du Québec
Recherches féministes
Recherches sociographiques
Relations
Relations industrielles
Revue canadienne d'anthropologie
Revue canadienne de criminologie
Revue canadienne d'économie familiale
Revue canadienne d'économique
Revue canadienne d'études du développement
Revue canadienne des études sur le nationalisme
Revue canadienne de psycho-éducation
Revue canadienne de psychologie
Revue canadienne de science politique
Revue canadienne de sociologie et d'anthropologie
Revue de géographie de Montréal
Revue d'histoire de l'Amérique française
Revue internationale d'action communautaire
Revue québécoise de littérature
Revue québécoise de psychologie
Service social
Sociologie et sociétés
Studies in Political Economy

13. Répertoires d'organismes

Administration fédérale du Canada. Ottawa, Information Canada, 1958—.

Publication annuelle. Renseignements détaillés sur les différentes constituantes de l'administration publique fédérale. La publication est divisée en trois grandes parties : le pouvoir législatif, le pouvoir judiciaire et le pouvoir exécutif.

Encyclopedia of Associations. Détroit, Gale Research, 1961—.

Fait suite à *Encyclopedia of American Associations*. Recense principalement les associations américaines, qu'elles soient de niveau national ou local.

Répertoire de l'administration québécoise. Québec, Ministère des Communications, 1983—.

Renseignements détaillés sur les différentes constituantes de l'administration publique québécoise.

Répertoire des associations du Canada. Toronto, Micromédia, 1974—.

Réunit des données sur près de 12 000 associations sans but lucratif (sociétés, instituts, fédérations, alliances, clubs, syndicats, etc.). Répertoire bilingue.

Répertoire des associations du Québec. Montréal, Coopérative de recherche et d'information du Québec, 1980.

Réunit des données sur plus de 3 000 associations coopératives sans but lucratif réparties par types d'associations et par régions administratives.

Répertoire des programmes et services du gouvernement fédéral. Ottawa, Approvisionnement et services Canada, 1979—.

Description des divers programmes et services des ministères, agences, offices, commissions et sociétés de la Couronne. Publication annuelle.

World of Learning. Londres, Europa Publications, 1947—.

Publication annuelle. Liste des sociétés savantes, centres de recherche, universités, collèges et musées de tous les pays.

Yearbook of International Organizations. Bruxelles, Union of International Associations, 1968—.

Couvre tous les types d'organisations internationales sans but lucratif. La description comprend la date de fondation, la structure organisationnelle, les activités et la liste des pays membres. Publié annuellement.

14. Annuaires et publications statistiques

Le Québec statistique. Québec, Bureau de la statistique du Québec, 1985—.

Auparavant intitulé L'*Annuaire du Québec* (1914-1985). On y retrouve une multitude de renseignements relatifs au milieu physique ainsi qu'aux aspects démographiques, sociaux et économiques de la société québécoise. Une présentation des institutions politiques et judiciaires québécoises complète le tout.

Annuaire du Canada. Ottawa, Bureau fédéral de la statistique/Statistique Canada, 1905—.

Fait suite à *Canada, résumé statistique pour l'année 1886-1888* et à *Annuaire statistique du Canada* (1886-1904). Un exposé de l'actualité économique, sociale et politique du Canada. Mise à jour des données tous les deux ans.

Revue de la Banque du Canada. Ottawa, 1971—.

Fait suite au *Statistical Summary*, publié par la Banque du Canada depuis 1937. Bilan de la conjoncture économique au Canada. Tableaux et graphiques portant sur les différents aspects de l'activité économique et financière au Canada.

Statistiques historiques du Canada. 2e édition. Sous la dir. de F.H. Leacy. Ottawa, Statistique Canada, 1983 (11-516F).

Mise à jour de l'information parue dans la première édition des *Historical Statistics of Canada* (Toronto, Macmillan, 1965). Ajout de nouvelles séries et révision des séries antérieures. La période couverte s'étend jusqu'à 1975.

Foreign Economic Trends and their Implications for the U.S. U.S. Department of Commerce, Industry and Trade Administration, 1969—.

Document préparé par les employés des différentes missions diplomatiques américaines à travers le monde. Chaque semestre, un numéro fournit une analyse de la conjoncture canadienne et des perspectives économiques du point de vue américain. Ce numéro est produit par les employés de l'ambassade des États-Unis à Ottawa.

Survey of Current Business. U.S. Department of Commerce, Bureau of Economic Analysis, Washington D.C., 1921—.

Publication mensuelle. Bilan de la conjoncture économique américaine. Articles de fond. Annexe statistique détaillée des comptes nationaux.

Annuaire statistique du commerce international. New York, ONU, 1980—.

Fait suite à *Yearbook of International Trade Statistics* (1950-1979). Présente les informations nécessaires à l'étude des échanges de chaque pays en termes de valeur courante, de volume et de prix, ainsi que l'importance des différents partenaires et des principaux produits importés et exportés. Publié annuellement en deux volumes.

Banque mondiale. *Rapport sur le développement dans le monde.* Washington D.C., 1978—.

Évolution détaillée des grands aspects du développement dans le monde. Nombreux tableaux et graphiques. Annexe statistique.

Fonds monétaire international. *Balance of Payments Statistics.* Washington D.C., FMI, 1981—.

Sous ce titre paraissent des numéros mensuels et un annuaire composé de deux parties et comprenant des statistiques relatives à la balance des paiements d'un nombre de pays pouvant atteindre 140.

Fonds monétaire international. *Direction of Trade Statistics.* Washington D.C., FMI, 1981—.

Publication mensuelle. Contient des données sur les exportations et les importations mondiales ventilées par partenaires commerciaux et par régions. Fournit des données récentes sur les échanges commerciaux d'environ 135 pays.

Fonds monétaire international. *Statistiques financières internationales.* Washington D.C., FMI, 1948—.

Publication mensuelle avec refonte annuelle sous la forme d'un annuaire. Source standard de statistiques internationales relatives à tous les aspects des finances internationales et nationales. Fournit, pour 138 pays, des données récentes nécessaires à l'analyse des problèmes de paiements internationaux, d'inflation et de déflation.

OCDE. *Principaux indicateurs économiques.* Paris, OCDE, 1960—.

Revue trimestrielle. Source de données relatives à l'évolution récente de la conjoncture économique dans les pays membres de l'OCDE et d'indicateurs de l'évolution à long terme. Le bulletin est divisé en trois parties : Indicateurs par sujets (production industrielle, commerce, ventes au détail, etc.); Indicateurs par pays; Indices de prix.

15. Répertoires statistiques

Bibliographie des sources fédérales de données à l'exception de Statistique Canada (11-513).

Signale les sources de données socio-économiques diffusées périodiquement par les organismes et ministères fédéraux autres que Statistique Canada.

Canadian Index Statistics/Index des statistiques du Canada. Toronto, Micromédia 1985—.

Source de référence bibliographique centralisée donnant accès aux publications canadiennes d'ordre statistique provenant d'organismes publics ou privés. Plus de 1 500 périodiques couverts.

Catalogue de Statistique Canada (11-204).

Cette publication annuelle demeure l'outil par excellence pour trouver la source de données la plus appropriée parmi l'ensemble des publications de Statistique Canada. Le catalogue comprend aussi un index du dernier recensement en date.

Catalogue récapitulatif des publications de Statistique Canada, 1918-1980 (11-512).

Ce complément du catalogue annuel fournit, en un seul volume, l'énumération complète de toutes les publications de Statistique Canada, anciennement nommé Bureau fédéral de la statistique. Il comprend en outre l'index de tous les recensements de 1851 à 1976.

Produits et services du recensement. Ottawa, 1982 et 1987.

Liste détaillée de toutes les publications du recensement de 1981 et 1986. Pour les recensements précédents, il faut consulter le *Catalogue rétrospectif des publications de Statistique Canada, 1918-1980* (11-512).

Répertoire des microdonnées et des totalisations spéciales (11-514).

Répertorie les sources de données de Statistique Canada qui ne sont pas mentionnées dans le *Catalogue annuel*. Nombreuses références aux données sur bandes magnétiques ou accessibles directement du système CANSIM.

Répertoire des publications statistiques du Gouvernement du Québec. Québec, Bureau de la statistique du Québec, 1984.

Fait suite au *Répertoire analytique des publications statistiques du B.S.Q.* (1978-79-) et au *Répertoire de données et de publications statistiques québécoises* (1982-83). Ce répertoire dresse la liste des documents statistiques produits par les ministères et organismes gouvernementaux québécois. Chaque publication répertoriée fait l'objet d'un résumé et d'une indexation par descripteur.

Guide to U.S. Government Statistics. Mclean (Virginie), Documents Index, 1987.

Répertoire des sources de données statistiques publiées par le Gouvernement des États-Unis, ses agences et organismes. Mentionne 12 599 publications. Index par agences, lieux géographiques, sujets et titres.

Nations unies. *Annuaire démographique/Demographic Yearbook.* New York, O.N.U. 1948—.

Publié depuis 1948, ce répertoire fournit des statistiques démographiques officielles (population, natalité, mortalité, nuptialité, divortialité, etc.) pour 220 pays ou zones du monde entier. Supplément rétrospectif publié en 1979.

Nations unies. *Annuaire statistique/Statistical Yearbook.* New York, O.N.U. , 1948—.

Présente depuis 1948 des données socio-économiques sur le plan international, national et régional. Les aspects couverts permettent une analyse comparative de l'actualité économique et sociale de plus de 120 pays.

Index to International Statistics. Washington D.C., Congressionnal Information Service, 1983—.

Index des publications statistiques d'organismes nationaux et intergouvernementaux. Mensuel avec refontes trimestrielles et annuelles.

16. Bibliographies de bibliographies

Bibliographie de bibliographies québécoises. Montréal, Bibliothèque nationale du Québec, 1979. 2 vol. et suppl.

Inventaire de plus de 3 000 bibliographies québécoises publiées sous la forme de monographies, de périodiques ou d'articles de périodiques.

Lochhead, D. *Bibliographie des bibliographies canadiennes.* 2e édition. Toronto, University of Toronto Press, 1972.

Liste des ouvrages à caractère bibliographique publiés au Canada et se rapportant de près ou de loin au Canada. Index bilingue contenant des renvois aux sujets et aux compilateurs.

Bibliographic Index : A Cumulative Bibliography of Bibliographies. 1938—.

Trimestriel et cumulatif annuel. Liste par sujets de bibliographies de plus de 50 références apparaissant dans des livres ou des articles de revues.

17. Répertoires de documentation audiovisuelle

Copie zéro : Revue de cinéma. Montréal, Cinémathèque québécoise et Musée du cinéma, 1979—.

Revue trimestrielle. Remplace *Nouveau cinéma canadien/New Canadian Films* ; a absorbé *Index de la production cinématographique canadienne.* Publie la liste des films et vidéos produits annuellement au Québec.

Film Canadiana. Ottawa, Institut canadien des films, 1969/70-

Annuaire bilingue renfermant des renseignements sur l'industrie canadienne du film. Comprend quatre sections : filmoraphie, bibliographie, organismes, festivals et prix.

Film/Vidéo Canadiana. Ottawa, Office national du film pour la Bibliothèque nationale du Canada, 1988—.

Signale les films et les vidéos canadiens produits certaines années. Index très précis et fonctionnels.

Le Tessier : Répertoire 1983-1986 des documents audiovisuels canadiens de langue française. Montréal, Centrale des bibliothèques, 1986.

Sur tous les sujets.

Office national du film du Canada : Catalogue de films et vidéos. Montréal, ONF, 1984—.

Fait suite au *Catalogue* de l'ONF. Signale et décrit les films et vidéos produits par l'ONF. Régulièrement mis à jour.

Répertoire des documents audiovisuels gouvernementaux. Québec, Éditeur officiel, 1986—.

Signale et décrit brièvement les films et les vidéos produits par les ministères et organismes du gouvernement du Québec. La publication, annuelle, dispose de plusieurs index très fonctionnels.

18. Atlas

Atlaséco : Atlas économique mondial. Paris, Éditions S.G.B., 1981—.

Fusion de *Atlaséco* et *Faits et chiffres.* Édition annuelle. Recueil commode de statistiques récentes présentées par pays.

Atlas économique et politique. Paris, Bordas, 1987.

Atlas mondial portant sur des grands thèmes politiques et économiques. Cartes géogr. en couleur.

Atlas encyclopédique du monde. Paris, Calmann-Lévy, 1981.

Un atlas stratégique couvrant les aspects socio-économiques et culturels. Illustrations en couleur.

Atlas historique : Histoire de l'humanité de la préhistoire à nos jours. Paris, Hachette, 1987.

Atlas historique mondial le plus complet et le plus équilibré. Depuis la préhistoire jusqu'à 1987. Accompagné de photos et d'illustrations en couleur.

Atlas mondial. Paris, Flammarion/Le Point, 1985.

Partie encyclopédique et partie régionale par continent.

Atlas de géographie historique du Canada. Maurice Saint-Yves avec la participation de Marc Vallières. Boucherville, Éditions françaises, 1982.

A l'avantage de marier cartes géographiques, cartes historiques et tableaux statistiques.

Atlas du Canada. Montréal, Sélection du Reader's Digest en collab. avec l'Association canadienne des automobilistes, 1981.

Cet atlas comprend une section thématique traitant des principaux aspects de la géologie, de la géographie, de l'histoire, de la population et de l'économie du Canada. Cartes géogr. en couleur et index.

Atlas historique du Canada. Sous la dir. de R. Cole Harris. Montréal, Presses de l'Université de Montréal, 1987. 3 vol.

En trois volumes, retrace l'évolution socio-économique du Canada depuis sa préhistoire jusqu'en 1961. Chaque volume comprend 70 planches en couleurs, disposées sur deux pages. Accompagné de graphiques, reproductions de tableaux et autres représentations iconographiques. De courts textes explicatifs sur chaque planche et des textes d'introduction plus élaborés précèdent chaque chapitre.

Canada and the World : An Atlas Resource. Scarborough (Ont.), Prentice-Hall, 1985.

Un atlas régional sur le Canada avec des cartes mondiales complémentaires. Accompagné de photos.

L'Interatlas : Les ressources du Québec et du Canada. Montréal, Centre éducatif et culturel, 1986.

Ce nouveau concept d'atlas repose sur l'utilisation de planches-thèmes se rapportant aux aspects physiques, économiques, sociaux et historiques du Québec et du Canada.

19. Bases de données bibliographiques accessibles par ordinateur

AARP.

Compilé par l'American Association of Retired Persons, ce répertoire signale depuis 1978 les articles, livres, rapports de recherche et thèses portant sur les multiples facettes du vieillissement et de la vie des personnes âgées. À utiliser avec le THESAURUS OF AGING TERMINOLOGY.

AMERICA : HISTORY AND LIFE.

Recension d'articles, de livres et de thèses depuis 1964. Couvre tous les aspects de l'histoire américaine et canadienne. Près de 2 000 périodiques y sont dépouillés.

BIOGRAPHY MASTER INDEX.

Signale près de 5,25 millions de notices biographiques.

BOOK REVIEW INDEX.

Donne accès à plus de 1,5 millions de comptes rendus de livres en sciences humaines et sociales.

CANADIAN BUSINESS AND CURRENT AFFAIRS.

Correspond depuis 1981, pour la partie "Journaux", à l'index imprimé *Canadian News Index*.

DISSERTATION ABSTRACTS.

Signale depuis 1861 les thèses doctorales nord-américaines dans toutes les disciplines.

ERIC.

Signale, depuis 1966, les articles de revues et les rapports concernant l'éducation. À utiliser avec le THESAURUS OF ERIC DESCRIPTORS. Cette base est également disponible sur disque compact CD-ROM.

FAMILY RESOURCES.

Recense la littérature scientifique sur tous les aspects de la famille. Depuis 1973 pour les articles de revues; depuis 1970 pour les autres documents.

FRANCIS.

Références provenant du dépouillement de 8 000 revues, de livres, de thèses et de rapports en sciences sociales. Correspond au *Bulletin signalétique*.

HISCABEQ.

Bibliographie de documents sur l'histoire du Québec et du Canada parus depuis 1946.

HISTORICAL ABSTRACTS.

Documentation sur l'histoire moderne et contemporaine (de 1450 à nos jours), à l'exclusion du Canada et des États-Unis.

LABORDOC.

Couvre depuis 1965 la documentation reçue par la bibliothèque du Bureau international du travail (BIT).

PSYINFO.

Comprend les publications signalées dans le répertoire imprimé *Psychological Abstracts*. Signale depuis 1947 les articles de plus de 900 revues, les livres, les rapports techniques et les thèses en psychologie. À utiliser avec le THESAURUS OF PSYCHOLOGICAL INDEX TERMS. Cette base est également disponible sur disque compact CD-ROM.

REPERE.

Articles de périodiques québécois et français dans tous les domaines depuis 1972.

SOCIAL SCISEARCH.

Recense depuis 1972 des articles et des analyses de livres tirés de 1 500 revues en sciences sociales.

SOCIOLOGICAL ABSTRACTS.

Comprend, depuis 1963, les articles de 1 200 revues sociologiques et parasociologiques. À utiliser avec le THESAURUS OF SOCIOLOGICAL INDEXING TERMS. Cette base est également disponible sur disque compact à mémoire permanente (CD-ROM).

3

Comment interpréter une source écrite: le commentaire de document

L'utilisation de documents écrits qui sont en même temps des sources primaires[1] est une pratique commune aux chercheurs de toutes les disciplines scientifiques. Certes, l'historien se sert d'archives qui sont parfois très vieilles, par exemple les inventaires après décès des premiers habitants de la colonie pour reconstituer des genres de vie. Mais quel économiste n'utilise pas les documents officiels publiés par les divers niveaux de gouvernements pour comprendre et prévoir les mouvements conjoncturaux de l'économie? Quel politologue ne met pas à profit les journaux pour nourrir ses analyses et cerner les principaux débats qui agitent une société au fil de son évolution?

Or devant une source écrite qu'il veut exploiter en fonction d'un objectif de recherche, quelle attitude le chercheur doit-il adopter? Comment doit-il s'y prendre pour l'interroger et en tirer le maximum d'informations? Jusqu'à quel point doit-il poursuivre son enquête pour documenter les énigmes posées par son document? En somme, comment doit-il mener sa démarche d'interprétation du témoignage écrit?

Ce chapitre propose une démarche simple et générale d'interprétation de la source écrite. Habituellement, cette démarche trouve sa forme achevée et présentable dans ce qu'il est convenu d'apppeler le commentaire de document.

Précisons tout de suite qu'il ne s'agit pas d'un exercice facile. Le commentaire de document exige en effet du chercheur une attention et une vigilance de tous les instants, une bonne connaissance de l'origine et du contexte de production du document, et une grande capacité d'interrogation et d'imagination. Il existe en effet un rapport étroit entre l'imagination du chercheur, les connaissances qu'il a accumulées et son aptitude à établir des corrélations, des enchaînements et des liaisons entre certains éléments d'information en apparence éloignés les uns des autres.

---

[1] Nous ne considérons pas ici les études spécialisées qui, dans le cadre d'une recherche de type historiographique ou épistémologique, s'apparentent alors à des sources primaires. Précisons d'autre part que les éléments de méthode définis dans ce chapitre consistent en des principes généraux. Les problèmes de méthode spécifiques posés par l'exploitation de sources très particulières, par exemple les inscriptions sur pierre ou les écritures anciennes, ne sont pas abordés.

Le commentaire de document se décompose ordinairement en quatre étapes principales qui se suivent d'une façon logique. Ces étapes sont toutefois précédées par un travail d'interrogation critique, de lecture et de documentation qui influence de façon décisive la qualité du commentaire final.

Les paragraphes qui suivent s'organisent en trois points : une explicitation de la démarche préalable au commentaire de document (§1); une présentation des quatre étapes d'exécution du commentaire (§2); l'étude d'un exemple, qui permettra d'illustrer et de récapituler les éléments de méthode transmis (§3).

1. LA DÉMARCHE PRÉALABLE AU COMMENTAIRE

Quiconque entreprendrait un commentaire de document sans se livrer à un ensemble d'opérations intellectuelles préalables risquerait d'appauvrir considérablement son travail ultérieur d'interprétation. Cette démarche préalable comprend habituellement trois étapes : la critique d'authenticité du document, la lecture attentive du texte et la documentation.

La critique d'authenticité

Celle-ci a pour but de vérifier et de valider le document avant de l'utiliser. Elle consiste en un examen minutieux du document à travers une grille interrogative. En pratique, l'opération s'apparente à un véritable travail de détective.

Bien qu'il soit pratiquement impossible d'établir une liste de questions universellement pertinentes pour vérifier l'authenticité d'un document (chaque document exigeant en effet des grilles d'interrogation spécifiques), il semble que les questions suivantes pourraient être adressées à la majorité d'entre eux[2]:

> — Qui a écrit le document? Un individu? Un groupe de personnes?
> — Quand le document a-t-il été écrit? Où? Comment?
> — Par quelles voies est-il parvenu jusqu'à nous?
> — Le document disponible est-il ou non comme l'auteur l'a écrit?
> — S'agit-il d'un original? D'une copie? D'une copie de copie(s)?
> — S'il s'agit d'une copie, est-elle fidèle ou fautive?
> — En rédigeant le document, l'auteur a-t-il pu se tromper?
> — A-t-il voulu, a-t-il été contraint de se tromper?
> — L'auteur est-il un témoin direct ou emprunte-il son information à des témoins antérieurs?

On comprendra que répondre à ces questions exige une connaissance très approfondie d'un corpus archivistique ou documentaire, de même qu'une connaissance très exhaustive de la littérature scientifique portant sur ce corpus. En fait, le travail de vérification de l'authenticité des sources primaires n'est pas à la portée de tous les chercheurs. C'est un travail de spécialiste, à tout le moins d'amateurs érudits.

[2] Questionnaire adapté à partir de l'ouvrage de Henri-Irénée Marrou, *De la connaissance historique*, Paris, Le Seuil, 1954, p. 72.

Heureusement, pourrait-on dire, la critique d'authenticité est une étape facultative pour la presque totalité des sources dans la mesure où leur véracité ne fait aucun doute. Et là où elle se révélerait nécessaire, elle est rendue particulièrement difficile pour le chercheur débutant qui, ordinairement, travaille à partir de sources reproduites. Y a-t-il eu remaniement quelconque, par les éditeurs, des documents originaux? Le texte a-t-il fait l'objet d'une révision syntaxique ou grammaticale? Est-ce une traduction? A-t-on supposé ou spéculé sur les passages incompréhensibles, altérés ou disparus du document original? Voilà autant de questions souvent impossibles à répondre, surtout si les éditeurs ne donnent aucune précision sur le traitement qu'ils ont fait subir aux originaux. En pratique, la critique de restitution est une entreprise aussi difficile que la critique d'authenticité. C'est pourquoi le chercheur débutant, bien que conscient du problème, pourra rarement aller au bout des choses.

Précisons pour terminer que toutes les informations recueillies à l'occasion de la critique d'authenticité d'un document sont reprises dans l'exercice de commentaire proprement dit.

La lecture attentive du document

Une fois terminée la critique d'authenticité du document, le chercheur peut passer à la seconde étape de sa démarche préalable, soit l'examen et la lecture attentifs du texte.

L'objectif de cette lecture consiste à noter toutes les particularités du document qui paraissent suffisamment signifiantes pour mériter d'être élucidées : personnages cités, lieux mentionnés, situations évoquées, expressions récurrentes, imprécisions contenues dans le texte, vagues sous-entendus, subtilités de vocabulaire, etc. Il est important de ne pas sauter trop rapidement par-dessus les expressions, notions ou mots qui semblent banals. Il n'est pas évident que leur signification ait été la même que celle qui traverse l'esprit du chercheur au moment où il prend connaissance du document. Enfin, il faut être attentif, dans la mesure du possible, aux propos "retors et traîtreusement doubles" (comme dirait Balzac) qui ponctuent le texte de nombreux documents.

Cet exercice de déchiffrage, de déconstruction et de "mise à nu" du texte, qui implique une analyse ultérieure, pourrait être poussé très loin. Il revient au chercheur d'insister, en fonction de ses objectifs de recherche et d'enquête, sur ce qu'il considère lui-même important, digne d'intérêt, suffisamment signifiant pour mériter une attention particulière. Un document peut en effet parler cent langues, être interrogé de mille et une manières, offrir dix mille réponses. Le questionnement adressé à un texte révèle en partie le contenu de ce texte. Ce questionnement doit être cependant assez ouvert et complexe pour ne pas négliger des éléments de contenu qui, par suite de leur richesse ou de leur singularité, pourraient obliger le chercheur à modifier ou revoir ses objectifs d'enquête, et par là ses hypothèses implicites.

La documentation

Le repérage des particularités et subtilités d'une source primaire appelle leur documentation. Il s'agit en d'autres termes de poser les conditions nécessaires pour comprendre et analyser les éléments d'information contenus dans la source et notés par le chercheur. La confection d'une bibliographie informative et analytique est donc nécessaire.

Cette bibliographie comprend, dans un premier temps, des ouvrages de référence du type encyclopédie et dictionnaire spécialisés, des ouvrages de synthèse (genre manuel ou précis), deux ou trois ouvrages spécialisés portant directement sur l'épisode dont fait état la source, éventuellement un ou deux articles de périodiques. Ces lectures ouvrent le terrain, déblayent la voie. Au fur et à mesure que le chercheur approfondit son analyse, cette bibliographie peut être complétée par une somme de lectures d'appoint. Celles-ci ne viennent toutefois que dans un deuxième temps.

Cette étape documentaire complétée, le travail d'interprétation peut commencer.

2. LE COMMENTAIRE PROPREMENT DIT

Le commentaire de document est la mise en forme, sous un mode présentable, d'une démarche d'interprétation du témoignage écrit. Il s'agit d'un exercice de mise en contexte, d'analyse et d'explication des particularités d'une source écrite qui s'exécute dans la perspective d'un questionnement initial de la part du chercheur. Un commentaire de document délié de toute préoccupation de recherche est un exercice intellectuel pratiquement impossible dans la mesure où il pourrait être poussé très loin, dans de nombreuses directions à la fois, tout en risquant d'être insignifiant d'un point de vue heuristique.

Le commentaire de document se décompose ordinairement en quatre étapes principales[3]:

1° Mise en contexte du document par rapport à une question intellectuelle

Le but visé ici est de situer de façon générale le document par rapport à un questionnement de départ, un champ d'étude, un terrain d'enquête.

Il apparaît en effet opportun, avant de passer à l'analyse proprement dite du document, d'identifier et de préciser la question intellectuelle, le débat ou le problème général auquel le document introduit. Et de faire également ressortir l'intérêt particulier de ce document en regard de l'approfondissement d'un ou de plusieurs aspects de la question ou du problème identifiés.

Un commentaire de document n'existe pas en dehors d'un projet de recherche, d'une interrogation initiale, d'un problème subjectivement posé par le chercheur. C'est ce projet, cette question, ce problème qu'il est important de faire ressortir ici, de façon à donner une direction, un but, une unité d'ensemble à l'exercice du commentaire.

2° Notes sur le cadre historique et l'origine du document

La deuxième étape du commentaire a pour objectif de situer historiquement le document analysé. C'est-à-dire, donner un maximum d'informations pertinentes sur les conditions de sa production et le comprendre par rapport à la conjoncture

---

[3] Le lecteur est invité à prendre connaissance de la démarche proposée en la mettant continuellement en parallèle avec l'étude didactique du texte d'Idola Saint-Jean, p. 69 du guide.

circonstanciée (politique, sociale, économique, idéologique, culturelle, etc.) dans laquelle il s'insère.

Le chercheur mobilise à cette fin toutes les informations qu'il a recueillies, le cas échéant, au moment de la critique d'authenticité du document. S'il ne l'a pas déjà fait, il tente de répondre aux questions suivantes[4]:

— Qui est l'auteur du document? Était-il connu? Avait-il une certaine envergure sociale au moment de la rédaction du document? Quelle importance et quelle crédibilité faut-il accorder à son témoignage? L'auteur était-il effectivement représentatif d'un courant, d'un mouvement, d'une idée en vogue au moment où il a écrit le document?

— Quel était l'objectif avoué et non avoué de l'auteur en produisant le document? Le document analysé possède-t-il un intérêt supplémentaire, singulier, particulier, du fait qu'il a été produit par tel ou tel auteur?

— Dans quelles circonstances, dans quelle conjoncture le document a-t-il été produit? Quel est son cadre historique originel? Ces circonstances, cette conjoncture permettent-elles de comprendre les particularités de la forme, du contenu, du ton, de la présentation, du discours, de l'organisation générale du document?

— À qui s'adressait éventuellement le document? Quel était son destinataire initial? L'identification de ce destinataire permet-elle de mieux comprendre les particularités et les subtilités du message véhiculé dans le document?

— Quelle est la valeur réelle du document en tant que témoignage? Comment se distingue-t-il des autres documents apparentés et pourquoi doit-on lui attacher une importance particulière?

— Quelles précautions faut-il prendre, le cas échéant, pour l'analyser?

— Etc.

3° Reconstitution du schéma et analyse du document

La troisième étape du commentaire de document consiste à analyser les informations et les particularités contenues dans le document, à élucider ses sous-entendus, à expliciter les indices qu'il livre, à résoudre ses imprécisions, à commenter les situations qu'il évoque, à déchiffrer les subtilités de vocabulaire qu'il contient en respectant bien les significations d'époque, à relever et identifier les personnages cités, etc. Cette étape du commentaire ne peut se faire sans recourir à la documentation déjà constituée.

La troisième étape du commentaire de document se divise ordinairement en deux sous-parties :

— une **brève présentation schématisée des principales parties du texte**;
— l'**analyse proprement dite des particularités et subtilités du document**.

---

[4] Ces questions peuvent servir à interroger un grand nombre de documents mais certainement pas tous les documents.

La présentation schématisée cherche à mettre en lumière la logique structurante du texte : comment l'argumentation s'organise, quel en est le fil conducteur, comment elle évolue, quel est son aboutissement. Elle est en quelque sorte la reconstitution raisonnée du plan.

L'analyse du document suit une progression logique et cumulative. Habituellement, elle va du général au particulier. Par exemple, le chercheur peut dans un premier temps procéder à l'analyse des situations décrites dans le document pour ensuite passer à l'identification des personnages mis en scène, à l'étude minutieuse des termes argotiques qu'il contient, etc. Mais, en vérité, il n'existe pas de modèle. Le contenu même du document et les préoccupations du chercheur déterminent la forme que prend finalement le commentaire. Le principe général reste celui de trier et de regrouper de manière logique les éléments de contenu qui s'apparentent.

Tous les ouvrages et articles de périodiques utilisés pour l'explication de l'une ou l'autre des particularités du texte sont cités au fur et à mesure que le chercheur s'en sert. Les références sont faites selon les conventions d'usage (voir annexe I du guide).

4° Bilan d'ensemble

La quatrième étape du commentaire de document consiste à tirer profit de la démarche précédente en vue de porter un jugement d'ensemble sur les qualités intrinsèques et extrinsèques du document. Le chercheur peut vouloir répondre aux questions suivantes :

— Quels enseignements peut-on tirer du texte analysé? En d'autres termes, que doit-on retenir du document?

— À quelles questions son contenu apporte-t-il principalement des éléments de réponse?

— Révèle-t-il des indices importants à propos d'un épisode, d'une situation?

— Comment nous permet-il de mieux comprendre la société dont il est une trace?

— Dans l'ensemble, le document analysé est-il fiable et important ou ne s'agit-il que d'un document marginal, secondaire, sans portée?

— Peut-on faire fond sur les informations livrées par le document pour énoncer une hypothèse, avancer une explication?

Le bilan d'ensemble est essentiel pour deux raisons :

— dépendamment de la qualité du commentaire effectué, il permet d'abord d'évaluer lucidement le document en main;

— il permet ensuite de l'utiliser dans le cadre d'un projet de recherche ou dans le cadre d'une stratégie de réponse à une question de départ.

Le commentaire de document qui suit, réalisé à partir d'un discours radiodiffusé d'Idola Saint-Jean (reproduit à la fin du chapitre), permet d'illustrer les enseignements précédents et de récapituler les points de méthode acquis. Précisons que seul le commentaire final apparaît, les fruits de la "démarche préalable" ayant été incorporés dans le texte principal et les notes.

3. PRÉSENTATION D'UN EXEMPLE SIMPLE DE COMMENTAIRE DE DOCUMENT

1. Mise en contexte du document par rapport à une question intellectuelle

Le discours d'Idola Saint-Jean portant sur le droit de vote des femmes présente de multiples intérêts. Il nous renseigne d'abord sur une période moins bien connue de l'histoire québécoise, l'entre-deux-guerres. Mais surtout, il constitue un document de premier plan pour l'histoire des femmes. Il permet en effet de mieux saisir l'une des principales revendications des féministes dans la première moitié du XXe siècle. Par son contenu, le discours d'Idola Saint-Jean laisse voir également le ressentiment de plusieurs femmes devant les marginalisations de toutes sortes qu'elles vivent quotidiennement, notamment celles qui leur sont imposées par la discrimination inhérente au régime des relations matrimoniales enchâssé dans le Code civil du Québec. Au début des années 1930, l'obstacle juridique reste en effet l'un des principaux mécanismes empêchant l'émancipation des femmes. C'est ce que l'auteure veut en particulier dénoncer. Pour le chercheur, le discours radiodiffusé d'Idola Saint-Jean se révèle un riche document permettant de saisir les enjeux d'une lutte et les mentalités d'une époque.

2. Notes sur le cadre historique et l'origine du document

L'auteure

Idola Saint-Jean (1880-1945) est présentée par l'historiographie comme l'une des premières grandes féministes connues du Québec. Fille d'un criminaliste, elle a une formation en langue française. Elle enseigne notamment à l'Université McGill, au département d'études françaises. Toute sa vie, elle lutte pour l'émancipation politique et juridique des femmes. Féministe militante, elle participe en 1922 à la fondation du Comité provincial pour le suffrage féminin. Insatisfaite du cheminement de ce mouvement, elle s'en dissocie cinq ans plus tard pour jeter les bases de l'Alliance canadienne pour le Vote des Femmes au Québec, organisation principalement composée de féministes francophones provenant surtout des couches populaires[1]. En 1930, Idola Saint-Jean sollicite l'électorat en se présentant comme candidate indépendante dans la circonscription de Saint-Denis-Dorion à l'occasion d'une élection fédérale. C'est la première fois qu'une femme se présente aux élections fédérales du Québec[2]. Battue, elle obtient néanmoins 3 000 voix[3].

Le discours

En 1931, lorsqu'elle prononce ce discours[4], le projet de loi concernant le vote des femmes a déjà été soumis et battu quatre fois à l'Assemblée législative du Québec[5]. C'est dans

---

1. Catherine L. Cleverdon, *The Woman Suffrage Movement in Canada*, with an introduction by Ramsay Cook, Toronto, University of Toronto Press, 1974 (1950), p. 232.

2. On doit se rappeler en effet que si les Québécoises obtiennent le droit de vote au niveau provincial en 1940 seulement, elles peuvent se prévaloir de cette responsabilité dès 1921 au niveau fédéral. Il serait passionnant d'étudier dans le détail les pratiques de vote des femmes lors des élections fédérales de 1921, 1926 (2 fois), 1930 et 1935.

3. Sources des informations biographiques : Robert Prévost, *Québécoises d'hier et d'aujourd'hui*, Montréal, Stanké, 1985, p. 200; Cleverdon, chap. 7; Micheline Dumont et al., *L'histoire des femmes au Québec depuis quatre siècles*, Montréal, Les Quinze, 1982, chap. XI.

4. Aucune indication ne permet de savoir si ce discours radiodiffusé correspond intégralement à la version de la prestation écrite de l'auteure. Il aurait été intéressant de savoir si Idola Saint-Jean a dû censurer son propos, d'elle-même ou de manière obligée, pour le diffuser à la radio.

5. En 1927, 51 voix contre 13; en 1928, 39 contre 11; en 1929, 50 contre 16; en 1930 enfin, 44 voix contre 24.

le but manifeste de présenter et de promouvoir les idées des principaux groupes féministes de l'époque (la Ligue pour les droits de la femme, la Fédération nationale Saint-Jean-Baptiste, l'Alliance canadienne pour le Vote des Femmes au Québec)[6], et dans le but aussi de sensibiliser les députés au rôle important que pourrait jouer la femme dans la sphère des affaires publiques, qu'Idola Saint-Jean prononce son discours. Celui-ci est destiné au grand public, aux hommes bien sûr, mais aussi à certaines femmes qui continuent de s'opposer au projet de loi demandant le suffrage féminin[7]. Mentionnons d'ailleurs que c'est dans le cadre d'une stratégie visant à rallier à leur cause les femmes vivant dans les campagnes que les féministes utilisent la radio comme support de diffusion de leur message au début des années 1930. Thérèse Casgrain, présidente de la Ligue pour les droits de la femme, anime ainsi une émission hebdomadaire ("Femina") sur les ondes de CKAC. Le temps d'antenne de cette émission est payé par *La Presse*. De son côté, Idola Saint-Jean anime une émission appelée "Actualité féminine"[8].

À travers son discours, Idola Saint-Jean vise également les "législateurs"[9], les hommes politiques comme les juristes, ces derniers étant moins visibles mais tout aussi importants dans le maintien de la tutelle des femmes. On sait que l'un des objectifs primordiaux des organisations féministes était en effet de faire évoluer les lois, notamment celles qui régissaient la situation de la femme dans le cadre du couple. En fait, le système juridique était considéré comme l'une des causes maîtresses de la dépendance des femmes et de leur rôle secondaire dans la sphère des affaires publiques[10].

En prononçant son discours à la radio, Idola Saint-Jean espère enfin court-circuiter l'efficace d'autres discours, notamment celui du clergé et celui des hommes politiques. La radio pouvant pénétrer l'espace de vie privée de la majorité des femmes, il s'agit sans doute du meilleur moyen pour les rejoindre là où les sermons et les harangues ne le peuvent pas![11]

6. Pour une histoire des organisations féministes au Québec au cours des trente premières années du XXe siècle, voir Dumont *et al.* ; Susan Mann Trofimenkoff, *Visions nationales : Une histoire du Québec*, Montréal, Trécarré, 1986 (1983); Marie Lavigne *et al.*, "La Fédération nationale Saint-Jean-Baptiste et les revendications féministes au début du 20e siècle", *Revue d'histoire de l'Amérique française*, 29, 3 (décembre 1975), p. 353-373; Yolande Pinard, "Les débuts du mouvement des femmes", dans *Les femmes dans la société québécoise : Aspects historiques*, éd. par Marie Lavigne et Yolande Pinard, Montréal, Boréal Express, 1977, p. 61-87.

7. Donnons quelques exemples. En 1921, lors d'un débat portant sur le suffrage féminin, la Fédération des femmes canadiennes-françaises de la région de Hull, ayant à sa tête Mme Rose Archambault, présente une requête au premier ministre Taschereau le priant de voter contre le projet car "le suffrage féminin est un principe subversif de l'ordre, contraire au droit divin, au droit naturel et au droit social". Propos rapportés dans *La Presse*, 3 février 1921, p. 1, et cités dans *Le Manuel de la parole : Manifestes québécois*, tome 2, *1900 à 1959*, éd. par Daniel Latouche et Diane Poliquin-Bourassa, Montréal, Boréal Express, 1978, p. 111. Mentionnons aussi l'intervention de Rolande Désilets (porte-parole du Cercle des fermières) qui, en marge des travaux de la Commission d'enquête sur les droits civils des femmes (Commission Dorion, 1930), désavoue radicalement la lutte des féministes pour l'amélioration de la condition légale des femmes. Précisons enfin que Françoise Gaudet-Smet, dont l'influence n'est pas négligeable chez la femme rurale, fut également opposée au suffrage féminin. À ce sujet, voir Dumont *et al.*, p. 337-338 et p. 347-348. Voir aussi Ghislaine Desjardins, "Les Cercles des fermières et l'action féminine en milieu rural, 1915-1944", dans Lavigne et Pinard, p. 217-243.

8. Cleverdon, p. 240.

9. Précisons que le terme "législateurs" est improprement utilisé par l'auteure, qui fait ici référence à la députation. La langue française emploie le terme législateur pour désigner une personne ou une autorité (par exemple une assemblée législative) qui légifère, qui fait les lois. Le terme législateur n'est jamais employé au pluriel.

10. À ce propos, voir Jennifer Stoddart, "Quand des gens de robe se penchent sur les droits des femmes : Le cas de la Commission Dorion, 1929-1931", dans Lavigne et Pinard, p. 307-335.

11. Pour une analyse du phénomène de diffusion de la radio au sein des ménages québécois avant 1940, voir Elzéar Lavoie, "L'évolution de la radio au Canada français avant 1940", *Recherches sociographiques*, 12, 1 (janvier-avril 1971), p. 17-43.

L'objectif

L'objectif d'Idola Saint-Jean est de convaincre la population en général, et la députation en particulier, du bien-fondé du projet de loi demandant le droit de suffrage pour les femmes de la Province de Québec. Son discours se présente comme une plaidoirie en faveur des droits fondamentaux des femmes. Son argumentation fait appel à certains sentiments fortement ancrés dans les mentalités et les pratiques individuelles de l'époque : la droiture et le dévouement reconnus de la femme; la respectabilité de la mère, de l'épouse et de la fille; la sacralité et la primauté des principes chrétiens[12]. L'analyse minutieuse des propos de l'auteure révèle également qu'elle cherche à mobiliser son auditoire à partir d'une base qui transcende bien des sectarismes dans la province à l'époque, celle de la promotion et de l'égalité des Canadiens français au sein de la fédération canadienne. Certaines argumentations utilisées par l'auteure témoignent d'ailleurs du fait que les féministes canadiennes-françaises ont toujours été partagées entre leur réformisme et leurs croyances religieuses et nationales. C'est pourquoi plusieurs d'entre elles ont finalement opté pour le féminisme chrétien[13]. La notion vague mais entraînante et unificatrice de "fierté nationale", renforcée par la référence à quelques figures fortes du panthéon national (Mme de Repentigny, Marie Rollet, Jeanne Mance, Marguerite Bourgeoys, Madeleine de Verchères, la mère de Louis-Joseph Papineau), se distingue comme l'un des principaux supports des propos de l'auteure[14]. Enfin, en identifiant nommément dans son texte deux héroïnes de la longue marche des femmes pour la conquête d'une égalité d'accès à certaines professions valorisées (Annie Macdonald Langstaff et Marthe Pelland), l'auteure fait référence à un panthéon féminin en train de se constituer et dont les figures de proue serviront à galvaniser des générations de femmes en quête d'émancipation[15].

3. *Reconstitution du schéma et analyse*

Le discours d'Idola Saint-Jean comporte deux grandes parties : une première où elle tente de justifier l'intérêt et la nécessité d'accorder le droit de vote aux femmes en fondant son propos sur un ensemble de faits historiques reconnus et de réalités objectives; une seconde où elle s'adresse directement aux hommes du Québec en leur enjoignant d'accepter le projet de loi déposé le lendemain et ce, pour des raisons de stricte équité chrétienne, de développement collectif et de complémentarité des capacités physiques et morales des hommes et des femmes. Énoncé dès le début du texte, l'argument central de son discours a trait au retard qu'a pris la Province de Québec par rapport au Canada

---

12. Pour une illustration de l'image stéréotypée et idéalisée de la femme des années 1930, voir "La femme canadienne-française", numéro spécial de *l'Almanach de la langue française*, Montréal, Éditions Albert Lévesque, 1936.

13. Sur les rapports ambigus mais évidents entre féminisme et nationalisme au début du siècle, voir Trofimenkoff, chap. XII.

14. L'exacerbation d'un sentiment de fierté nationale est assez utilisé par les féministes, notamment auprès des nationalistes et du clergé, pour obtenir gain de cause dans certains dossiers. En témoigne par exemple la lettre de Marie Lacoste Gérin-Lajoie à la supérieure de la Congrégation Notre-Dame, sœur Anne-Marie, où elle se plaint que les Canadiennes françaises sont obligées d'aller à McGill, aux États-Unis ou en Europe pour parfaire leurs études. Argument de poids car le 8 octobre 1908, l'École supérieure, qui offre aux filles les quatre dernières années du cours classique, est ouverte. À ce propos, voir Dumont *et al.*, p. 321-322.

15. Annie Macdonald Langstaff fut la première femme diplômée de la faculté de droit de l'Université McGill, en 1911. Ce n'est toutefois qu'en 1942 que les femmes, admises au barreau, purent plaider en cour. Marthe Pelland fut de son côté la première femme à se prévaloir, en 1931, du droit de pratiquer la médecine dans la province.

anglais dans la démocratisation de son espace politique, de ses libertés individuelles et collectives[16].

C'est d'abord en insistant sur le rôle central joué par les femmes dans l'histoire canadienne (notamment à l'époque de la Nouvelle France, période pratiquement chantée comme un Âge d'or par les élites traditionnelles)[17], qu'Idola Saint-Jean cherche à légitimer son propos. Les notions de dévouement, de vaillance, de sagesse, d'intelligence et de dignité, attributs caractéristiques de la Canadienne française des années 1930, années de crise, sont en particulier exploitées pour magnifier l'implication des femmes dans la destinée canadienne[18]. L'objectif visé est d'associer le droit de vote des femmes à une reconnaissance explicite, par la communauté masculine, de la contribution majeure des femmes à la construction du Canada. Son argument le plus incisif, appuyé par l'exclamation de la mère de Louis-Joseph Papineau[19], est certainement de rappeler l'exercice du droit de vote par les femmes au cours de la période 1791-1834, droit utilisé avec "conscience et dignité"[20]. Enfin, pour ajouter à la conviction de son propos, Idola Saint-Jean rappelle les conditions objectives de vie des femmes au début des années 1930[21]: des conditions de plus en plus semblables aux hommes (travail dans toutes les sphères d'activité), qui appellent une modification des hiérarchies traditionnelles et une déconstruction des espaces réservés de pouvoir. Idola Saint-Jean conclut cette première partie par une phrase qui trahit néanmoins l'ambiguïté d'un discours féministe de l'époque, celui que le clergé considère comme le "bon féminisme", et qui est notamment mis de l'avant par la Fédération nationale Saint-Jean-Baptiste présidée par Marie Lacoste-

16. On sait que le Québec fut le dernier état d'Amérique du Nord à accorder le droit de vote aux femmes.

17. À ce propos, voir Serge Gagnon, *Le Québec et ses historiens de 1840 à 1920 : La Nouvelle-France de Garneau à Groulx*, Québec, PUL, 1978, 474 p., coll. "Les Cahiers d'histoire de l'Université Laval", 23.

18. Argument ironique caractéristique du discours d'Idola Saint-Jean qui pourrait être retraduit en ces termes: "Vous reconnaissez aux femmes beaucoup de qualités mais lorsque vient le temps de leur accorder ne serait-ce que le moindre droit réel, vous reculez, vous n'êtes plus conséquents, vous vous objectez". D'autres passages, notamment ceux où elle intoduit quelques héroïnes du panthéon national, ont des significations de second degré très explicites. On pourrait les décoder de cette manière: "Il n'y a pas si longtemps, à l'époque où une grande partie des hommes étaient coureurs de bois, les femmes constituaient le gouvernement réel de la colonie : ministre du commerce, de l'assistance publique, de l'éducation et des finances. Et ça marchait!". Mentionnons que cette version des choses, qui insiste sur le rôle fondamental des femmes dans l'organisation de la colonie, est corroborée par les jugements du Conseil souverain de la Nouvelle-France. Pour un panorama de l'entrepreneuriat féminin au Québec, voir Francine Harel Giasson et Marie-Françoise Marchis-Mouren, "Les gestionnaires québécoises : De Marguerite Bourgeoys au Bottin des femmes", *Questions de culture*, 9 (1986), p. 129-144.

19. C'est à l'élection de 1809 que Rosalie Cherrier, mère de l'illustre patriote alors député, prit partie pour son fils. Selon la pratique du vote oral de l'époque, elle s'écria, aux dires du sénateur biographe L.O. David: "Pour mon fils, car je crois que c'est un bon et fidèle sujet". À noter l'importante digression existant entre les propos de Cherrier rapportés par L.O. David et ceux relatés par Idola Saint-Jean. Source : L.O. David, *Les deux Papineau*, Montréal, Eusèbe Sénécal & Fils, 1896, p. 28.

20. Précisons que c'est l'absence d'une interdiction formelle du droit de vote des femmes dans l'Acte constitutionnel de 1791 qui a été interprétée comme une autorisation de voter. Mentionnons aussi que cette politique du droit de vote des femmes était inégalement appliquée à travers le Québec. C'est en 1834, dans le cadre d'une révision de la loi électorale, qu'une proposition d'amendement niant spécifiquement le droit de vote des femmes fut acceptée par les deux chambres et reçut la sanction royale. C'est finalement en 1849 qu'on sentit le besoin d'interdire officiellement la participation électorale des femmes. Informations tirées de Francine Fournier, "Les femmes et la vie politique au Québec", dans Lavigne et Pinard, p. 339 suiv.

21. Notons que l'auteure recourt ici à un argument fréquemment utilisé par les supporters du droit de vote pour les femmes. Cet argument sera d'ailleurs repris par les deux députés qui présenteront, au lendemain du discours d'Idola Saint-Jean, le projet de loi sur le suffrage féminin, de même que par Athanase David à propos du projet de loi sur l'admission des femmes au Barreau (rejeté par l'Assemblée législative, 34 voix contre 32, le 26 mars 1931).

Gérin-Lajoie[22]. Cette phrase : "Ne sont-ce pas là des problèmes que la femme comprendra toujours mieux que l'homme?" est en quelque sorte indicative du discours équivoque que tiennent nombre de féministes s'abreuvant simultanément au réformisme et à l'idéologie traditionnelle conservatrice : un discours qui réclame l'égalité certes, mais l'égalité fondée sur la reconnaissance des attributs spécifiques et distinctifs des femmes. En somme, l'égalité justifiée par la complémentarité des sexes, ce qui est l'antithèse d'une attitude égalitariste[23].

La deuxième partie du manifeste d'Idola Saint-Jean est plus poignante : elle cherche à exploiter la sensibilité masculine, le culte de la famille, de la mère et de la fille en particulier, les préceptes du christianisme et la fierté nationale pour infléchir le vote des députés. Cette partie du texte est particulièrement indicative des principales "sources d'inspiration" qui influencent à cette époque les actions et les décisions des hommes politiques. Les paroles du souverain Maître, les écrits de Victor Hugo, les vérités évangéliques, les destins exceptionnels de femmes d'action sont tour à tour invoqués pour cautionner un vote positif en faveur du suffrage féminin. Ce vote positif est d'ailleurs présenté comme un acte libérateur qui trouve sa légitimité la plus élevée dans la volonté partagée d'un développement toujours plus poussé de la province de Québec, histoire de la mettre au diapason des huit autres provinces canadiennes.

Le contenu et le ton du discours d'Idola Saint-Jean s'expliquent en bonne partie par la conjoncture dans lequel il a été rédigé. Quelques éléments de mise en contexte historique permettront de mieux cerner ses particularités.

La lutte pour le suffrage féminin

La lutte des femmes pour l'obtention du droit de vote au Québec est déjà amorcée depuis longtemps au moment de la diffusion du discours d'Idola Saint-Jean. Ce n'est pourtant qu'en avril 1940, sous le gouvernement libéral d'Adélard Godbout, que ce droit est finalement accordé [24]. Présenté quatorze fois en quatorze ans, ce projet de loi mobilise certaines des activistes les plus visibles de l'époque : Thérèse Casgrain, Marie Lacoste-Gérin-Lajoie (et sa fille du même nom), Idola Saint-Jean, Carrie M. Derick, Mme Walter Lyman, Mme John Scott, etc. Fait à noter, pour être présenté au Parlement, le projet de loi portant sur le suffrage féminin devait être proposé par un député, c'est-à-dire un homme. En 1931, c'est Irénée Vautrin, député libéral de la circonscription de Montréal

---

22. On sait que la FNSJB, qui était au départ un regroupement de plusieurs sociétés affiliées, bénéficiait dans *Le Devoir* d'une colonne lui permettant de diffuser les activités de ses associations. C'est dire que le réformisme que véhiculait cette fédération n'était pas antipathique aux nationalistes et à certains conservateurs tels Henri Bourassa, pourtant reconnu comme antiféministe.

23. Parlant de l'idéologie de la FNSJB, Marie Lavigne, Yolande Pinard et Jennifer Stoddart ajoutent: "L'unanimité s'opère autour de la primauté du rôle maternel des femmes et le partage des rôles entre hommes et femmes est rarement remis en question. Des féministes continuent de parler de complémentarité innée entre l'homme et la femme [...], et c'est en fonction de cette même complémentarité que le rôle social de la femme se définit. On se contente de s'attaquer aux effets discriminatoires qu'entraîne cette répartition des tâches entre les deux sexes en ne s'interrogeant pas sur le sens de cette inégalité, et les réflexions de ces féministes ne sont pas orientées vers une remise en cause de la "féminité" elle-même et de ses effets oppressifs". Lavigne *et al.*, p. 202.

    En dépit de son radicalisme, Idola Saint-Jean restait donc marquée, dans son action et son discours, par les contraintes d'un consensus d'époque. À moins que son objectif n'ait d'abord été, nonobstant tout autre considération, de rejoindre un maximum de personnes, hommes et femmes, en utilisant subtilement certains éléments de contenu du discours patriarcal et du discours féministe réformiste.

24. Ce n'est toutefois qu'à l'élection de 1944 que les femmes purent pour la première fois exercer leur droit de vote.

Saint-Jacques, qui avait présenté le projet de loi devant l'Assemblée législative. Il avait été appuyé par deux députés conservateurs, Martin Beattie Fisher (Huntingdon) et Charles Allan Smart (Westmount)[25].

L'opposition au suffrage féminin

Si les demandes pour le droit de vote aux femmes sont persistantes au Québec, l'opposition est farouche. Le clergé et les hommes politiques, s'appuyant sur la notion fumeuse de droit naturel, constituent les foyers de résistance les plus visibles. Mais c'est également un groupe plus à couvert de l'opinion publique, les juristes, qu'Idola Saint-Jean vise de manière privilégiée dans son discours. La persistance des opposants au projet de loi à fonder leur argumentation sur des principes de doctrine explique vraisemblablement l'insistance de l'auteure à fonder elle-même son propos sur certaines écritures sacrées ou profanes de choix. Encore faut-il toutefois contextualiser le discours d'Idola Saint-Jean par rapport à la publication, en 1930, du *Rapport de la Commission sur les droits civils de la femme* (Commission Dorion). On sait qu'Idola Saint-Jean avait présenté un mémoire devant cette Commission et que, du 18 au 30 novembre 1929, soit au moment même des audiences de la Commission à Montréal, elle dirigeait une chronique quotidienne de deux pages dans le *Montreal Herald*, journal sympathique à la cause des femmes. On doit savoir par ailleurs que la Commission Dorion faisait reposer une grande partie de ses recommandations sur le principe d'une différence entre le rôle (et les aptitudes) des femmes et des hommes et que le respect de cette différence était le fondement de l'ensemble de ses recommandations[26].

Les principaux opposants au projet

Parmi les détracteurs du projet, on retrouve la majorité des hommes politiques dont l'un des plus acharnés est le premier ministre Taschereau. Celui-ci n'avait-il pas déclaré en 1922: "Si jamais les femmes obtiennent le droit de vote, ce n'est pas moi qui le leur aurai donné"[27]. L'opposition officielle appuie en grande partie le gouvernement sur cette question. C'est pourquoi, dit Thérèse Casgrain, "[...] Taschereau ne voyait même pas l'utilité d'en faire un vote de parti"[28].

Une très forte majorité des membres du clergé lutte également contre ce projet. Un de ses plus célèbres porte-parole, Mgr Louis-Adolphe Paquet, écrit en 1919: "Sous le nom de féminisme, un mouvement pervers, une ambition fallacieuse entraîne hors de sa voie la plus élégante moitié de notre espèce, et menace les bases mêmes de la famille et de la société"[29].

On retrouve probablement chez Henri Bourassa, directeur du journal *Le Devoir*, l'un des meilleurs condensés de l'argumentation antiféministe de l'époque. Grand catholique,

25. Cleverdon, p. 238 suiv.; Yves Beaulieu *et al.*, *Répertoire des parlementaires québécois, 1867-1978*, Québec, Bibliothèque de la législature, Service de documentation politique, 1980.

26. Pour une analyse du contexte ayant présidé à la mise sur pied de la Commission et pour une étude de ses recommandations, voir Stoddart.

27. Propos cités par Thérèse Casgrain dans *Une femme chez les hommes*, Montréal, Éditions du Jour, 1971, p. 77.

28. *Ibid.*, p. 83.

29. Louis-Adolphe Paquet, "Le féminisme", dans *Études et Appréciations : Nouveaux mélanges canadiens*, Québec, Imprimerie franciscaine missionnaire, 1919; republié dans *Québécoises du XXᵉ siècle*, textes choisis et présentés par Michèle Jean, Montréal, Éditions du Jour, 1974, p. 47-48.

il se fait fort de combattre ce mouvement qui, "comme le socialisme, [est] en opposition radicale avec le concept chrétien de la famille et de la société, ordonnées selon la loi naturelle et la loi du Christ"[30]. De plus, associant féminisme et protestantisme, il soutient que "le suffrage féminin aurait des conséquences néfastes sur le mariage, la famille, l'éducation des enfants et la situation morale et sociale de la femme"[31].

Toutes ces informations nous aident à mieux comprendre la stratégie discursive d'Idola Saint-Jean dans son plaidoyer en faveur du suffrage féminin.

4. Bilan d'ensemble

Le manifeste d'Idola Saint-Jean nous renseigne non seulement sur le discours féministe de l'époque mais également, à travers celui-ci, sur l'argumentation antiféministe utilisée pour le combattre. Il est cependant difficile d'évaluer l'influence de ce discours sur les mentalités des années 1930. On sait que le projet de loi fut à nouveau battu en 1931 par une majorité de 26 voix, 47 contre 21. Cependant, certaines mesures concernant le statut juridique des femmes furent graduellement adoptées dans les années suivantes[32]. On peut en fait raisonnablement penser que ce discours, à l'instar de beaucoup d'autres actions de différentes natures, contribua modestement mais sûrement à la déconstruction d'un espace des inégalités fondées sur le sexe, à la galvanisation d'énergies éparpillées et à l'affirmation d'une volonté inébranlable des femmes de conquérir leurs droits.

Le discours d'Idola Saint-Jean, qui retentit jusque dans les confins des cuisines par la voie des ondes, prend valeur de symbole d'une lutte âprement menée par les féministes.

IDOLA SAINT-JEAN

DISCOURS RADIODIFFUSÉ SOUS LES AUSPICES DE l'ALLIANCE CANADIENNE POUR LE VOTE DES FEMMES AU QUÉBEC LA VEILLE DE LA PRÉSENTATION DU PROJET DE LOI DU SUFFRAGE FÉMININ (1931)

Mesdames, messieurs,

Demain la Législature sera saisie pour la cinquième fois du projet de loi demandant le suffrage pour les femmes de cette province. Demande juste et légitime qui, si elle est enfin accordée, placera les femmes du Québec sur un pied d'égalité avec leurs soeurs des huit autres provinces du Canada.

---

30. Henri Bourassa, *Femmes-Hommes ou Hommes et Femmes? Études à bâtons rompus sur le féminisme*, Montréal, Imprimerie du Devoir, 1925, p. 4.

31. Michèle Jean, p. 193. Pour une analyse plus en profondeur des idées d'Henri Bourassa concernant les femmes, voir Susan Mann Trofimenkoff, "Henri Bourassa et la question des femmes", dans Lavigne et Pinard, p. 293-306.

32. En 1934, grâce notamment aux efforts d'Idola Saint-Jean, la femme mariée obtient le droit d'avoir un compte en banque à son nom personnel. En 1945, l'article 279 du Code civil est modifié dans le but de permettre à la femme mariée de recevoir les indemnités auxquelles elle aurait droit à titre de dommages et intérêts. En 1951, elle obtient le droit d'exercer ses droits civils sous son propre nom et non plus sous celui de son mari. En 1954, à la suite de longues discussions, elle voit son nom enlevé de la liste des personnes incapables civilement (article 986). En 1964, une nouvelle loi reconnaît à la femme une pleine capacité juridique "sous réserve de restrictions qui découleraient du régime matrimonial". Elle devient alors presque un citoyen à part entière. Car il lui faut, entre autres, la permission de son mari pour adhérer à un syndicat.

Les femmes du Québec ont été les premières à la tâche et si l'on retourne aux premières pages de notre histoire, on les voit travailler avec ardeur à l'oeuvre admirable de colonisation.

Dans toutes les sphères de la vie sociale, elles ont été les compagnes vaillantes des hommes, toujours à l'oeuvre, donnant le meilleur d'elles-mêmes pour construire un pays appelé à jouer un grand rôle dans l'histoire du monde.

Puissent nos législateurs quand ils seront appelés, demain, à donner un vote qui dira si oui ou non nous devons être admises à participer à notre vie politique, se rappeler qu'en 1705, la première manufacture de drap du Canada fut fondée grâce à l'initiative de Mme de Repentigny, qu'ils revoient par le souvenir l'oeuvre de Marie Rollet, la grande patronne de nos agriculteurs canadiens; c'est Marie Rollet, qui importe dans notre pays la première charrue, puis c'est une Jeanne Mance qui se constitue le trésorier municipal de Ville-Marie et qui trouve l'argent nécessaire pour amener ici un régiment chargé de défendre les colons contre les attaques désastreuses des Iroquois. Fondatrices des premiers hôpitaux, fondatrices des premières écoles, ne furent-elles pas, ces femmes, que nous avons la gloire de nommer nos ancêtres, l'une ministre du commerce, les autres ministres de l'assistance publique, ministre de l'éducation et j'oserais dire, ministre des finances, remplissant ce poste de façon à prendre des points à bon nombre d'hommes grâce à leurs qualités d'organisation et de science économique.

Aucun homme, témoin de ce que nos pionnières accomplissaient à l'aurore de notre histoire, ne leur eut refusé l'accès au parlement, s'il en eut existé un, alors. Elles étaient consultées sur toutes les questions, ces femmes intelligentes et sages et grâce à la coopération des hommes et des femmes de cette époque nous jouissons aujourd'hui des progrès et du développement de notre Canada.

D'ailleurs, ce droit que nous réclamons, ne l'avons-nous pas possédé jusqu'en 1834? et n'a-t-il pas été exercé avec conscience et dignité? Pour nous convaincre de la façon scrupuleuse avec laquelle nos grands-mères accomplissaient leur devoir de votantes, il nous suffit de nous rappeler les paroles que prononçait la mère de Louis-Joseph Papineau en déposant son bulletin de vote: "Je vote, dit-elle, pour Louis-Joseph Papineau, mon fils, non parce qu'il est mon fils mais parce que je le crois qualifié pour représenter dignement notre race". Voilà de la politique intelligente et saine.

Nous n'avons pas démérité, il me semble, Mesdames et Messieurs, on nous retrouve aujourd'hui dans tous les domaines de la charité et du travail. Les conditions économiques nous jettent dans l'industrie, dans le commerce, dans l'enseignement, en un mot dans toutes les sphères d'activité. Il nous faut travailler pour vivre, alors pourquoi sommes-nous condamnées à n'occuper que des places de subalternes? Pourquoi ne pas nous permettre l'accès des professions et aussi celui des parlements où se fabriquent les lois qui affectent la femme tout autant que l'homme? Pourquoi, je vous le demande, Messieurs, n'apporterions-nous pas nos qualités d'éducatrices quand se discute une loi sur nos écoles? Pourquoi les mères n'auraient-elles pas le droit de donner un vote quand la Chambre étudie une loi concernant le bien-être de l'enfant, de la famille, etc. Ne sont-ce pas là des problèmes que la femme comprendra toujours mieux que l'homme?

En toute sincérité, Messieurs, dites-nous, est-il des questions que vos mères, vos épouses, vos filles ne peuvent pas comprendre, même si elles ont une instruction très rudimentaire? Et dites-nous, dégagés de votre égoïsme, qui vous apporte moins de bonheur que vous semblez le croire, — dites-nous si vous seriez satisfaits si, un jour, la femme se proclamait votre souverain arbitre, et se chargeait, comme vous le faites béatement depuis des siècles, de vous dicter totalement votre ligne de conduite, se constituant l'unique juge de votre destinée. Vous protesteriez à bon droit contre un tel état de choses, n'est-ce pas? Eh bien, vous inspirant des paroles du souverain Maître, "Faites aux autres ce que vous voudriez qu'ils vous fassent". Permettez-nous d'élire nos législateurs. Nous sommes des êtres humains responsables, veuillez nous traiter comme tels. Si une femme se rend coupable de quelque délit, vos lois la punissent, ce n'est pas le mari qui monte à l'échafaud, c'est elle qui expie sa faute, alors ne vous semble-t-il pas souverainement injuste qu'à côté de cela le code statue qu'une bonne mère, une bonne épouse ne possède pas le droit de conclure une transaction sans avoir au préalable obtenu la signature de son mari que celui-ci soit bon ou mauvais? Vous rendez-vous compte, que d'après votre loi une mère, séparée de son mari à laquelle la cour a confié la garde de ses enfants n'a même pas le droit de consentir à leur mariage, que ce droit est réservé exclusivement au père, même s'il est indigne de ce titre? Sont-ce là des lois dignes d'un pays qui se prétend chrétien?

Le bonheur de l'homme, disait, il y a déjà longtemps le grand Victor Hugo, ne peut être composé des souffrances de la femme. L'égoïsme est la cause de tous les maux dont souffre l'humanité. Contribuer à établir notre société sur des bases de justice, c'est la meilleure façon de travailler à son bien-être.

Songez aux grandes vérités évangéliques, Messieurs nos Législateurs quand demain, on vous demandera l'accès des femmes dans le domaine politique et le droit au libre travail, — car le projet de loi pour l'admission des femmes au barreau sera discuté aussi demain.

Au lieu de nous traiter en rivales dangereuses, laissez-nous devenir vos compagnes dans toutes les sphères d'activité. Soyez fiers de nos aptitudes et laissez-nous mettre nos talents au service de notre province. La fierté nationale de tous les coeurs vraiment canadiens doit être flattée des succès remportés par les nôtres, qu'ils soient hommes ou femmes. En 1914, l'Université McGill accordait le premier diplôme de droit à une Canadienne, Mme Langstaff, qui arrivait première en droit criminel et en droit de corporation, les deux matières les plus difficiles de la faculté. Mme Marthe Pelland, décrochait l'an dernier, la première place à la faculté de médecine de l'Université de Montréal. Combien d'autres courageuses et brillantes ne pourrais-je pas citer ici. Nées dans une autre province, ces femmes pourraient aspirer aux plus hautes situations, mais Québec les tient en tutelle et il ne leur est pas permis de donner leur rendement à notre société.

Pensez à toutes ces femmes, Messieurs, et que votre vote de demain soit libérateur. Dans l'intérêt de tous autant que de toutes, ouvrez généreusement la porte de l'arène politique et professionnelle aux femmes qui sauront rester dans la vie publique, comme elles le sont dans la vie privée, les dignes descendantes des Jeanne Mance, des Marguerite Bourgeoys, des Madeleine de Verchères et de tant d'autres qui ont contribué au développement de notre pays. Puisque toutes les femmes d'oeuvres et la légion des femmes qui travaillent sont unanimes à réclamer leurs droits politiques et leur droit au libre travail n'assumez pas plus longtemps, Messieurs, la responsabilité de les tenir au rancart de la vie politique de leur province qu'elles aiment et au bien-être de laquelle elles veulent se dévouer.[1]

1. Initialement publié par l'Alliance canadienne pour le Vote des Femmes au Québec, *Album Souvenir 1931*; reproduit dans *Le Manuel de la parole. Manifestes québécois*, tome 2: *1900 à 1959*, éd. par Daniel Latouche et Diane Poliquin-Bourassa, Montréal, Boréal Express, 1978, p. 111-113.

4

Comment analyser le document iconographique

L'historien d'art n'a pas le privilège des images. De plus en plus, il le partage largement avec des chercheurs de diverses disciplines. Ainsi, d'une *Histoire illustrée du vin* à l'*Histoire de la vie privée* en passant par l'*Univers des formes*, l'image et son iconographie répondent à des besoins différents et sont utilisées en fonction de finalités variées.

Les paragraphes qui suivent ont pour but de fournir une série de points de repère nécessaires au bon déroulement d'une analyse iconographique réalisée par un chercheur n'étant pas familier avec la démarche de l'historien d'art.

Trois points composent ce chapitre : une brève présentation de ce qu'est le document iconographique (§1); l'explicitation d'une démarche d'analyse et de mise en contexte de ce document (§2); l'étude didactique d'un exemple (§3).

1. QU'EST-CE QU'UN DOCUMENT ICONOGRAPHIQUE?

Iconographie, analyse iconographique, image, document iconographique : avant d'aller plus loin, il importe de définir ce que l'on entend par là.

Prise dans son sens le plus large, l'iconographie est l'"étude des représentations se rapportant à un sujet donné"[1]. Que ce sujet prenne la forme d'un personnage historique singulier (par exemple Jacques Cartier), ou soit élargi à un ensemble comme la famille québécoise au XIXe siècle, il s'associe dans les deux cas à diverses images. Ce sont ces images, ces **représentations particulières d'un sujet**, qui constituent l'objet de l'analyse iconographique.

2. ANALYSER ET METTRE EN CONTEXTE UN DOCUMENT ICONOGRAPHIQUE : UNE DÉMARCHE MÉTHODIQUE

L'analyse iconographique s'effectue un peu à la manière d'un plongeur qui refait surface après avoir bien suivi les différentes étapes de sa décompression. Nous

---

[1] André Béguin, *Dictionnaire technique et critique du dessin*, Bruxelles, Oyez, 1978, p. 323. On trouve semblable définition dans le *Petit Robert*. Pour une acception plus spécialisée de l'iconographie, voir l'introduction aux *Essais d'iconologie* d'Erwin Panofsky, Paris, Gallimard, 1967, p. 13-31.

marquerons ainsi trois paliers avant de parvenir à une pleine compréhension de notre document iconographique : le premier consiste à **observer le document**; le second s'attache à **identifier le contenu de l'image**; le troisième, par la mise en contexte, **dresse le réseau des relations dans lequel s'inscrit un document particulier.**[2]

1° palier : Observer le document

Cette étape préliminaire est indispensable à tout travail ultérieur. Il s'agit en fait d'un exercice approfondi d'observation du document qui doit être, le cas échéant, complété par l'information glanée dans des catalogues, fichiers, banques de diapositives et inventaires de musées.

Rappelons d'abord un principe fondamental : la mémoire, si fiable soit-elle, n'ignore pas les erreurs. Cet exercice d'observation exige donc du chercheur qu'il se prémunisse à la fois contre lui-même et contre les erreurs. Il va de soi que le bon sens recommande de noter les inscriptions. Mais ce bon sens est-il si prompt à se manifester en ce qui concerne les couleurs d'un tableau, par exemple? Il est donc préférable de ne pas se fier uniquement à la photographie ou à la diapositive en couleurs pour restituer la vérité d'un original. En fait, le contact direct avec le document iconographique apparaît comme une condition indispensable pour un travail d'observation de qualité. La prise de photos précises et claires[3], la prise de notes devant le document, l'exploitation de l'information contenue dans les fichiers afférents et, le cas échéant, le retour devant le document avec photos et notes pour une juste confrontation, constituent autant de moyens supplémentaires pour compléter et enrichir le travail d'observation. De la même manière, si l'on désire effectuer l'analyse iconographique d'un monument ou d'une sculpture intégrée à un édifice, seule la présence physique sur le lieu d'emplacement de l'oeuvre peut réellement permettre d'en saisir les dimensions et les relations avec le milieu environnant. Si le travail d'observation s'effectue d'après une reproduction, il est nécessaire de mentionner de quel type de reproduction il s'agit et de préciser si l'on a vu ou non l'original.

Les impondérables constituent également d'importantes embûches à un travail d'observation de qualité. La source primaire, ce document iconographique indispensable à la recherche, peut ainsi appartenir à une collection privée, à un musée ou à un dépôt d'archives difficile d'accès, être localisée à l'étranger, etc. Dès lors, seules les notes de travail seront d'un utile secours. C'est pourquoi il est important de mettre tant de minutie à l'exécution de la **fiche signalétique** du document qui systématise

---

[2] Pour les fins de notre discussion, nous tenons pour acquis que le chercheur a déjà en main le document sur lequel portera son travail d'analyse. Dans ce chapitre, nous n'abordons pas la question de la sélection du document iconographique. Précisons par ailleurs que les termes image et document iconographique sont pris comme synonymes. Puisque nous ne portons aucune attention à la valeur esthétique du document, nous n'entendons pas insister sur ses propriétés d'oeuvre d'art.

[3] Noter qu'il est extrêmement important de fournir un document de travail clair qui rende justice à l'original. Cela représente un problème difficile à résoudre, d'autant qu'il faut par la suite reproduire le cliché par voie de photocopie. Dans le cas d'une image sculptée (relief ou ronde-bosse), il est recommandé de prendre plusieurs clichés et ce, d'angles différents, afin de rendre au mieux l'aspect global de l'oeuvre à analyser. À la rigueur, des croquis explicatifs peuvent suppléer au manque de clarté du cliché.

LA FICHE SIGNALÉTIQUE

La fiche signalétique regroupe, dans un ordre méthodique, l'ensemble des données factuelles relevées par le chercheur à propos d'une oeuvre. Le modèle proposé ci-dessous ne comporte que les rubriques essentielles. Il ne tient pas compte des particularités relatives aux différents types de documents iconographiques. Ainsi, il n'indique pas la manière de noter le support technique de l'oeuvre ou de transcrire les inscriptions selon qu'il s'agit d'un tableau, d'un dessin, d'une sculpture, etc. Bien des catalogues d'exposition en fournissent d'excellents exemples. Le chercheur s'y reportera au besoin.

1. Nom de l'auteur

Ne pas manquer d'indiquer les différentes attributions sous lesquelles le document a déjà été connu.

2. Titre du document

Indiquer le titre actuel du document. Noter aussi tous les titres sous lesquels le document est apparu ou paraît encore.

3. Localisation(s)

Indiquer les lieux de conservation actuel et antérieur du document. Également indiquer le numéro d'inventaire s'il existe.

4. Médium et support technique

Indiquer s'il s'agit d'une huile, gouache, aquarelle, pastel, bois, etc. Mentionner également si l'oeuvre apparaît sur toile, carton, panneau de bois, papier, etc., s'il s'agit d'une estampe, d'une gravure, d'une photographie, d'une reproduction en imprimé, d'une image sculptée (bas, moyen ou haut relief ; ronde-bosse).

5. Dimensions

Conventionnellement, l'indication de la hauteur précède celle de la largeur ; il peut être utile d'inscrire les dimensions en mesures métriques et en mesures anglaises.

6. Inscriptions

Indiquer l'endroit précis où elles se trouvent sur l'oeuvre et le médium utilisé pour les peindre ou les graver. Dans la mesure du possible, indiquer les différentes mains (quelle personne a écrit quel texte sur l'oeuvre). Enfin, relever intégralement les inscriptions en les recopiant entre guillemets.

7. État

Indiquer l'état actuel et les différentes restaurations.

8. Cliché

Indiquer le numéro du négatif et le nom du photographe.

9. Oeuvres en rapport

Indiquer les dessins préparatoires, les gravures et copies se rapportant au document principal.

10. Historique

Indiquer les diverses provenances du document, en remontant jusqu'à son origine.

11. Bibliographie

Seules sont répertoriées les références où il est expressément fait mention du document ou de sa reproduction.

12. Expositions

Indiquer les diverses expositions où le document a été présenté.

et ordonne le travail d'observation. De préférence, la fiche signalétique (voir exemple page précédente) comprendra des éléments d'information qui dépassent les stricts objectifs ponctuels d'enquête du chercheur. La fiche ainsi constituée restera toujours un outil de référence sûr et définitif.

Dès lors que rien n'a été oublié et que l'observation a été minutieuse, le document est connu du chercheur. Il peut passer à l'étape de l'analyse iconographique.

2° palier : Identifier les composantes et les significations du document

Si le premier palier s'attardait à l'aspect physique global du document, le deuxième nous confronte directement avec ce qui y est représenté.

L'analyse iconographique d'une image ne s'effectue pas d'emblée. Un seul coup d'oeil ne suffit pas pour saisir à la fois les unités qui la composent et le réseau de relations qui les unit.

Il y a donc trois grands moments à ce second palier de l'analyse iconographique :

— avant tout : **effectuer un travail de nomenclature**;
— ensuite : **décrire**;
— enfin seulement : **passer à l'étape de l'identification des significations du document**.

Précisons chacun de ces moments.

Le travail de nomenclature

À première vue, il s'agit là d'une opération exclusivement descriptive. Le but de cette étape est en effet de procéder au recensement de tous les éléments composant le document iconographique considéré. En pratique toutefois, deux niveaux d'observation descriptive se superposent lors de cette première prise de contact :

— dans un premier temps, **l'expérience personnelle** est suffisante pour percevoir les éléments immédiatement identifiables. Que le document soit une publicité contemporaine ou une gravure du XVIᵉ siècle, on reconnaît spontanément un être humain ou un animal, un navire ou une plante;

— la seconde étape permet de raffiner ce premier niveau d'observation. Là commence véritablement l'identification des composantes de l'image. Prenons un cas très simple : pour savoir si un chapeau porté par un personnage masculin est un tricorne, un haut-de-forme, un sombrero ou un gibus, l'expérience personnelle n'est parfois d'aucun secours. Cette seconde étape nécessite donc **l'utilisation d'ouvrages de référence**. Ils sont nombreux et divers : encyclopédies générales et spécialisées; dictionnaires anciens; histoires du costume, de la marine, des armes, du mobilier, etc. Il est fort rare que l'objet de l'image, si étonnant soit-il, ne corresponde pas à un terme d'usage répertorié et documenté dans un ouvrage de référence.

Cette étape de documentation est plus ou moins longue suivant le nombre et la complexité des éléments entrant dans la composition iconographique. Il est cependant indispensable de la parachever. On comprendra aisément qu'une identification déficiente ne permettra jamais de proposer une signification sûre!

Le travail de description

Cette étape est intermédiaire pour l'analyse iconographique proprement dite. Elle est cependant préalable à toute interprétation.

Au moment de la description, il s'agit d'examiner le document comme un tout avec pour objectif de percevoir sa **signification d'ensemble**. On la découvre en remarquant les liens qui unissent les éléments précédemment répertoriés. Par exemple : les attitudes et relations régissant les comportements des personnages; les rapports d'âge ou de condition sociale; les expressions des personnages et le caractère d'ensemble exprimé par la scène (joie, tristesse, etc.).

Le travail de description n'implique pas l'utilisation d'ouvrages de référence en particulier. Il exige cependant de la part du chercheur un raisonnement logique et une démarche cohérente.

Le travail d'identification des significations du document

Cette étape, qui suppose achevé le travail d'identification des composantes du document, consiste à **mettre en relation le document iconographique avec ses sources d'inspiration présumées** : épisode biblique, événement historique, épopée mythifiée, texte littéraire, événement vécu par le créateur du document, coutume, etc. Si le document livre lui-même un grand nombre de données indispensables à sa compréhension, il est souvent nécessaire, ne serait-ce que pour enrichir la démarche d'identification de ses significations, de recourir à des sources d'information extérieures.

Dans le cas d'une crucifixion, d'une bataille célèbre ou d'un épisode historique récent, le lien est très vite établi. Il s'agit de thèmes facilement repérables : la culture générale de l'observateur est parfois suffisante pour découvrir le rapport entre la source d'inspiration et l'image du document. Ce n'est toutefois pas toujours le cas et cette étape d'identification nécessite souvent des recherches attentives et minutieuses.

Prenons deux exemples : si le document est une gravure ou une photographie ancienne illustrant un fait particulier (grève, catastrophe, événement politique), il faut alors faire enquête dans les archives et les journaux pour retrouver l'origine et le déroulement du fait rapporté, afin de préciser le moment spécifique restitué par le document. Dans le cas d'un texte littéraire, il est indispensable de vérifier s'il y a adéquation entre l'édition retrouvée et l'image représentée par le document. Les écarts entre les deux sont parfois importants et ne tiennent pas toujours à l'improvisation ou à l'inspiration du créateur lui-même.

L'étude de la symbolique contenue et exprimée dans et par l'image d'un document est un autre aspect du travail d'identification. Le chercheur procède alors en mettant en relation l'image avec un concept, par exemple la Justice, la Liberté ou la Foi. Dans ce cas, une recherche bibliographique s'avère indispensable. Dictionnaires des symboles, traités sur les attributs propres à un personnage et ouvrages d'héraldique viennent à son secours.

Les recommandations qui conditionnent une bonne interprétation du document iconographique peuvent être variées à l'infini. Elles se rejoignent cependant sur un point : **ne jamais sauter trop vite aux conclusions**.

3° palier : Mettre le document en contexte

Au palier précédent, toutes les recherches se refermaient sur le document afin de mieux l'expliciter. Il était alors **objet de déchiffrement** après avoir été **objet d'observation**. Dans ce troisième palier de l'analyse iconographique, le document devient **objet de questionnement**. Il s'insère dans un réseau de relations dont il convient désormais de démêler l'écheveau.

Une mise en contexte étroite, puis élargie, du document, sont les deux moments qui scandent cette troisième étape de l'analyse iconographique. Allons y voir de plus près.

Mise en contexte étroite

Il s'agit ici de reprendre la fiche signalétique du document à l'endroit où l'observation première l'avait complétée. Cette étape s'attache à retrouver tout ce qui n'est pas présent dans le document mais qui lui est étroitement dépendant.

— dans le cas d'un tableau, d'une gravure, d'une sculpture, etc. : rechercher les dessins préparatoires à l'oeuvre finale, les études de composition; examiner, le cas échéant, les analyses de laboratoire (radiographies, photographies à l'infrarouge; etc.);

— vérifier si le document est né d'influences diverses ou s'il s'inspire d'un modèle précis. Est-il une mosaïque d'emprunts? Est-il le fruit d'une commande comportant plus ou moins de restrictions?

— replacer le document isolé à l'intérieur d'une séquence plus large : le tableau dans une suite d'oeuvres, l'image sans qualités esthétiques particulières à l'intérieur d'une série, le document publicitaire par rapport à l'évolution de son thème.

Ce ne sont là que quelques pistes car les sources d'antériorité et les liens de dépendance d'un document sont évidemment nombreux et variés. On pourrait dire, pour faire image, que procéder à une mise en contexte étroite c'est comme dérouler un film afin de retrouver les séquences qui précèdent et qui suivent celle qui nous intéresse.

Mise en contexte élargie

Elle s'appuie sur le travail précédent pour le dépasser. L'objectif est ici de voir comment les contextes politique, économique, social, culturel, idéologique sont exprimés et particularisés dans un document singulier. En d'autres termes, il s'agit de dégager l'historicité d'un document, de faire ressortir comment, par son contenu, ses variations, ses scènes et ses personnages, il appartient à une époque, à un moment circonstancié qu'il est possible de dater. De cette façon, le document est analysé comme un symptôme, un archétype des contextes qui lui ont donné naissance et qu'il récapitule sous une forme particulière.

On s'attachera ici, par exemple, à identifier les réseaux sociaux au sein desquels s'insère le créateur du document. On s'interrogera notamment sur l'influence de son environnement culturel et social dans sa façon de s'affirmer par l'image. Encore une

ANALYSER UN DOCUMENT ICONOGRAPHIQUE

Tableau Récapitulatif

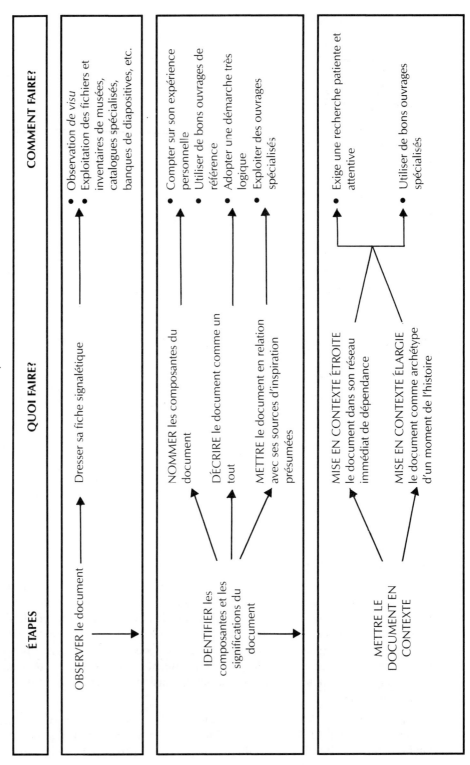

ÉTAPES	QUOI FAIRE?	COMMENT FAIRE?
OBSERVER le document	Dresser sa fiche signalétique	• *Observation de visu* • Exploitation des fichiers et inventaires de musées, catalogues spécialisés, banques de diapositives, etc.
IDENTIFIER les composantes et les significations du document	NOMMER les composantes du document DÉCRIRE le document comme un tout METTRE le document en relation avec ses sources d'inspiration présumées	• Compter sur son expérience personnelle • Utiliser de bons ouvrages de référence • Adopter une démarche très logique • Exploiter des ouvrages spécialisés
METTRE LE DOCUMENT EN CONTEXTE	MISE EN CONTEXTE ÉTROITE le document dans son réseau immédiat de dépendance MISE EN CONTEXTE ÉLARGIE le document comme archétype d'un moment de l'histoire	• Exige une recherche patiente et attentive • Utiliser de bons ouvrages spécialisés

fois, les questions peuvent être étendues à l'infini. La qualité, la richesse et la pertinence de la démarche d'interrogation tiennent à la perspicacité, à l'érudition et à l'intelligence du chercheur.

À cette étape de la démarche d'analyse, les outils de travail sont très variés. L'objectif recherché est de se documenter de manière exhaustive sur les conjonctures existant au moment de la production originelle du document.

Le schéma apparaissant à la page 84 récapitule et synthétise les moments clés de la démarche décrite.

3. ÉTUDE D'UN EXEMPLE PARTICULIER

Dans le domaine de l'iconographie, il n'existe pas d'exemple idéal résumant à lui seul toutes les particularités d'une approche théorique. L'étude réalisée ci-après ne vise donc nullement à présenter une analyse détaillée d'un modèle. Plus simplement, en isolant quelques jalons dans le processus analytique, il s'agit d'en illustrer une application particulière.

Le choix proposé, le monument Short-Wallick, situé place du Manège militaire à Québec (aujourd'hui place George-V), est donc tout à fait arbitraire. Il pourrait toutefois servir de support illustratif ou de témoignage d'époque à une histoire événementielle de la ville de Québec à la fin du XIXe siècle, particulièrement du quartier Saint-Sauveur. C'est ainsi qu'après avoir étudié le document iconographique en soi signifiant, le chercheur pourrait l'interroger spécifiquement en fonction de ses objectifs de recherche.

Nous nous contenterons ici d'une analyse iconographique *stricto sensu*. Les principales directions envisagées sont au nombre de trois : nomenclature et description; identification des composantes et des significations; mise en contexte. Nous n'avons pas inclus et ce, volontairement, la fiche signalétique du monument Short-Wallick. Comme nous l'avons dit, il s'agit seulement d'illustrer un parcours possible dans le processus analytique. Nous ne voulons surtout pas faire de cet exemple particulier un cas type, susceptible de généralisations.

Travail de nomenclature et description[4]

Le monument commémoratif Short-Wallick a été conçu pour être vu en position frontale (figure 1). Il se présente comme un ensemble concerté et homogène de deux bustes à mi-corps couronnant un piédestal et d'une figure féminine assise, prenant appui sur sa base.

Le piédestal, de plan carré, est en trois parties. La base avec un emmarchement occupe le tiers de la hauteur. En son milieu, une table d'attente reçoit une plaque de bronze où se lit l'inscription suivante[5]:

---

[4] Par souci de simplification et devant le peu d'éléments constitutifs de l'oeuvre, nous avons regroupé ces deux étapes (habituellement séparées) en une seule.

[5] Les barres transversales indiquent un changement de ligne dans l'inscription.

"To the Memory of / Major Charles John Short, A.D.C., and Staff Sergeant George Walick [sic], / "B" Battery Regiment Canadian Artillery/1889. Who Lost Their Lives, Whilst in the Performance of Their Duty. 1891/ at the Great Fire in St-Sauveur / on Thursday the 16th of May 1889./ This Monument is Erected by the Citizens of Quebec/ in Grateful Remembrance of Their Noble and Heroic Conduct".

Figure 1
Le monument Short-Wallick

Louis-Philippe Hébert, *Monument Short-Wallick*, 1891, Québec (Place George-V), bronze (Photo : Archives de la Ville de Québec, nég. 14666).

86

Le dé, constituant la partie centrale du piédestal, est à pans coupés. Il supporte une corniche moulurée, séparée du dé par un filet en bronze.

Deux bustes en ronde-bosse, à mi-corps avec amorce de bras, couronnent le piédestal. Le premier est un militaire en grand uniforme, vêtu d'une tunique à brandebourgs et col haut. Une casaque à gros boutons retombe sur son épaule droite. Le visage, minutieusement détaillé -regard droit et direct, traits fins et anguleux, cheveux courts et moustache- accuse le caractère volontaire et élevé du personnage. Le second militaire, en retrait à la droite du premier, s'en différencie par deux détails majeurs. D'un côté, son visage offre des traits plus jeunes; de l'autre, la simplicité de son uniforme laisse deviner un grade inférieur.

La figure féminine est assise sur le rebord saillant situé au départ des pans coupés du dé, ses pieds reposant sur le dessus de la table d'attente. Elle est vêtue d'une robe-chemise à l'encolure échancrée, ceinturée à la taille; une bretelle glisse de son épaule gauche, dégageant partiellement le sein. Dans un mouvement d'extension latérale de tout le corps vers la droite, elle présente la hampe d'un drapeau à la droite des deux militaires, les drapant ainsi dans son étoffe. Le port de tête, rejeté vers l'arrière, accompagne cette force ascensionnelle. Le visage ne manque par de grâce et la chevelure est relevée et coiffée en chignon derrière la tête. Celle-ci est ceinte d'une couronne imitant un appareil maçonné formé d'une série de créneaux entrecoupés de tours. Pour faire le contrepoids à ce mouvement, elle s'appuie de la main gauche sur un écu en forme de bouclier triangulaire (figure 2). Le coeur circulaire de cet écu porte une figure féminine assise, désignant du bras gauche une échappée de paysage. Son bras droit, s'appuyant sur un bouclier orné d'un lion, tient une corne d'abondance. Une ruche d'abeilles se trouve à ses côtés; un castor est à ses pieds. Deux feuilles d'érable entrecroisées, nouées d'un cordon, meublent la pointe de ce blason alors que des trèfles tribolés en occupent les flancs et cantons dextre et senestre.

Terminons en précisant que le monument est signé et daté sur la chute du drapé faisant saillie au-dessus de la table d'attente :

"L.P. Hébert/ 1891"

Signification

La signification d'ensemble du monument ne pose guère de problèmes. L'inscription nous fournit les principales clés :

— **les noms des militaires et leurs grades** : le major Short est en grand uniforme, le sergent Wallick se tient à ses côtés;

— **le contexte** : ils sont morts héroïquement en devoir lors de l'incendie du quartier Saint-Sauveur, le 16 mai 1889.

Pour le détail de cet incendie, on se référera aux journaux de l'époque[6]. Dans un article intitulé "Conflagration à St-Sauveur", le *Journal de Québec* (16 mai 1889, p. 2) permet d'en donner le résumé suivant :

[6] Pour une recherche plus complète, on consultera évidemment l'ensemble des journaux d'époque, tant francophones qu'anglophones. Pour une contextualisation plus large de l'événement par rapport à d'autres questionnements (par exemple : les mesures de protection contre les incendies dont s'était dotée la ville de Québec à cette époque; les matériaux avec lesquels étaient construites les maisons de Saint-Sauveur, etc.), on se référera à des études de synthèse.

Figure 2
Le monument Short-Wallick
détail du bouclier
(Photo : Didier Prioul)

Dans la nuit du 15 au 16 mai 1889, un incendie réduisit en cendres plusieurs centaines de maisons du quartier Saint-Sauveur. Le 16 mai, aux petites heures du matin et dans le but de maîtriser la propagation des flammes, on fit sauter plusieurs maisons en y déposant des barils de poudre. Dans l'une d'elles, l'explosion n'eut pas lieu. Au moment où le major Short et le sergent Wallick entrèrent pour vérifier l'état de la mèche, le baril sauta : le premier fut tué sur le coup, le second mourut quelques heures plus tard à l'hôpital.

Reste le personnage féminin. Ses attributs permettent d'affirmer qu'il s'agit d'une figure allégorique :

— la couronne correspond à un modèle bien défini : celui de la couronne murale d'un blason de ville;

— l'écu (voir la description figure 2) : le coeur identifie le sceau de la ville de Québec tel que dessiné par Joseph Légaré et accepté par le Conseil de ville le 24 mai 1834. Les trèfles corroborent l'interprétation d'ensemble du monument. Ils sont, comme toute forme trifoliée, le symbole de la Trinité en art chrétien. Il s'agit là d'une trinité profane : la ville de Québec, le major Short et le sergent Wallick.

Par sa figuration en pied (qui la rend plus semblable aux humains) et sa localisation physique entre le spectateur et l'objet de son idéal (les personnages du sommet montrés en buste), ce personnage féminin est un intermédiaire à la fois physique et symbolique. Il est la clé principale menant à un juste déchiffrement de l'arrangement d'ensemble de l'oeuvre.

Par l'érection de ce monument, les citoyens de la ville de Québec témoignèrent leur reconnaissance aux deux militaires morts dans l'incendie du quartier Saint-Sauveur le 16 mai 1889. Le sculpteur Louis-Philippe Hébert en obtint la commande. Il conçût un ensemble où la ville de Québec, sous la forme d'une figure féminine symbolisant la totalité des citoyens, embrasse les deux héros dans les plis d'un drapeau qu'elle leur tend, les gardant ainsi dans son sein.

Mise en contexte

Afin de ne pas allonger démesurément cette analyse, nous ne retiendrons que les perspectives principales. Selon les besoins précis d'une recherche, certaines de ces perspectives seront fouillées, d'autres négligées.

Mise en contexte étroite

1° : par rapport à la commande :

— identifier les promoteurs de l'idée d'un monument;

— les fonds nécessaires à sa réalisation proviennent-ils d'une souscription populaire? (Si tel est le cas, il n'est pas inutile de connaître les noms des souscripteurs);

— les conditions de la commande : L.-P. Hébert l'a-t-il obtenue par voie de concours? (Il serait important de connaître alors les noms des autres participants);

— existe-t-il un contrat liant le sculpteur au commanditaire? Ce contrat établit-il des exigences aux plans de l'iconographie, des dimensions, de l'emplacement, etc.?

— retrouver le(s) devis. Dans bien des cas, un monument fait l'objet de deux devis séparés. L'exécution du piédestal, parfois sa conception, est alors confiée à un architecte.

2° : par rapport à la conception de l'oeuvre :

— retrouver les stades de la création (dessins, maquette, etc.); (dans le cas du monument Short-Wallick, aucune oeuvre préparatoire n'a encore été mise au jour);

— identifier les sources utilisées pour les portraits des deux militaires : descriptions, dessins ou photographies;

— vérifier si le sculpteur s'est inspiré de modèles préexistants, à la fois pour la conception d'ensemble et pour le dessin des parties;

— ne pas ignorer les pistes pouvant mener à la découverte de documents connexes parfois importants. Le monument Short-Wallick en offre un bon exemple. Les Archives nationales du Québec conservent dans le fonds Eugène-Étienne Taché (inv. P. 286) la transcription d'une lettre de Taché, datée du 10 décembre 1890 et adressée à Ernest Pacaud, membre du comité pour la construction du monument. Ce dernier désire recevoir l'avis de l'architecte sur le dessin que L.-P. Hébert vient de leur présenter. Taché critique vertement le projet, notamment le parti adopté par le sculpteur pour l'allégorie de la ville de Québec :

> *elle ne se lève pas, et elle n'est ni*
> *debout, ni assise [...] Ce maintien suppose*
> *des ailes que M. Hébert lui a enlevées [...], des*
> *ailes comme l'on en donne à certains personnages,*
> *moitié anges moitié femmes, faisant partie de*
> *monuments analogues à celui qui nous occupe,*
> *que l'on élève actuellement en France & en Italie.*
> *De plus, elle fait un effort (des bras seulement,*
> *remarquez bien) pour s'élever et atteindre le*
> *socle des bustes Short & Wallick, afin de pou-*
> *voir y déposer un drapeau.*
>
> *Ce drapeau n'a pas, je crois,*
> *sa raison d'être, pour commémorer le lugubre*
> *événement du 16 mai 1889.*
> (fol. 304 r⁰).

Taché accompagne son avis d'un dessin approprié (figure 3), insistant sur le côté "plus naturel, plus calme et surtout plus dans les traditions de la statuaire antique" (fol 305 r⁰) de sa figure féminine.

3° : par rapport à la réalisation :

— l'oeuvre a-t-elle été fondue par l'artiste? Un artisan spécialisé s'en est-il chargé? (L.-P. Hébert faisait souvent fondre ses sculptures en France).

Figure 3
Eugène-Étienne Taché
Projet pour le monument Short-Wallick

Eugène-Étienne Taché, *Projet pour le monument Short-Wallick*, 1890, plume et encre noire sur papier pelure, Québec, Archives nationales du Québec, inv. P.286, fol. 302 (Photo : Didier Prioul).

Mise en contexte élargie

Le monument peut être appréhendé sous bien des éclairages. Nous en proposons quatre, dans une mise en relation avec :

1° : l'artiste lui-même :

— préciser la place de l'oeuvre dans la carrière de L.-P. Hébert;
— faire ressortir comment son oeuvre s'insère dans l'histoire de l'art local;
— préciser la place de l'artiste dans son époque et dans son milieu.

2° : le type général du monument commémoratif (comparaisons avec la France, la Grande-Bretagne et l'Italie).
(Dans ce cadre, les critiques de Taché deviennent un outil de recherche important. Le résultat final — cf. figure 1 — laisse deviner qu'elles ne furent guère suivies).

3° : le contexte social : le monument comme catalyseur de sentiments populaires.
(Ex. :   — thème du monument aux morts qui se développe à la fin du XIXe siècle : glorification/symbole);
— thème du patriotisme sous-jacent : le rapprochement fut établi lors de l'inauguration du monument, le 12 novembre 1891 (voir *Le Canadien*, 13 novembre 1891, p. 2);
— thème de la concorde : exprime la dichotomie francophones/ anglophones, catholiques/protestants.

4° : le contexte politique : le lieutenant-gouverneur et le ministre de la milice, Sir Adolphe Caron, refusèrent d'assister à l'inauguration du monument (*Le Canadien*, 11,12 et 13 novembre 1891). Cette prise de position doit être mise en rapport avec l'attribution du contrat pour la construction du chemin de fer de la Baie-des-Chaleurs et le scandale qui s'ensuivit. Ernest Pacaud, trésorier du parti libéral et membre du comité pour l'érection du monument Short-Wallick, y était particulièrement impliqué.

Au terme de cette mise en contexte, qui s'appuie elle-même sur l'analyse descriptive menée à l'étape précédente, un **bilan général** peut être tracé. Celui-ci récapitule les enseignements principaux de l'analyse iconographique et les réinscrit par rapport aux objectifs de l'enquête menée par le chercheur.

La démarche est alors complète.

5

Comment analyser l'objet matériel

De plus en plus, le chercheur tire profit d'un grand nombre de sources documentaires pour approfondir et enrichir sa compréhension de la société : textes écrits, illustrations, cartes géographiques, témoignages oraux, objets matériels... De fait, la pratique scientifique actuelle est plurielle et composite. C'est pourquoi il apparaît fondamental pour le jeune chercheur de s'ouvrir à ce que l'on appelle communément la démarche interdisciplinaire. Celle-ci consiste bien sûr à poser un problème intellectuel et à construire un objet d'étude qui débordent le champ traditionnel d'une discipline. Mais elle consiste également à capitaliser sur les qualités et la richesse de divers types de documents pour appréhender une réalité sous plusieurs de ses facettes.

Ce chapitre vise à familiariser le chercheur débutant avec une démarche méthodique d'analyse de l'objet matériel[1]. Il comprend deux grandes parties : une définition opérationnelle de l'objet matériel (§1 et §2); la présentation d'une méthode susceptible de rendre systématique l'exercice d'analyse (§3). Diverses figures accompagnent le texte.

1. CE QU'EST UN OBJET MATÉRIEL

Il n'existe pas à proprement parler de définition universellement acceptée de l'objet matériel.

Selon le *Petit Robert*, un objet matériel est "une chose solide ayant unité et indépendance et répondant à une certaine destination". Si tout le monde ou presque semble d'accord pour retenir le facteur de mobilité comme condition essentielle à la définition d'un objet, les avis divergent cependant en ce qui a trait à la taille ou au volume que celui-ci doit avoir. Ainsi, dans ses recherches visant à trouver des modules idéaux permettant de situer l'homme par rapport à son environnement, Le Corbusier, dans son *Modulor*, définit les dimensions de l'objet comme devant avoir

---

[1] Précisons que la méthode décrite ci-après repose sur une expérimentation concluante présentement menée au Centre d'étude sur la langue, les arts et les traditions populaires des francophones en Amérique du Nord (CÉLAT) dans le cadre d'un vaste projet portant sur le meuble à l'époque victorienne. Le contenu de ce chapitre est la reprise sous une forme simplifiée et condensée d'un article rédigé par Jacques Mathieu (avec la participation de Georges-Pierre Léonidoff et John R. Porter), publié dans la livraison d'automne 1987 du *Material History Bulletin/ Bulletin d'histoire de la culture matérielle*, n° 26, p. 7-18.

entre 1mm et 86 cm dans un cas, et 139,7 cm dans l'autre[2]. Pour certains, comme Pierre Boudon, qui ont une vision beaucoup plus large de l'objet, un avion ou une automobile peuvent être considérés comme tel[3].

Abraham Moles introduit de son côté un élément capital, soit celui de l'intervention humaine. Pour lui, un objet est un "élément du monde extérieur fabriqué par l'homme, élément qu'il peut prendre ou manipuler"[4]. Ainsi, précise-t-il, "une hache de silex est un objet alors que le silex ne l'est pas". Il ajoute qu'à la limite une pierre peut devenir objet lorsqu'elle est promue au rang de presse-papier.

Retenons pour notre part la définition suivante :

— Nous dirons qu'il y a objet lorsque celui-ci est **mobile** et **indépendant**. Il n'a pas nécessairement une limite de taille ou de volume.

— Nous dirons également qu'il y a objet lorsque celui-ci est l'**aboutissement d'une intervention humaine**, si minime soit-elle.

— Nous dirons enfin qu'il y a objet lorsque celui-ci possède un **usage** et une **fonction**.

---

2. L'OBJET : UN "PHÉNOMÈNE SOCIAL TOTAL"

Un objet n'est pas une chose insignifiante, une matière inerte. On l'a décrit comme un "phénomène social total". Il est trace et reflet de l'activité humaine. Par-delà son aspect formel, l'usage ou la fonction qu'on lui assigne, l'objet est en effet porteur d'une multitude d'informations qui renseignent aussi bien sur la technologie dont disposait son producteur et sur son habileté que sur le statut social de son destinataire ou de son propriétaire final. Plus largement, l'objet est un témoignage exceptionnel de la société dont il est un aspect d'historicité.

Un objet est aussi porteur de sens, de représentations, d'évocations et de symboliques multiples et composites qui en disent long sur la culture matérielle et spirituelle des communautés humaines. L'objet, pour reprendre l'heureuse expression d'Abraham Moles, "n'est pas simplement pour faire, mais pour représenter". L'objet est en effet continuellement un objet-mémoire. Il possède des rôles et des pouvoirs. Il est investi de valeurs, d'une morale, d'une esthétique, d'une capacité communicationnelle qui ne sont d'ailleurs jamais définitives en ce sens qu'elles changent dans le temps et varient suivant les individus et les milieux concernés. L'objet possède des vies qui s'écourtent ou se prolongent suivant les consensus d'époque. Comme le disait Henry Glassie, si l'objet donne un indice du contexte et de l'environnement matériel et culturel dans lequel il se trouve, c'est néanmoins ce contexte et cet environnement qui donnent un sens à l'objet[5]. En fait, si l'objet est signifiant en lui-même, il est également signifiant

---

[2] Charles-Édouard Le Corbusier, *Le Modulor : Essai sur une mesure harmonique à l'échelle humaine applicable universellement à la mécanique*, Paris, Denoël-Gonthier, 1977 (1948), 221 p., coll. "Bibliothèque médiations", 108.

[3] "Sur un statut de l'objet: différer l'objet de l'objet", *Communications*, 13 (1969), p. 65-87.

[4] "Objet et communication", *Communications*, 13 (1969), p. 5.

[5] "Folk Art", *Material Culture Studies in America*, éd. par Thomas J. Schlereth, Nashville, American Association for State and Local History, 1981, p. 125-140.

par rapport au système d'objet et au système culturel dans lesquels il se trouve placé.

On tirera de cette courte discussion un principe directeur :

> Dans toute démarche d'analyse, l'objet doit être considéré aussi bien sur le plan matériel et formel que sur le plan symbolique, **en tenant compte des relations dynamiques entre ces éléments**. L'analyse de l'objet exige également que soient pris en compte les paramètres externes (que l'on pourrait aussi appeler facteurs environnementaux) susceptibles de l'avoir influencé. En d'autres termes, si l'observation formelle constitue un moment important de la démarche d'analyse de l'objet, l'étude anthropologique et sociologique de cet objet est tout aussi fondamentale. La démarche d'analyse est d'autant plus complexe qu'elle requiert du chercheur l'établissement de rapports dynamiques entre plusieurs niveaux de lecture et d'appréciation de l'objet.

La partie qui suit vise précisément à proposer une méthode féconde et opérationnelle d'analyse de l'objet qui respecte cette obligation fondamentale de l'envisager **dans sa double dimension matérielle et anthropo-sociologique**.

3. UNE DÉMARCHE MÉTHODIQUE D'ANALYSE DE L'OBJET

La figure apparaissant ci-après permet de visualiser la méthode que nous proposons pour apprécier et analyser l'objet matériel. L'intérêt de cette méthode est qu'elle autorise une démarche d'intelligibilité visant à informer sur la pièce elle-même et sur ce qu'elle représente, à reconstituer son histoire et sa généalogie, et à dégager ses différents contextes majeurs de signification.

Figure 1

Une méthode d'analyse de l'objet

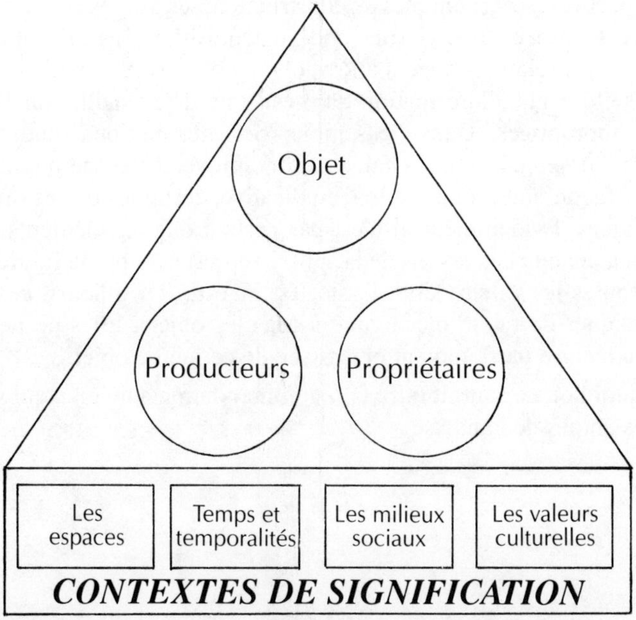

Dans l'ensemble, cette méthode s'apparente à une grille de lecture optimale de l'objet. Elle précise la gamme des principaux paramètres à prendre en considération au moment de l'analyse, même si l'on sait qu'ils sont rarement tous réunis. Ouverte et complexe, cette méthode de lecture de l'objet peut se prêter à des utilisations partielles, en fonction des préoccupations du chercheur et des finalités spécifiques de sa recherche. Jouxtée à un exercice de mise en contexte, elle permet de situer l'objet dans des ensembles qualitatifs plus vastes.

La méthode proposée suggère trois niveaux de lecture de l'objet. Chacun des paliers horizontaux de la pyramide correspond à l'un de ces niveaux. Ceux-ci ont chacun une existence propre, autonome, et renvoient à des éléments d'information et de contextualisation équivalents et comparables par leur importance.

L'interprétation de l'objet comme un phénomène social total oblige le chercheur à une lecture verticale de la pyramide. Elle le force à prendre en compte chacun des paliers d'analyse pour reconstituer l'environnement de l'objet et cerner le maximum de ses significations. Si les finalités du projet (ou les contraintes documentaires) conduisent le chercheur à privilégier un angle d'analyse en particulier, la qualité de l'interprétation d'ensemble réside néanmoins dans les rapports dynamiques établis entre tous les éléments de tous les paliers.

Ces précisions étant apportées, approfondissons maintenant chacun des lieux d'observation suggérés par la méthode.

L'objet

Le premier moment de la démarche d'analyse et le premier niveau de lecture à privilégier portent évidemment sur l'objet lui-même.

La grille interrogative utilisée par le chercheur vise à faire ressortir, dans ce cas-ci, les caractéristiques morphologiques et stylistiques de l'objet, le genre et le type auxquels il appartient, ses techniques de construction, ses usages et fonctions primaires et secondaires, sa provenance et son mode d'acquisition, ses utilisations suivant le lieu et le temps, ses relations avec d'autres objets. La figure 2 (page suivante) donne un aperçu des éléments d'information qu'il est utile de recueillir sur l'objet à partir de questions appropriées. Dans l'ensemble, ces informations rendent possible le classement de l'objet dans une chaîne taxonomique. Elles permettent également d'identifier, de façon embryonnaire mais indicative, certaines de ses qualités symboliques intrinsèques. Évidemment, il n'est pas certain que les éléments d'information correspondant à chacun des rayons de la sphère représentée par la figure 2 permettent de rejoindre toutes les valeurs dont l'objet est investi. Par ailleurs, ces questions ne peuvent s'appliquer de façon mécanique à tous les objets. Elles ne peuvent aboutir non plus à une lecture parfaitement objectivée de ce même objet.

C'est pourquoi l'on ne saurait taire la recommandation suivante, qui vaut d'ailleurs pour toutes les étapes de l'analyse :

Figure 2

Interroger l'objet lui-même

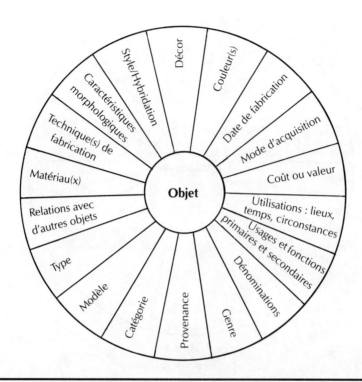

Dans la pratique, le chercheur insiste sur des éléments de description qui rencontrent **ses** objectifs d'enquête. L'analyse même formelle d'un objet n'est en effet jamais dénuée de préoccupations précises de recherche. En fait, il existe un rapport continu et une concordance entre les préoccupations intellectuelles du chercheur, sa démarche d'analyse de l'objet et les finalités visées par son projet de recherche. **C'est dans les préoccupations intellectuelles du chercheur qu'une démarche globale d'analyse (et de contextualisation) trouve son unité, sa cohérence, sa justification et sa pertinence.** Ces préoccupations intellectuelles, restreintes par définition, marquent évidemment les limites d'une démarche d'analyse. Mais le chercheur n'a pas à souffrir du caractère limitatif de sa démarche, en autant qu'il en soit bien conscient et qu'il l'annonce explicitement. D'ailleurs, il est impossible et impensable d'extraire la totalité des messages potentiels d'un objet. Il est tout à fait valable, pour un chercheur, de s'en tenir à un seul contexte de signification, à une seule facette de l'objet.

Figure 3
En savoir plus sur les producteurs de l'objet...

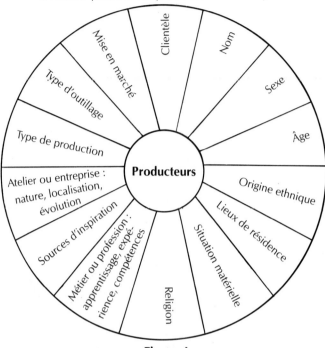

Figure 4
...et sur ses propriétaires

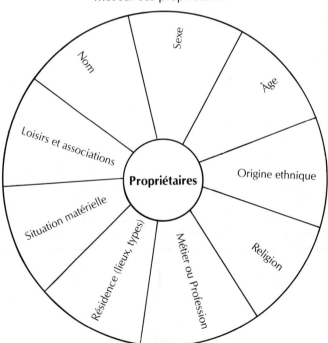

Les producteurs et les propriétaires

Le deuxième moment de la démarche d'analyse vise à mettre en lumière certains éléments descriptifs propres aux producteurs de l'objet, d'une part, à ses propriétaires, d'autre part. Les informations recueillies à ce niveau sont fondamentales : elles racontent la vie de l'objet; elles documentent l'histoire de sa création, de son utilisation et de ses réutilisations. Par ce biais, elles permettent déjà de le situer dans une série d'objets similaires ou directement complémentaires. Il devient dès lors possible d'identifier les **bassins de circulation** de l'objet. Il devient également possible d'opérer une première discrimination majeure dans les sens attribués à l'objet. En documentant adéquatement le contexte d'acquisition de l'objet, les intentions et les motivations de l'acquéreur, ou encore la façon dont le producteur a compris les besoins et la commande, le chercheur pourra en effet procéder à une analyse beaucoup plus crédible et solide de sa pièce. Il pourra trancher, de manière plus informée, entre les fonctions utilitaires, esthétiques et symboliques de l'objet.

Les renseignements les plus utiles à recueillir sur les producteurs (figure 3) portent sur leur âge, leur scolarité, leur formation, les influences qu'ils ont senties, leur itinéraire professionnel, leurs techniques de fabrication, leurs sources d'inspiration, etc. Ces renseignements sont déterminants dans la mise au jour éventuelle des courants esthétiques et artistiques ou des chaînes technologiques ayant marqué l'objet étudié. Mais ces renseignements permettent également d'identifier certaines des **causes directes de l'existence de l'objet** (résultat d'une commande spécifique?, stratégie de diversification de sa production par l'artisan?, expérimentation?, etc.). Ce faisant, il est possible de mieux contextualiser les qualités intrinsèques de l'objet.

Les informations portant sur les propriétaires (figure 4) visent à cerner certains éléments descriptifs de première main pour éventuellement identifier les usages et les fonctions symboliques de l'objet. Il existe en effet un rapport étroit entre les caractéristiques distinctives du détenteur d'un objet (son âge, sa personnalité, sa situation matérielle, son origine ethnique, son statut social, ses réseaux d'appartenance, etc.) et le système sociologique des significations dans lequel l'objet est placé. À travers cette grille d'interrogation, le chercheur vise à en apprendre davantage sur l'ensemble des motivations expliquant l'acquisition d'un objet par son propriétaire.

Les contextes de signification

Le troisième moment de la démarche d'analyse porte sur les contextes de signification de l'objet; plus précisément, sur **ses contextes indirects d'existence**. Ceux-ci sont évidemment nombreux. La méthode proposée met l'emphase sur quatre d'entre eux :

— **les espaces**, c'est-à-dire les **contextes d'évolution spatiale de l'objet** : son contexte de localisation immédiate et élargie, mais aussi ses rapports à l'environnement sauvage et aménagé, physique et symbolique, domestique et professionnel, culturel et géographique, social et intellectuel, etc. Les significations d'un objet sont toujours en partie déterminées par le lieu où il se trouve, par l'endroit où il est placé. Ainsi, un masque africain dans le salon d'un bourgeois de Montréal témoignera de l'adhésion de son propriétaire à un système de représentations, de valeurs et d'évocations tout à fait particulier qu'il faudra explorer pour bien saisir les sens dont la pièce est investie. De même un livre : suivant qu'on le trouve dans une bibliothèque publique, dans un salon feutré ou dans l'étude d'un universitaire, il acquerra des significations différentes, renverra à des univers symboliques distincts.

— **le temps et les temporalités**, c'est-à-dire, d'une part, les **contextes d'évolution temporels de l'objet** (le quotidien, le cycle saisonnier, le cycle de vie, etc.) et, d'autre part, les **temps propres à l'objet** (celui de sa fabrication, mais aussi celui de ses usages, de ses fonctions utilitaires et symboliques; celui enfin de ses valeurs ajoutées).

— **les milieux sociaux**, c'est-à-dire **l'espace socio-relationnel au sein duquel l'objet évolue** : l'individu dans son rapport aux autres; la famille; la parenté; le voisinage; le groupe d'appartenance, qu'il soit de type associatif, professionnel, religieux, ethnique, etc.

— **les valeurs culturelles**, c'est-à-dire le **système implicite des représentations dans lequel l'objet est inséré, bref l'imaginaire dont il est investi** : ce peut être celui d'un système social, d'une idéologie, de normes et de codes, de rites et de coutumes, de croyances et de fêtes, etc. Ainsi, un marteau et une faucille placés sur un piédestal évoqueront des représentations qui, par suite des consensus sur lesquels elles reposent, ne trouveront leur signification définitive que si elles sont contextualisées par rapport à la figure imagée que s'est donnée une société politique.

Précisons que le contenu de ces quatre contextes de signification n'est ici qu'ébauché. Il n'est ni exhaustif, ni définitivement circonscrit. Dans la pratique de l'analyse, ces quatres contextes doivent par ailleurs rester ouverts, en étroite relation. Il ne sont jamais exclusifs l'un de l'autre. C'est dans l'établissement de rapports dynamiques entre les éléments de ces contextes que réside la richesse d'une analyse de l'objet matériel.

Dans son ensemble, la méthode proposée constitue à la fois un cadre conceptuel et un processus élémentaire d'interrogation. Sa souplesse réside dans le fait qu'elle est adaptable (et doit être adaptée) dans chaque circonstance, en fonction de chaque objet et de chaque préoccupation. Il est cependant aisé pour le chercheur de se mouvoir dans les cadres de cette méthode. Selon les thèmes ou les objets, il diversifiera en effet l'angle de son regard ou effectuera les combinaisons les plus pertinentes à ses yeux. Il pourra privilégier les aspects tangibles ou intangibles, matériels ou immatériels, explicites ou implicites de l'objet. Il pourra mettre l'accent sur sa matière ou sa fonction évocatrice, de même que sur ses valeurs symboliques. Cette méthode rend donc possible un questionnement optimal de l'objet, placé sous les regards croisés de différents angles d'observation. L'objet peut ainsi livrer la quintessence de ses messages. Aucune application mécaniste n'est possible. Chaque intervention doit faire appel au jugement et à la compétence. À ces conditions, la méthode et le processus d'interrogation qu'elle sous-tend peuvent permettre de lire l'objet, de lire par l'objet et de le faire parler.

6

Comment analyser et commenter la carte ancienne

De tous temps, les hommes ont tenté de se représenter l'espace dans lequel ils évoluaient. La carte s'est graduellement révélée un moyen particulièrement attrayant pour illustrer les paysages et les contrées tels qu'ils existaient, tels que l'on eût voulu qu'ils existent, tels qu'ils ne pouvaient qu'exister étant donné les conceptions qui hantaient l'esprit des voyageurs, des cartographes et des gouvernants.

En fait, la carte n'est pas qu'un support de représentation de l'espace. Elle est un oeil magique à travers lequel on peut percevoir toutes les aspirations raisonnables, visionnaires et idéalistes d'une société politique.

Ce chapitre vise justement à faire ressortir les possibilités offertes par la carte ancienne comme source documentaire pour des recherches à caractère historique (§1). Il décrit également une méthode d'analyse et de validation de la carte ancienne fondée sur un exercice de mise en contexte large (§2). Cette méthode est appuyée et illustrée par un exemple concret, celui de la carte du Bas-Canada de 1831 de Joseph Bouchette[1].

1. APPORTS DE LA CARTE ANCIENNE POUR L'ÉTUDE DE L'HISTOIRE

De toutes les grandes tendances qui, depuis une vingtaine d'années, marquent l'éclatement et le renouvellement des recherches en sciences humaines, il est une caractéristique qui se retrouve chez presque tous les chercheurs et qui a trait au rapport qu'ils entretiennent avec les documents. Les uns ont exploité de nouvelles sources : des historiens, par exemple, ont commencé à s'intéresser sérieusement à l'acte notarié et judiciaire, ou ont reconnu la valeur du témoignage oral. Les ethnographes, pour leur part, se sont de plus en plus tournés vers le document manuscrit pour reconstituer des univers matériels au ras des pratiques. Plusieurs chercheurs ont entrepris une relecture critique de documents traditionnels dans la perspective d'un questionnement

---

[1] Le contenu de ce chapitre reprend parfois intégralement, parfois sous une forme condensée, le propos d'un ouvrage de Claude Boudreau intitulé *L'analyse de la carte ancienne, essai méthodologique : La carte du Bas-Canada de 1831 de Joseph Bouchette*, Québec, CÉLAT, 1986, 169 p., coll. "Rapports et mémoires de recherche du CÉLAT", 7.

renouvelé. Ainsi, les récits de voyageurs ou de découvreurs ont cessé d'être utilisés pour renforcer l'image de personnalités transformées en héros. C'est plutôt pour leur valeur descriptive, en un mot pour leur dimension ethnographique, que l'on a commencé à les exploiter. Pourtant, les chercheurs utilisant ce matériel ont rapidement identifié certains problèmes méthodologiques majeurs soulevés par les récits de voyage. Certes, ils fournissent des descriptions uniques. Mais ces descriptions relèvent presque toujours d'un seul point de vue, d'une seule perception. L'*autre*, celui qui est décrit, n'est envisagé qu'à partir de soi, à travers soi, ses connaissances, ses expériences, voire même ses valeurs.

À quelques différences près, il en est de même de la carte ancienne. Celle-ci est en effet un instrument d'identification, de description, de délimitation et, à la rigueur, d'appropriation. Elle est un instrument de pouvoir. Il suffit pour s'en convaincre de constater le nombre impressionnant de cartes commandées par la couronne britannique pour mieux connaître ses possessions, l'état de leur développement, la localisation des établissements militaires, commerciaux et civils, etc. La carte ancienne est un matériau d'histoire d'une extraordinaire richesse, malheureusement mal exploité. Certains travaux récents en archivistique n'ont-ils pas révélé l'existence d'un nombre impressionnant de documents cartographiques anciens dont l'usure, semble-t-il, est plus attribuable au temps qu'à la manipulation humaine[2]?

La carte ancienne représente un outil de connaissance du passé dont la valeur historique demeure méconnue. François De Dainville écrivait d'ailleurs à son sujet : "[Elle apporte] sur toutes sortes d'objets, forêts, routes, industries, institutions militaires, civiles et religieuses […], une foule de renseignements localisés, de synthèses, de faits et de relations"[3]. Mais la carte ancienne est aussi révélatrice du contexte social, politique et économique d'une époque. C'est ce que laisse entendre Georges Kish lorsqu'il intitule son volume : *La carte, image des civilisations*[4]. Claude Raffestin va plus loin en qualifiant la carte d'instrument de pouvoir et du Pouvoir. Il la décrit comme une représentation de l'espace traduisant à la fois des perceptions et de l'intention de la part de ses auteurs[5].

Si la valeur de la carte ancienne ne fait aucun doute pour certains, elle reste le plus souvent confinée à une utilisation restreinte, de l'ordre de l'illustration, quand ce n'est pas seulement de la décoration. Yves Tessier estime ainsi que "le problème de la carte ancienne tourne autour de cette pierre d'achoppement que constitue la crédibilité du document"[6]. Effectivement, l'examen d'une carte ancienne soulève bon nombre d'interrogations : une carte de 1755 représente-t-elle la réalité de 1755 ou celle de 1712? Décrit-elle une situation réelle ou est-elle une projection de l'auteur? La sélection des éléments cartographiés est-elle fonction des connaissances de l'auteur,

---

[2] J. Brian Harley, "Ancient Maps: Waiting to Be Read", *Geographical Magazine*, vol. 53 (1981), p. 313-317.

[3] *Le langage des géographes*, Paris, Picard, 1964, p. viii.

[4] Paris, Seuil, 1980.

[5] Voir son ouvrage : *Pour une géographie du pouvoir*, Paris, Litec, 1980, coll. "Géographie économique et sociale", tome XIII.

[6] "La carte ancienne et l'automation", thèse de maîtrise, Québec, Université Laval, 1971, p. 40.

des exigences du destinataire, ou des deux? Ces questions et bien d'autres, auxquelles il est très difficile de répondre, expliquent peut-être le rôle limité de la carte ancienne dans la recherche historique.

De fait, il n'existe pas beaucoup de méthodes d'analyse et de validation de la carte ancienne. L'analyse de son contenu devrait, au départ, faire appel à une méthodologie propre afin de mieux dégager sa valeur documentaire, fonctionnelle et idéologique. Elle devrait d'autre part astreindre le chercheur à se doter d'un langage scientifique opérationnel pour procéder à une lecture précise de ce document spécifique.

Les paragraphes qui suivent ont précisément pour but d'introduire à cette méthode et à ce langage.

2. UNE DÉMARCHE MÉTHODIQUE DE LECTURE ET D'ANALYSE DE LA CARTE ANCIENNE

Lire une carte ancienne, ce n'est pas seulement prendre connaissance des informations manifestes qu'elle livre. C'est la considérer comme le témoin d'une époque. C'est chercher à comprendre pourquoi telle mention y apparaît et pourquoi telle autre n'y figure pas. C'est pénétrer son contenu dans l'espoir de saisir les messages idéologiques que recouvre l'ensemble des détails qui la constituent.

Le seul titre de l'article de J.B. Harley, mentionné plus haut, illustre bien l'apparition de nouvelles préoccupations en histoire de la cartographie au cours des dernières années. Sans délaisser complètement l'étude de l'évolution des techniques cartographiques (détail et forme du dessin, symboles, etc.), les travaux récents dans le domaine de la cartographie ancienne ont nettement mis l'emphase sur le contenu documentaire et socio-idéologique de la carte. La valeur de ce contenu tient certes à l'information brute qu'elle livre, mais plus encore aux significations et projections qu'elle véhicule.

La démarche de lecture d'une carte proposée ci-après tient justement compte des tendances récentes en matière d'analyse cartographique. Cette démarche comporte trois niveaux de lecture, chacun répondant à des motivations scientifiques différentes.

Le premier s'intéresse à l'aspect formel de la carte, c'est-à-dire à son contenant. L'examen attentif de la **facture** d'une carte permet ordinairement de l'associer à un type de production cartographique spécifique à une époque ou à un lieu. Il peut également nous informer sur les moyens de production et de reproduction des cartes, comme sur les techniques de gravures et de dessins utilisées par son auteur. En fait, il s'agit de voir ici la carte comme la somme des interventions manuelles et techniques qui ont servi à sa fabrication. Cet examen s'effectue tant au niveau de la qualité du papier et de la toile qu'à celui des détails d'ordre calligraphique.

Les deux autres niveaux de lecture ont trait plus spécifiquement au contenu de la carte. Il y a d'abord le **contenu documentaire**, qui peut en particulier intéresser les historiens, les anthropologues et les ethnologues, puisqu'il permet de répondre à des questions du genre : Où était situé...? Combien y avait-il de...? La carte, selon son échelle et la qualité de son contenu, peut répondre avec une certaine précision à de telles interrogations. Il faut cependant continuellement se méfier. Seule une bonne critique interne et externe du document permettra d'établir la fiabilité de l'information qu'il contient.

QUELQUES DÉFINITIONS UTILES

Voici, brièvement présentées, quelques notions élémentaires que devrait connaître le chercheur débutant intéressé par l'univers de la cartographie.

Selon la Commission sur la formation des cartographes, la **cartographie** "comprend l'ensemble des études et des opérations scientifiques, artistiques et techniques, intervenant à partir des résultats d'observations directes ou de l'exploitation d'une documentation, en vue de l'élaboration et de l'établissement de cartes, plans et autres modes d'expression, ainsi que de leur utilisation". En termes plus simples, c'est l'art et les techniques de conception, de levé, de rédaction et de diffusion des cartes.

La **carte**, c'est le résultat de ces opérations. Elle est la représentation sur une surface plane de la surface terrestre ou de l'une de ses parties.

Le rapport de similitude entre la carte et le terrain s'exprime par l'**échelle**. Celle-ci se présente généralement sous forme graphique ou par une fraction numérique, par exemple : 1 : 250 000. Ceci signifie qu'une unité de mesure sur la carte équivaut à 250 000 unités semblables sur le terrain. Plus le dénominateur est grand, plus l'échelle est petite et moins il y aura de détails sur la carte. La présence de l'échelle est essentielle sur une carte. C'est elle qui indique au lecteur l'ampleur de l'espace cartographié.

Outre la carte, il est souvent question de **plans**. On les reconnaît habituellement par leur échelle, qui est grande. Ils ne représentent généralement que de petites surfaces et ne sont par conséquent à peu près pas touchés par les problèmes de **projection**.

Cette dernière notion désigne la méthode de représentation cartographique de la surface terrestre. La représentation exacte d'une surface circulaire sur une surface plane étant impossible, les différents types de projection, qui s'établissent à partir d'opérations géométriques, impliquent donc tous des déformations. Aussi le choix d'un type de projection se fait-t-il en fonction des besoins de l'utilisateur.

Finalement, on doit aussi aborder la nature des cartes, c'est-à-dire leurs types. Sans entrer dans les détails, il importe de distinguer les **cartes d'ordre topographique** des **cartes dites thématiques**. Les premières s'intéressent à la représentation la plus exacte possible des formes de la surface terrestre. Les secondes ont pour objet la représentation sur un fond repère, à l'aide de symboles qualitatifs et quantitatifs, de tout phénomène à distribution spatiale. Il y a donc autant de cartes thématiques qu'il y a de thèmes à traiter.

Précisons que cette distinction entre les types de cartes n'est pas toujours aussi tranchée. Plusieurs cartes anciennes relèvent en fait d'un mélange de cartes topographiques, hydrographiques et thématiques.

Finalement, il y a un troisième niveau de lecture qui touche plus particulièrement au pourquoi de la carte. Il s'agit ici de percevoir le **message idéologique** qui fut la source et l'inspiration de la production cartographique. Rares sont en effet les cartes qui ont été conçues sans finalité recherchée. Plus souvent qu'autrement, elles répondent à des besoins précis. Or ceux-ci ne relèvent pas simplement du domaine de la localisation et de la description d'un territoire.

Dans la pratique, ces trois niveaux de lecture sont indissociables lors de l'analyse d'un document cartographique ancien. Et même si toutes les études en ce domaine ne les identifient pas distinctement, elles sont néanmoins présentes, ne serait-ce qu'implicitement, dans la démarche de plusieurs chercheurs. De fait, selon les objectifs qu'ils poursuivent, ceux-ci mettront l'accent sur un niveau de lecture en particulier, et même dans certains cas sur une composante spécifique, par exemple l'étude des techniques de gravure des cartes à une époque donnée.

Malgré la fécondité des approches récentes, l'étude de la production cartographique ancienne pose cependant un problème au niveau de sa réalisation. En effet, il n'existe pas de méthode propre à l'analyse du contenu de la carte ancienne. Les façons de procéder varient passablement selon les buts visés, les champs disciplinaires et les compétences des chercheurs. Certaines précautions doivent cependant jalonner la majorité des démarches scientifiques impliquant l'utilisation d'une ou de plusieurs cartes anciennes. Nous concevons cette démarche en deux temps : un travail préparatoire de recherche et de contextualisation; l'analyse proprement dite de la carte. Voyons la chose de plus près à l'aide d'un exemple.

Le travail préparatoire

Nous illustrerons les démarches entourant la préparation de l'analyse d'un document cartographique à l'aide de la carte du Bas-Canada de 1831 de Joseph Bouchette[7]. La planche apparaissant à la page suivante permet d'observer un détail de cette carte.

Avant de procéder à l'analyse comme telle du document cartographique, le chercheur aura tout intérêt à rassembler quatre types d'information.

D'abord, comme dans la réalisation de tout travail de recherche, il **passera en revue la littérature spécialisée traitant de la cartographie, de son histoire, de ses méthodes et de ses applications**. Cet exercice lui permettra notamment de relativiser l'importance de la carte étudiée par rapport à la production cartographique qui l'a précédée, qui lui est contemporaine et qui lui a succédé.

Le chercheur **se renseignera ensuite sur certains éléments d'ordre contextuels**. Les circonstances immédiates et sociétales entourant la production d'une carte peuvent avoir décisivement influencé son contenu. La saisir dans son environnement historique permet dès lors de mieux interpréter les informations qu'elle livre. Mettre en contexte une carte historique par rapport à d'autres sources d'époque, par exemple les recensements, les récits de voyage, les journaux et même dans certains cas les actes notariés, est certes un moyen extrêmement fécond pour juger de la qualité du contenu de cette carte.

Une fois cette mise en contexte effectuée, le chercheur devra **rassembler des informations d'ordre biographique sur l'auteur de la carte**. Pour cerner le personnage de Bouchette, une démarche proche de celle de l'historien a été adoptée. Ainsi, tous les écrits relatifs à Bouchette ont été dépouillés, de même que sa correspondance privée et celle de certains de ses contemporains. Ces documents se sont avérés d'une grande richesse. Ils nous ont renseigné sur les façons de travailler de l'auteur et sur les difficultés personnelles et professionnelles qui ont marqué sa vie. Dans le cas de Bouchette, cette démarche a permis d'établir le rôle important qu'il a joué dans

---

[7] Le lecteur intéressé à approfondir la méthode ici décrite pourra consulter notre ouvrage mentionné en début de chapitre.

Planche 1
Joseph Bouchette
La carte du Bas-Canada de 1831[1]
(Détail du district de Québec)

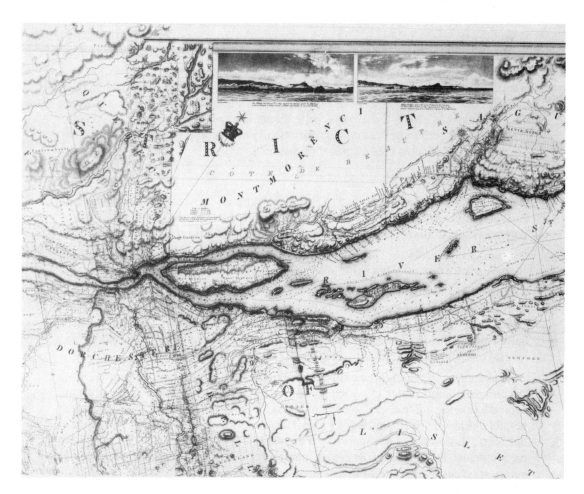

[1] La carte du Bas-Canada de 1831 comprend en réalité deux cartes. La première couvre le district de Montréal en entier sur une seule feuille dont les dimensions sont de 102 x 234 cm. La seconde couvre les districts de Trois-Rivières, de Québec ainsi que les districts inférieurs de Saint-François et de Gaspé. Cette dernière carte est tracée sur deux feuilles, l'une mesurant 132 x 96,5 cm, et l'autre, 132 x 127 cm.

Sources : Archives publiques du Canada, NMC-0017998 (6 microfiches).

l'histoire de l'arpentage et de la cartographie canadiennes. Arpenteur général du Bas-Canada de 1803 à 1840, il a été l'un des rares francophones à occuper un poste élevé dans l'administration coloniale anglaise de l'époque. Auteur d'un nombre impressionnant de cartes et de plans, il s'est de plus attelé à la rédaction de publications aujourd'hui considérées comme les premiers ouvrages de géographie générale canadienne.

En plus des renseignements d'ordre biographique sur l'auteur, il est nécessaire de consulter, à tout le moins de connaître, ses autres productions cartographiques et littéraires. Cette reconnaissance de la production intellectuelle d'un auteur révèle parfois des surprises. Ainsi, dans le cas de Bouchette, on découvre qu'il a publié trois ouvrages qui se veulent complémentaires de la carte du Bas-Canada. L'un d'entre eux, le dictionnaire topographique[8], est apparu déterminant pour l'étude et la compréhension de la carte. L'étape de réduction et de synthèse de l'information nécessaire à la réalisation de la carte a en effet nécessité, de la part de Bouchette, une sélection des éléments apparaissant finalement dans son document. Étant donné le volume considérable d'informations qu'il avait colligées, il a choisi de les regrouper dans un ouvrage à part qui complète ainsi la description tant physique qu'économique entreprise avec la carte. Celle-ci est une image utilisée pour rendre plus intelligible la description d'un territoire. C'est la raison pour laquelle le dictionnaire apparaît comme un complément non seulement utile, mais obligatoire à une bonne compréhension de l'image projetée par Bouchette. Non paginé, il décrit par ordre alphabétique les districts, les comtés, les cantons, les seigneuries, les fiefs, le fleuve, les rivières, les lacs et les îles. À chaque élément correspond une description à laquelle s'ajoute, dans le cas des divisions administratives, un extrait des actes de propriété ainsi qu'un tableau contenant les principales statistiques d'ordre socioéconomiques (population, églises, moulins, production agricole, etc.). En fait, le dictionnaire est un outil indispensable d'interprétation des données de la carte.

Finalement, un tour d'horizon des autres cartes produites par Bouchette vers la même époque ou un peu avant facilitera la compréhension du document étudié. Il n'est pas rare en effet qu'une même carte ait été rééditée plusieurs fois, avec ou sans améliorations, et sur un laps de temps souvent assez long. Il faut donc s'assurer que le contenu de la carte correspond bien à la date inscrite sur le document. Par ailleurs, cette étude de la production cartographique d'un auteur permettra de voir en quoi sa carte est nouvelle et ce qu'elle emprunte aux réalisations précédentes.

Une fois ce travail de contextualisation terminé, l'analyse de la carte peut être entreprise.

Analyser la carte

L'analyse de la carte comprend deux étapes distinctes :

— l'observation du document dans son ensemble;

— la lecture de son contenu documentaire, puis sociosymbolique.

[8] Joseph Bouchette, *A Topographical Dictionary of the Province of Lower Canada*, Londres, Longman, Rees, Orme, Brown, Green and Longman, 1832, 358 p.

Observer la carte, c'est tenter de saisir d'un seul coup, dans son ensemble, ce qu'elle représente. Dans le cas du document de Bouchette, c'est saisir l'étendue du territoire représenté avec ses principales composantes. Sa carte de 1831 couvre l'oecoumène québécois de l'époque à l'exception de la région du Saguenay-Lac-St-Jean et de la Côte-Nord. Une partie des régions avoisinant la vallée du Saint-Laurent est également représentée (Haut-Canada, Nouveau-Brunswick, États-Unis). C'est donc la vallée du Saint-Laurent qui l'intéresse, avec sa plaine et ses contreforts rocheux, son fleuve et ses nombreux affluents, bref l'espace développé et "développable" de l'époque. On remarque au premier coup d'oeil qu'un intérêt particulier est porté aux frontières et aux limites de comtés. Il s'agit en effet des seuls éléments dont la représentation est rehaussée par l'utilisation de couleurs le long des lignes. Dans le cas des comtés, le titre de la carte annonçait déjà l'importance qu'ils auraient. On comprend aisément que Bouchette se préoccupe de telles limites : en tant qu'arpenteur général, ses attaches avec le pouvoir politique sont directes; par ailleurs, nul ne saurait contester l'importance de limites territoriales du point de vue politique et économique. C'est également la relation liant Bouchette au pouvoir colonial qui explique son insistance à représenter très nettement la frontière canado-américaine. Il semble en effet que la question des frontières l'ait préoccupé tout au long de sa carrière d'arpenteur général.

Après cette vue d'ensemble, une analyse détaillée des composantes de la carte peut être entreprise. Il s'agit ici de recenser tous les éléments de composition de la carte. Pour faciliter ce relevé, il est possible de regrouper ces éléments en quatre catégories :

— les **éléments de facture** de la carte (composantes du titre; échelle; orientation; gravures; cadre; lettrages; etc.);

— les **limites administratives**, qui vont des frontières de la province à la délimitation des lots en passant par les seigneuries, cantons, paroisses, etc.;

— les **éléments anthropiques**, c'est-à-dire tout ce qui relève de l'action humaine, qu'il s'agisse de routes, bâtiments, quais, barrages, etc.;

— les **éléments naturels**, c'est-à-dire les montagnes, les plaines, les cours d'eau, les rapides, les caps, les baies, etc.

Le tableau apparaissant aux pages 109 et 110 dresse une liste des composantes qu'il peut être utile, le cas échéant, de recenser dans une carte. Cette liste s'apparente à une grille de relevé optimale permettant l'inventaire exhaustif des éléments composant une carte. Cette liste a d'abord été établie à partir d'une prise en compte du contenu de la carte de Bouchette, ce qui fait qu'elle n'est pas nécessairement pertinente pour toutes les cartes. Dans la mesure toutefois où nous nous sommes également appuyé sur un certain nombre d'ouvrages portant sur la structure et la composition des cartes anciennes et contemporaines[9], on peut penser que cette grille de relevé constitue un point de départ particulièrement riche pour la lecture d'une majorité de cartes anciennes.

[9] Parmi ces ouvrages, notons : Jacques Bertin, *Sémiologie graphique : Les diagrammes, les réseaux, les cartes*, Paris, Gauthier-Villars, 1973 ; Serge Bonin, *Initiation graphique*, Paris, Épi, 1975; *Glossaire français de cartographie*, Bulletin du Comité français de cartographie, fascicule n° 46, bulletin n° 4 (décembre 1970) ; Sylvie Rimbert, *Cartes et graphiques : Initiation à la cartographie appliquée aux sciences humaines*, Paris, Sedes, 1964.

GRILLE DE RELEVÉ
PERMETTANT L'INVENTAIRE EXHAUSTIF DES ÉLÉMENTS COMPOSANT UNE CARTE
ANCIENNE

1 FACTURE DE LA CARTE

1.1 Description générale[1]
1.2 Cartouches de titre[2]
1.3 Description technique
    1.3.1 Échelle
    1.3.2 Projection
    1.3.3 Déclinaison
    1.3.4 Coordonnées géographiques
    1.3.5 Orientation
1.4 Légende
1.5 Lettrage
1.6 Gravures
1.7 Commentaires et annotations
1.8 Carton

2. LIMITES ADMINISTRATIVES

2.1 Frontières internationales
2.2 Frontières provinciales
2.3 Limites de districts
2.4 Limites de comtés
2.5 Limites de seigneuries, de cantons et de fiefs
2.6 Limites de paroisses
2.7 Rangs, côtes et concessions
2.8 Lots

3 ÉLÉMENTS ANTHROPIQUES

3.1 Transport maritime
    3.1.1 Routes maritimes
    3.1.2 Passages
    3.1.3 Traversiers
    3.1.4 Phares
    3.1.5 Marques et balises
    3.1.6 Mouillages
    3.1.7 Ports de débarcadères
    3.1.8 Canaux
    3.1.9 Écluses
    3.1.10 Barrages
3.2 Transport terrestre
    3.2.1 Routes terrestres
    3.2.2 Routes d'hiver
    3.2.3 Sentiers
    3.2.4 Portages
    3.2.5 Ponts
    3.2.6 Passages à gué

3.5 Commerce et industrie
    3.5.1 Routes terrestres
    3.5.2 Tavernes
    3.5.3 Moulins à scier
    3.5.4 Moulins à farine
    3.5.5 Moulins à papier
    3.5.6 Moulins à vent
    3.5.7 Forges
    3.5.8 Fabriques de potasse
    3.5.9 Fabriques de perlasse
    3.5.10 Distilleries
    3.5.11 Fabriques ou manufactures de laine
    3.5.12 Pêcheries
3.6 Utilisation du sol
3.7 Ouvrages militaires
    3.7.1 Forts
    3.7.2 Blockhaus
3.8 Éléments événementiels

4. ÉLÉMENTS NATURELS

4.1 Formes du terrain
    4.1.1 Montagnes et monts
    4.1.2 Collines
    4.1.3 Vallées
    4.1.4 Plaines
    4.1.5 Hautes terres, basses terres
4.2 Hydrographie, reliefs marins et littoraux
    4.2.1 Fleuve
    4.2.2 Estuaire
    4.2.3 Chenaux
    4.2.4 Bassins
    4.2.5 Canaux
    4.2.6 Courants
    4.2.7 Marées
    4.2.8 Baies
    4.2.9 Anses
    4.2.10 Havres
    4.2.11 Îles
    4.2.12 Presqu'îles
    4.2.13 Caps
    4.2.14 Pointes
    4.2.15 Côtes
    4.2.16 Battures
    4.2.17 Plages

[1] Le chercheur prendra soin de noter, pour chacun des éléments énumérés ci-dessus, sa représentation sur la carte, son identification, le nombre de fois qu'il apparaît, sa localisation et sa distribution. Il ajoutera un commentaire personnel s'il le juge opportun. Par exemple:

Élément	représentation	identification	nombre	localisation	distribution	commentaire
fermes et maisons					Distribués sur tout le territoire, elles permettent de circonscrire l'oecoumène.	
moulins à farine		corn mill	187		26 dans Montréal, 19 dans Trois-Rivières et 47 dans Québec. Parfois accompagné d'un toponyme.	

1. Comprend les éléments suivants: feuilles, cadre, carton.
2. Comprend les éléments suivants: destinataire, territoire, nature de la carte, dédicace, auteur, graveur, éditeur, année d'édition.

Source: Claude Boudreau, annexe 1.

Cette étape de l'analyse cartographique, passablement longue et fastidieuse dans le cas du document de Bouchette, s'avère cependant indispensable. En effet, c'est seulement à la suite de ce relevé que l'on saura réellement ce que contient la carte. Une fois ce travail terminé, il sera possible de vérifier la qualité de l'information transmise par la carte. Et, en mettant en rapport certaines composantes d'information de la carte, il sera possible de saisir certains de ses messages latents.

Les prochains paragraphes visent justement à montrer comment il est possible de mettre en rapport certaines composantes d'information de la carte de Bouchette.

Une lecture dynamique de la carte de Joseph Bouchette

Si elle s'appuie sur un relevé exhaustif des composantes et du contenu du document, la lecture dynamique d'une carte procède toujours d'un questionnement explicite de la part du chercheur. Imaginons par exemple que nous voulions comprendre les motivations ayant poussé Bouchette à représenter l'espace du Bas-Canada comme il le fait.

Bouchette, nous l'avons dit, est étroitement lié à l'administration coloniale. Ce lien l'a très certainement influencé pour qu'il territorialise l'espace en fonction des aspirations sociales, politiques et économiques du pouvoir britannique. Il limite et quadrille en effet le territoire tout en y représentant les réseaux de transport et de communication, de même que diverses formes d'exploitation des ressources. Ce qu'il donne, c'est une représentation très sélective du territoire du Bas-Canada; une image bien sûr biaisée par les attentes du destinataire, c'est-à-dire l'administration coloniale.

Si, comme le suggère Raffestin, "la carte est le point de rencontre entre les visées intentionnelles de l'État et ses réalisations", il doit être possible d'illustrer par un exemple concret comment se manifestent ces "visées intentionnelles" sur la carte de Bouchette.

Les questions à se poser à cet égard sont les suivantes : Comment expliquer la présence ou l'absence de tel ou tel élément sur la carte? Et comment comprendre le soin apporté à la présentation de certains éléments par opposition à d'autres?

Prenons le cas de la frontière canado-américaine (voir planche 2). En plus d'être clairement indiquée par une ligne pointillée, son tracé est renforcé par le dessin de la série de sommets qu'elle croise. Pourquoi tant insister sur la détermination de la ligne frontalière?

Revenons un peu à l'histoire de cette frontière. Depuis la Déclaration d'indépendance américaine (4 juillet 1776), de nombreux loyalistes ont immigré au Canada. Les relations entre l'Angleterre et les États nouvellement indépendants ne sont pas des plus harmonieuses. L'Angleterre exerce en effet des pressions d'ordre politique et économique sur les anciennes colonies de la côte atlantique. Pour l'Angleterre, il est essentiel de soustraire le Canada à l'influence indépendantiste des nouveaux États américains. Bouchette est semble-t-il très conscient des problèmes latents qui peuvent, selon lui, dégénérer en conflit armé. Il exprime d'ailleurs ses inquiétudes lors de son premier voyage en Angleterre en 1807. Il semble clair dans l'esprit de Bouchette que l'expansion de la colonisation des Canadiens vers le sud, et des Américains vers le nord, résultera inévitablement en une zone de contact continue des deux populations. Advenant que cette zone soit mal définie, elle pourra s'avérer préjudiciable à l'administration des régions frontalières et même être la source de nouveaux conflits. Or dans ce cas, cette zone serait difficile à défendre parce que mal définie et mal connue puisque non cartographiée.

La guerre de 1812 entre l'Angleterre et les États-Unis viendra confirmer les appréhensions de Bouchette. Elle démontrera aussi la nécessité d'une délimitation précise de l'espace frontalier. Bouchette participera lui-même à l'établissement d'un tracé frontalier devant isoler les loyaux sujets de Sa Majesté des "mauvaises influences indépendantistes américaines". Il se verra même confier la tâche de quadriller le

Planche 2

Partie du tracé de la frontière canado-américaine

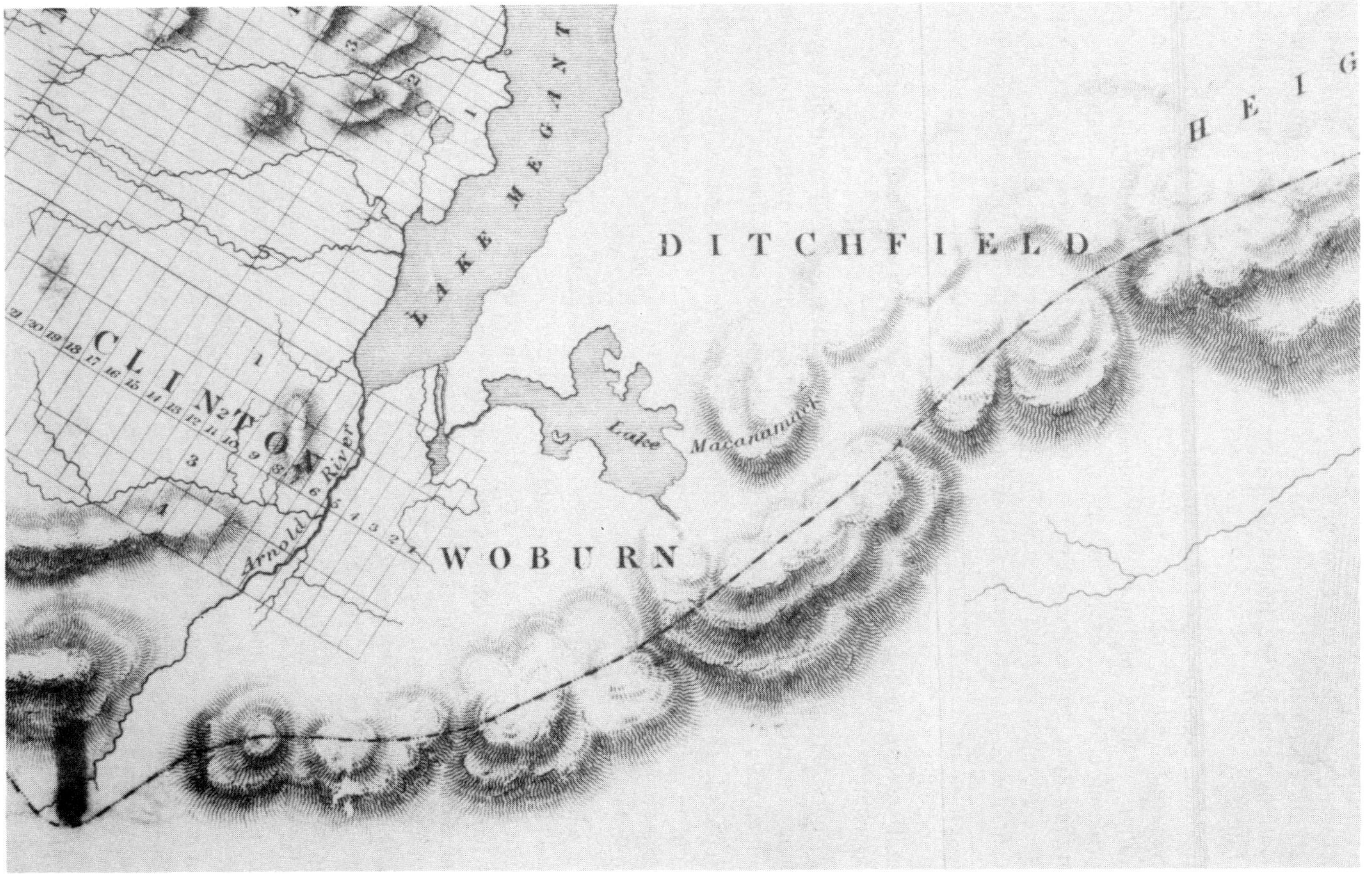

Source : partie de la *Carte du Bas-Canada de 1831 de Joseph Bouchette*, reproduite dans Boudreau, p. 101.

territoire nouvellement circonscrit. C'est pour faire suite à ces demandes qu'il produira en 1820 une carte de la province sur laquelle on ne retrouve que les divisions administratives (le quadrillage du pouvoir) et les églises (points de repère physique, mais aussi social, puisqu'elles sont au centre du réseau de relations entre habitants) tracées sur un fond de carte qui ne contient que les rives du fleuve et quelques-uns de ses principaux affluents.

Cette carte n'est toutefois qu'une étape dans la mise au point de l'outil de pouvoir que constitue la carte du Bas-Canada de 1831. Cette dernière marque en effet le point culminant de la carrière de Bouchette. Non seulement le quadrillage du sol est-il poussé à l'extrême (on y retrouve les limites de pays, de provinces, de comtés, de cantons et de seigneuries), mais les réseaux d'occupation et d'exploitation du territoire y sont aussi représentés. Avec la carte de 1831, Bouchette produit plus qu'une image statique de la réalité; il projette son interprétation de ce qu'est et pourrait être le Bas-Canada.

Cet exemple montre bien l'importance de la phase préparatoire à l'analyse proprement dite de la carte. Les explications avancées tirent profit de la revue de la littérature, qui elle permet de situer le contexte de production du document cartographique. Les recherches sur l'auteur permettent de mieux comprendre ses intentions et ses finalités. Enfin, l'étude de la production cartographique de Bouchette permet de situer sa carte du Bas-Canada de 1831 dans un continuum intellectuel et politique dont elle marque l'aboutissement.

Deux constats ressortent des propos tenus dans ce chapitre : l'un quant à la richesse du contenu de la carte ancienne; l'autre quant aux exigences méthodologiques de son traitement.

D'entrée de jeu, on découvre qu'il y a deux manières d'aborder une carte ancienne. Il est en effet possible de préconiser une analyse formelle de la carte en vue de la situer par rapport à l'histoire de la cartographie. L'accent est alors mis sur le contenant de la carte. Mais l'on peut également étudier le contenu ou la matière informative de la carte et la considérer comme témoin et témoignage d'une société. Dans la pratique, il est extrêmement difficile de dissocier l'analyse du contenant de celle du contenu de la carte. Cependant, il est possible d'insister sur l'un ou l'autre des aspects.

La carte ancienne, matériau de connaissance historique, est aussi le produit d'une époque. À ce titre, elle est inséparable du contexte de sa production, en particulier du contexte institutionnel. Comme toute production esthétique ou érudite, à l'image des objets matériels, des représentations iconographiques ou des créations artistiques, elle reflète aussi les préoccupations de son concepteur, ses motivations, son habileté, la technologie qu'il maîtrise, les finalités qu'il vise et son savoir.

L'étude de la carte ancienne ouvre une multitude de pistes de recherche intéressantes tant en ce qui touche à l'histoire toponymique et au développement socioéconomique qu'aux stratégies militaires et à l'appréhension politique du territoire. La carte ancienne se révèle un témoin privilégié de l'histoire puisqu'elle représente une image de la société telle qu'elle se distribue dans l'espace. Évidemment, toutes les cartes anciennes n'ont pas la qualité de celle de Bouchette. Mais aucune n'a jamais été dessinée sans finalité implicite. La carte ancienne, dans sa construction comme dans son contenu, est porteuse d'un projet qu'il importe de mettre au jour.

Ce chapitre démontre à quel point il faut être conscient des multiples aspects d'une carte lorsqu'il s'agit de l'interpréter. Il ne suffit pas de connaître les cartes et les techniques cartographiques. Encore faut-il comprendre leurs auteurs et les sociétés qui leur sont contemporaines.

La bibliographie apparaissant ci-après permettra d'aller plus loin dans l'analyse des cartes anciennes suivant cette perspective

POUR EN SAVOIR PLUS SUR L'ANALYSE DE LA CARTE ANCIENNE

Blakemore, M.J., and J.B. Harley. *Concepts in the History of Cartography : A Review and Perspective.* Toronto, University of Toronto Press, 1980. 120 p., bibliogr., ill., fig., cartes géogr, coll. "Cartographica Monograph", 26.

Cartes et figures de la terre. Exposition réalisée par le Centre de création industrielle en collaboration avec la Bibliothèque publique d'information. Paris, Centre Georges-Pompidou, Centre de création industrielle, 1980. xv-479 p., bibliogr., ill., cartes géogr.

De Dainville, François. *Le langage des géographes.* Paris, Picard, 1964. 384 p.

Harley, J.B., "L'histoire de la cartographie comme discours". *Préfaces,* 5 (déc. 1987-janv. 1988), p. 73.

Harley, J.B., and David Woodward. *The History of Cartography,* vol. I : *Cartography in Prehistoric, Ancient, and Medieval Europe and the Mediterranean.* Chicago, University of Chicago Press, 1987. 599 p., bibliogr., ill., fig., tabl., cartes géogr.

Heidenreich, Conrad E. *Explorations and Mapping of Samuel de Champlain,* 1603-1632. Toronto, University of Toronto Press, 1976. xiv-140 p., 5 feuilles de planches pliées, ill., graph., cartes géogr., coll. "Cartographica Monograph", 17.

Kish, Georges. *La carte, image des civilisations.* Paris, Seuil, 1980. 287 p., ill., cartes géogr.

Libeault, André. *Histoire de la cartographie.* Paris, Choix, 1968. 86 p.

Robinson, Arthur H., and Barbara B. Petchenik. *The Nature of Maps : Essays toward Understanding Maps and Mapping.* Chicago, University of Chicago Press, 1976. xi-138 p., bibliogr., fig., schémas.

Woodward, David, éd. *Art and Cartography : Six Historical Essays.* Chicago, University of Chicago Press, 1987. 249 p.

7

Comment comprendre et tirer profit du tableau statistique

Le tableau statistique fait partie de l'air que respirent la très grande majorité des chercheurs. C'est dire à quel point il est devenu un lieu commun de la démarche scientifique. Savoir le lire, savoir tirer profit de ce qu'il révèle, saisir ses subtilités, cerner ses limites, déjouer ses ruses, voilà autant d'*habitus* qu'il importe de maîtriser rapidement sous peine d'être disqualifié comme chercheur. Les prochains paragraphes ont justement pour but d'introduire aux problèmes posés par la lecture et l'analyse d'un tableau statistique. L'objectif d'ensemble est moins d'enseigner à lire tous les types de tableau que d'indiquer comment récupérer leur matière dans le cadre d'une entreprise de démonstration scientifique.

Quatre points seront successivement abordés dans ce chapitre : une courte présentation de ce qu'est un tableau statistique (§1); la mention de certaines précautions à prendre concernant son utilisation (§2); l'explicitation d'une démarche méthodique de lecture et d'analyse (§3); l'étude didactique d'un exemple (§4).

1. CE QU'EST LE TABLEAU STATISTIQUE

Le tableau statistique est un mode de classement, d'agencement et de présentation de données numériques brutes ou déjà soumises à un certain nombre d'opérations mathématiques simples ou complexes.

Le tableau statistique a pour fonction principale de mettre en rapport des données quantitatives avec un questionnement qualitatif et d'organiser les résultats sous une forme immédiatement lisible. Ces données quantitatives peuvent provenir d'un exercice original d'inventaire, de dénombrement, de recensement, etc. Elles peuvent être aussi le produit d'un effort d'homogénéisation ou de mise en relation de données déjà disponibles en vue d'obtenir une nouvelle composition statistique.

De manière générale, le tableau statistique illustre une régularité statistique (distribution de fréquences) ou une estimation transversale (mise en rapport de plusieurs variables en vue d'établir leur interdépendance ou leur corrélation). Les séries chronologiques représentent probablement le mieux ce que nous entendons par distribution de fréquences, soit le dénombrement des quantités, répétitions, cadences, occurrences, etc., qui caractérisent une ou des variable(s) au cours d'une période de temps donné. Par exemple, le nombre d'habitants du Québec entre 1901 et 1981; ou encore, le taux de chômage annuel au Canada entre 1965 et 1975. L'estimation transversale désigne la mise en rapport d'au moins deux variables en vue de saisir la nature de leur(s) relation(s) à un moment donné. Par exemple, les milieux de naissance ou de résidence par rapport au chômage; le revenu annuel par unité de consommation par rapport au chômage, etc. Les exemples apparaissant dans l'encart de la page suivante donnent une illustration de ces deux types de tableau.

Dans une démarche de recherche, c'est-à-dire au moment où il est intercalé dans un plan d'argumentation et de démonstration, le tableau statistique remplit habituellement trois fonctions principales :

— Il peut être utilisé comme argument en vue d'étayer une thèse. Employé pour documenter un point d'argumentation qui ne peut s'énoncer que quantitativement, il est alors assimilé à un élément de preuve.

— Il peut également servir à renforcer une argumentation qualitative. Utilisé pour illustrer un point quelconque d'information, il ne fait alors qu'accompagner une discussion qui s'appuie en partie sur lui mais dont il n'est ni le point d'origine, ni le point d'arrivée. À cette occasion, ses propriétés informatives et illustratives ne sont que très faiblement exploitées.

— Enfin, le tableau statistique peut être utilisé comme l'un des points de départ majeurs d'un travail d'analyse et de réflexion. Élément fondateur d'une interprétation, il est alors considéré comme la pierre angulaire d'une démonstration. Il est le point central de toute l'entreprise d'explication. Cela n'empêche toutefois pas, bien au contraire, qu'il puisse être bonifié par une argumentation d'ordre qualitatif.

Précisons que le tableau est un mode de présentation des données qui a ses propriétés et ses limites. D'autres modes de présentation existent : pensons seulement au graphique et au diagramme. L'option finalement retenue par le chercheur dépend des difficultés que peut poser la transmission d'informations par l'un ou l'autre mode. Il dépend également de ses objectifs de communication.

2. PRÉCAUTIONS À PRENDRE CONCERNANT L'UTILISATION D'UN TABLEAU STATISTIQUE

On oublie souvent qu'un tableau statistique ne se résume pas dans les chiffres qu'il présente mais procède d'une démarche méthodologique plus ou moins complexe scandée par tout un ensemble de choix qualitatifs qui introduisent des limites à l'exercice de quantification. Les remarques qui suivent ont pour but de rappeler certaines précautions à prendre pour utiliser convenablement la matière informative d'un tableau statistique.

DEUX TYPES DE TABLEAUX STATISTIQUES
La distribution de fréquences

Tableau 1

Taux de chômage, Canada et Québec, moyennes annuelles, 1965-1975
(en pourcentage)

année	Canada	Québec
1965	3,9	5,4
1966	3,6	4,7
1967	4,1	5,3
1968	4,8	6,5
1969	4,7	6,9
1970	5,9	7,9
1971	6,4	8,2
1972	6,3	8,3
1973	5,6	7,4
1974	5,4	7,3
1975	7,1	8,8

Source: *Statistiques historiques du Canada*, Séries D-491-497.

L'estimation transversale

Tableau 2

Milieux de naissance et de résidence par rapport au chômage

Le chef est né dans le milieu	Le chef réside maintenant dans le milieu	% des familles affectées par le chômage[1]
Rural	Rural	47%
Urbain	Rural	30%
Rural	Urbain	22%
Urbain	Urbain	18%

[1]Continuellement ou de manière intermittente au cours des douze derniers mois.

Source : Marc-Adélard Tremblay et Gérald Fortin, *Les comportements économiques de la famille salariée du Québec : Une étude des conditions de vie, des besoins et des aspirations de la famille canadienne-française d'aujourd'hui*, Québec, Presses de l'Université Laval, 1964, tableau XII-2, p. 237.

Ce tableau met en relation le pourcentage des familles dont le chef a chômé pendant les douze derniers mois, et l'origine rurale ou urbaine de ce dernier. Selon ses auteurs, trois relations se dégagent du tableau :

a) Le lieu actuel de résidence est le principal facteur associé au chômage. Quel que soit le lieu de naissance, le salarié qui réside dans le milieu rural est plus susceptible de devenir chômeur que celui qui réside à la ville.

b) S'il est né à la campagne, le salarié urbain a plus de chance de chômer que s'il est né à la ville. L'émigrant urbain est donc moins bien préparé à trouver un emploi stable que l'urbain né en ville.

c) Les salariés d'origine rurale réduisent considérablement leur probabilité de chômer en émigrant à la ville.

L'adage ment : on ne peut utiliser un tableau statistique à toutes les sauces

Contrairement à ce que l'on veut croire facilement, un tableau statistique n'a aucune portée universelle et ne peut prêter à toutes les interprétations imaginables. Il ne peut non plus donner lieu à toutes les utilisations possibles. Il reste en tout temps limité par le questionnement intellectuel, la démarche méthodologique et le type de traitement retenus à l'origine par le collecteur de données (quelle finalité celui-ci visait-il en procédant à tel agencement des données? comment s'y est-il pris pour trouver les données? quelles définitions a-t-il utilisées? à quelles opérations mathématiques a-t-il soumis les données qu'il possédait?, etc.). Évidemment, le questionnement précédant la confection proprement dite du tableau peut avoir été large et la méthodologie souple. Aussi le tableau statistique peut-il être utilisé à d'autres fins que celles pour lesquelles il a été initialement conçu. Mais ces fins nouvelles doivent rester dans la continuité des fins originelles. Elles ne doivent pas non plus tricher sur la méthodologie retenue par le collecteur ou le recenseur. Quiconque se livre à un exercice de réutilisation à d'autres fins du contenu (ou d'une partie du contenu) d'un tableau doit être extrêmement prudent. Il ne peut se débarrasser sans risques des limites inhérentes à la composition statistique originelle dont il se sert. S'il néglige cette contrainte, son argumentation peut devenir tout à fait invraisemblable et perdre tout caractère crédible.

Attention : derrière chaque donnée se cache toute une gamme de choix qualitatifs

Certes, il y a des données vraies et des données fausses; il y a aussi de bons et de mauvais tableaux statistiques. Mais il y a surtout des questionnements pertinents et d'autres qui relèvent de la fabulation. Il y a des méthodologies raisonnables, éprouvées et d'autres qui reposent sur des critères douteux. Il y a des opérations mathématiques qui respectent les conventions d'usage et d'autres qui procèdent de manipulations contestables ou illégitimes. Il y a enfin des tableaux bien présentés qui se lisent et se consultent facilement, et d'autres qui sont pratiquement incompréhensibles. La critique de l'observateur doit se faire, le cas échéant, au niveau du questionnement originel, de la méthodologie utilisée, des opérations mathématiques ou du mode de présentation bien avant de se faire au niveau des données. Celles-ci ne sont toujours que l'aboutissement d'un long processus de recherche scandé par tout un ensemble de choix qualitatifs. En définitive, c'est ce processus et ces choix qui déterminent la qualité des données. Le mode de cueillette et d'échantillonnage des données, la définition opérationnelle des concepts et notions utilisés, les techniques de calcul, de compilation et de mise en relation des données, l'adéquation entre les définitions des chercheurs et celles des producteurs de données constituent autant d'aspects sur lesquels peut porter la critique de l'observateur. La critique proprement dite des données doit pouvoir donner lieu, le cas échéant, au repérage d'erreurs de calculs, de transcription et de compilation.

Se méfier du mirage statistique

Il est toujours important de contextualiser, par rapport à des informations qui n'apparaissent pas nécessairement dans le tableau, les liens, constatations et conclusions qui procèdent de la simple mise en relation de données quantitatives. Autrement dit, le chercheur ne doit jamais s'imaginer que toute l'explication d'une corrélation apparente se trouve dans les deux séries de données qu'il met ou qu'il trouve en parallèle. C'est particulièrement vrai dans le cas d'un tableau faisant état de distributions de fréquence où, souvent, aucune intention de mise en relation fondée des variables n'a été recherchée par le collecteur de données. Le tableau 3 illustre bien notre point. À première vue, il semble en effet exister un certain rapport entre le taux de chômage et les paiements nets aux bénéfiaires directs de prestations de chômage. En réalité, l'accroissement de ces paiements pourrait découler de plusieurs facteurs : d'une élévation des barèmes de prestations, d'un réaménagement des modalités d'accès au programme, d'un élargissement des catégories de travailleurs couverts par les prestations, d'une augmentation rapide du taux d'inflation, etc. Par ailleurs, il est important de mentionner que la mise en relation de nombres réels (paiements) et de nombres relatifs (taux de chômage) fausse en partie le jeu des interactions entre variables. Il se pourrait par exemple que les paiements augmentent en rapport avec le nombre réel de chômeurs, celui-ci progressant en fonction de la population active civile. En fait, seule une mise en contexte large, fondée sur la prise en compte et l'analyse de multiples variables, permettrait dans ce cas d'avancer une proposition qui soit suffisamment crédible pour étayer une hypothèse. En d'autres termes, la recherche des relations entre variables, donc l'analyse causale, déborde la lecture restreinte d'un tableau. Elle oblige à pénétrer le champ de l'analyse statistique multivariée, qui implique la mise en rapport, suivant des règles précises, de données ou de variables provenant souvent de plusieurs tableaux.

Tableau 3

Paiements nets aux bénéficiaires directs de prestations de chômage
et taux de chômage[1]
pays fictif
1965-1975

année	taux de chômage annuel	paiements[2]
1965	3,9	314 199
1966	3,6	250 641
1967	4,1	349 627
1968	4,8	432 151
1969	5,2	495 923
1970	5,9	679 457
1971	6,4	872 923
1972	6,6	1 758 167
1973	6,7	1 842 253
1974	6,8	1 918 765
1975	6,9	2 871 222

1. Données fictives.
2. En milliers de dollars.

Ne pas faire avouer au tableau statistique ce qu'il ne dit pas

Un tableau statistique prend d'abord son sens par rapport au questionnement préalable dont il est issu. Mais il le prend également par rapport à l'interprétation d'ensemble dans laquelle il s'insère, dont il est parfois le prétexte principal. Or cette interprétation peut facilement dépasser les capacités d'illustration du tableau. Elle peut également outrepasser ses propriétés intrinsèques de démonstration et d'explication. C'est pourquoi le chercheur doit être particulièrement vigilant. Trop souvent, celui-ci ne fait pas la différence entre, d'une part, l'examen des données et la lecture correcte d'un tableau, et, d'autre part, l'analyse causale et l'interprétation de ces données. En fait, les réponses aux questions suscitées par l'examen des données apparaissant dans un tableau se trouvent rarement dans ce tableau. Elles obligent presque toujours à procéder à d'autres compilations impliquant l'utilisation de nouvelles variables. Dans plusieurs cas, l'analyse causale oblige à bonifier la démarche quantitative par tout un ensemble d'éléments de contextualisation qualitatifs. Si bien que même s'il peut être la pierre angulaire d'une interprétation, un tableau statistique est rarement suffisant en soi pour fonder une thèse de façon définitive.

3. LIRE ET ANALYSER UN TABLEAU STATISTIQUE : UNE DÉMARCHE MÉTHODIQUE

Tirer profit d'un tableau statistique déjà construit en vue de l'utiliser dans le cadre d'un exercice de démonstration implique que l'on procède logiquement, par étapes, en se méfiant de sombrer dans l'illusion du chiffre, d'une part, et en ne cherchant jamais à excéder les capacités illustratives et explicatives du tableau, d'autre part.

Tirer profit des renseignements révélés par l'auteur ou... savoir discerner les limites de la matière du tableau

Il est d'abord important de s'arrêter aux contraintes d'utilisation d'un tableau statistique.

Un tableau statistique bien présenté livre lui-même plusieurs de ses secrets. Son titre, les en-têtes par rapport auxquelles les données s'ordonnent ou s'alignent, les notes qui l'accompagnent, les sources à partir desquelles il a été constitué sont autant d'indices qui nous orientent sur la portée et les limites que lui assigne l'auteur.

À moins qu'il ne soit qu'illustratif, c'est-à-dire qu'il ne fasse qu'accompagner le texte, le tableau statistique est ordinairement présenté par l'auteur. Celui-ci résume les points centraux de la méthodologie utilisée pour le construire, définit explicitement les mots en-têtes y apparaissant et précise les limites de sa composition statistique. On pourra se rendre compte du caractère exhaustif des prescriptions accompagnant parfois le tableau statistique en parcourant les notes explicatives de chacun des tableaux du gros volume des *Statistiques historiques du Canada* (2ᵉ édition, Ottawa, 1983).

Le chercheur doit absolument lire toutes les indications fournies par l'auteur à propos d'un tableau : celles qui accompagnent le tableau, celles qui apparaissent dans les pages précédentes ou suivantes et celles qui sont reportées en annexe de la publication. Ne pas lire ces indications, c'est s'exposer à trahir le sens de la composition statistique. En tirer profit, c'est au contraire se donner toutes les chances de le comprendre et d'en exploiter convenablement le potentiel démonstratif.

Se pénétrer du tableau ou... examiner sa matière

La deuxième étape de la démarche de lecture et d'analyse d'un tableau statistique consiste dans l'examen minutieux de sa matière.

Cet examen implique que le chercheur délaisse momentanément l'ensemble des questionnements traversant son esprit pour ne s'intéresser qu'au tableau lui-même. Ce qui importe ici, ce n'est pas ce que poursuit ou veut trouver le chercheur, c'est ce que révèle le tableau, c'est ce qu'il donne comme information. À ce stade, lire un tableau avec un questionnement précis en tête risquerait en effet d'entraîner une récupération des données, avec toute la péjoration que recouvre ce mot. En termes clairs, on n'a pas à faire avouer au tableau ce qu'il ne dit pas. C'est cette tendance à tricher sur le sens et les limites du tableau qui explique en grande partie les nombreuses interprétations, parfois contradictoires, dont est sujette la matière d'une composition statistique.

L'annotation des particularités du tableau se fait ordinairement d'une façon assez simple, en encerclant tout ce qui est jugé suffisamment significatif pour mériter analyse. Cette annotation peut concerner différents aspects de l'information quantitative diffusée par le tableau : l'écart type des données par rapport à une moyenne; les récurrences; la dispersion des données dans une même série; l'effet entraîné sur les résultats par la pondération des données grâce à différents indices; etc. Encore une fois, il est important de noter ce que l'on y voit effectivement et non ce que l'on croit y voir, ce qui nous ferait inconsciemment entrer dans le domaine de l'interprétation.

Analyser le tableau ou... intelliger sa matière

L'analyse d'un tableau statistique s'apparente à l'analyse d'un document écrit. Il s'agit, à la suite de l'examen et de la description minutieuse de son contenu informatif, d'expliquer, d'intelliger et d'interpréter les particularités déjà notées de la composition statistique à la lumière d'informations empiriques ou théoriques connues par ailleurs. Cet exercice d'explication et de mise en contexte exige habituellement la confection d'une bibliographie pertinente. Dépendamment des ambitions du chercheur, il peut également nécessiter une recherche quantitative et des calculs statistiques supplémentaires.

L'analyse d'un tableau peut être de **type fermé ou ouvert**. Dans le premier cas, le chercheur s'en tient rigoureusement à l'analyse des données du tableau. Celles-ci constituent le point de départ et le point d'arrivée de toute son argumentation. En pratique, sa discussion consiste à décrire ce que les données révèlent à un premier degré, sans biais interprétatif. Dans le cas d'une analyse ouverte, le chercheur part effectivement des données contenues dans un tableau mais, désireux de mettre en contexte voire même d'expliquer certaines réalités révélées par le tableau, étaye son argumentation d'éléments d'information provenant de diverses sources. Le point d'arrivée de son argumentation peut être une conclusion qui n'a que très indirectement à voir avec le tableau d'origine. Cependant, en s'en tenant à la matière informative d'un seul tableau, le chercheur ne peut aller très loin dans son interprétation. Non seulement reste-t-il marqué par les limites assignées à la composition statistique dont il se sert, mais il ne peut, à moins de se livrer à des calculs complexes de corrélations ou d'interdépendances qui impliquent l'utilisation d'autres variables, déboucher sur une explication de type causal. En d'autres termes, l'éventail des questions auxquelles il peut apporter réponse à partir de la matière du tableau est restreint. C'est pourquoi l'exploitation de la matière d'un seul tableau est toujours décevante pour le chercheur avide d'interprétations impressionnantes.

L'analyse d'un tableau procède habituellement suivant trois axes :

1.- du général au particulier;
2.- de l'évidence à la subtilité;
3.- de l'étude d'une donnée à l'étude simultanée de plusieurs données.

L'analyse d'un tableau statistique consiste le plus souvent en une **démarche relationnelle** de la part du chercheur. Celle-ci désigne la mise en rapport, la mise en parallèle ou la comparaison de variables de manière à faire ressortir leur relation ou leur corrélation. C'est ce que les spécialistes appellent l'analyse multivariée de données. L'avantage d'une telle opération est certainement de mettre au jour des réalités que les simples distributions de fréquence ne permettent pas de révéler. L'exemple apparaissant dans l'encart de la page suivante illustre bien notre point.

Enfin, l'analyse d'un tableau suit une **progression complexe**, c'est-à-dire qu'elle se construit sur elle-même. L'analyse doit être logique et raisonnée. Elle ne doit pas sauter d'étapes, sous peine de perdre le lecteur et d'apparaître boîteuse. Idéalement, un point d'analyse s'appuie sur le précédent et appelle le suivant. Tous ces enchaînements permettent d'avancer dans des considérations toujours plus fines et pointues.

L'analyse d'un tableau peut évidemment entraîner le chercheur à un niveau plus élaboré de travail intellectuel. Il peut ainsi décider de retranscrire sous une forme graphique certaines informations révélées par le tableau. Dans certains cas, cette retranscription permet de "solutionner" le problème du surcroît de données qui nuit souvent à la lecture du tableau. Cette retranscription peut également faciliter la mise en relief d'évidences (variations, dispersions, unité des données) que des résultats chiffrés laissent moins paraître.

Enfin, l'analyse de l'information quantitative apparaissant dans un tableau peut donner lieu à toutes sortes de raffinements. L'ordinateur, l'économétrie et les mathématiques modernes permettent en effet de pousser très loin l'analyse du chiffre. C'est toutefois dans la perspective d'une analyse statistique multivariée que de tels procédés sont utilisés.

Établir un rapport entre les questionnements de départ et ce que révèle le tableau ou... exploiter sa matière

Le chercheur connaît les limites du tableau et sait précisément ce qu'il révèle parce qu'il a assimilé son contenu informatif et documenté ses particularités. Il peut maintenant l'interroger en lui adressant ses questions. En d'autres termes, il peut essayer d'établir un lien, un rapport entre ce qu'il cherche à prouver ou à illustrer, et ce que le tableau révèle à cet égard. La dialectique questionnement/information effectivement existante ne risque pas d'être faussée parce que le chercheur s'interroge de façon opérationnelle, en fonction de l'information effectivement transmise par le tableau.

L'ANALYSE MULTIVARIÉE DE DONNÉES ET LA RECHERCHE DE RELATIONS CAUSALES : UN EXEMPLE

Le tableau 4 vise à mesurer les privations ressenties par chacune des familles interviewées par M. A. Tremblay et G. Fortin dans le cadre de leur enquête portant sur les conditions de vie, les besoins et les aspirations de la famille canadienne-française. Élaboré à l'aide d'une cinquantaine d'indicateurs choisis parmi les différents points de leur questionnaire, le tableau permet d'établir un rapport assez clair entre les privations et la situation de chômage. En fait, plus les privations sont nombreuses, plus grande est la proportion des travailleurs sans emploi à un moment où l'autre de l'année (1959). *A contrario*, le nombre des familles ne connaissant pas le chômage mais souffrant néanmoins de privations tend à diminuer de manière inversement proportionnelle à l'augmentation des besoins non comblés.

Tableau 4

Index des privations réelles et chômage (en %)

Type de famille	Poids dans l'index[1]			
	0-5	6-9	10-13	14-23
Familles affectées par le chômage	12	26	31	43
Autres familles	88	74	69	57
Total	100 (416)	100 (368)	100 (463)	100 (313)

1. 0-5 : très peu privé ; 6-9 : peu privé ; 10-13 : privé ; 14 + : très privé.
Source : Tremblay et Fortin, tableau XII-14, p. 245.

L'information révélée par le tableau est alors insérée dans le cadre d'une stratégie de démonstration. C'est le point final de la démarche que nous présentons. Reprenons maintenant ces moments forts à l'aide d'un exemple.

4. EXEMPLE D'UNE DÉMARCHE DE LECTURE ET D'ANALYSE D'UN TABLEAU STATISTIQUE

Le tableau 5 fait part de certains éléments de confort dont sont pourvus les logements québécois pour une sélection d'années comprises entre 1941 et 1971. De façon implicite, il décrit le processus graduel d'envahissement de l'espace privé des ménages par toute une gamme de nouveaux biens décrits par certains comme les marchandises centrales de la norme sociale de consommation qui s'impose dans les principaux pays industrialisés au sortir de la seconde guerre mondiale.

Avant de récupérer la matière informative de ce tableau dans le cadre d'une stratégie de démonstration, il importe de passer à travers trois étapes préliminaires : d'abord, tenir compte des contraintes qui sont les siennes comme document informatif; ensuite,

Tableau 5

Logements pourvus de certains biens
province de Québec
1941-1971[1]

(en pourcentage)

	1941[2]	1948[3]	1951[4]	1955[6]	1961[7]	1971[8]
Radio	70.6	93.9	93.5	95.7	97.6	
Télévision				48.5	88.7	97.0
2 téléviseurs ou plus					3.7	
Automobile	18.8		27.0	38.9	57.5	72.2
2 automobiles ou plus				1.9	2.8	11.6
Téléphone	32.5		58.2	71.0	83.7	
Réfrigérateur	17.2	26.6	46.7	80.9	91.8	99.0
Congélateur					9.4	22.2
Cuisinière électrique		8.4	16.7	34.9		
Lessiveuse mécanique		65.9	75.1	84.0		
Sécheuse automatique						39.0
Aspirateur électrique	17.8	26.4	33.0	42.6		
Machine à coudre			74.0[5]	73.4		
Machine à laver la vaisselle						26.2

1. Par rapport au nombre total des logements recensés ou par rapport au nombre total des logements représentés dans l'échantillon. Tous les types de ménages sont ici pris en compte. Les espaces blancs indiquent des données non disponibles soit parce que les biens mentionnés n'ont pas fait l'objet d'une compilation, soit parce qu'ils n'étaient pas disponibles sur le marché au moment de l'enquête.
2. *Recensement du Canada, 1941*, vol. 1, chap. XV, tableau XVII, p. 421.
3. Bureau fédéral de la statistique, *Accessoires ménagers, novembre 1948* (Catalogue 64-202). Les estimations sont fondées sur un échantillon de 25 000 ménages interviewés. Les ménages dont le chef est dans les forces armées, ceux qui habitent dans les réserves indiennes ou dans les régions éloignées et ceux qui vivent dans des institutions, camps, clubs et hôtels sont exclus de l'enquête.
4. *Recensement du Canada, 1951*, vol. III, tableau 40.
5. Bureau fédéral de la statistique, *Appareils ménagers, juin 1950* (Catalogue 64-202), tableau, 9, p. 18. Estimations fondées sur un échantillon de 40 000 ménages. Les restrictions mentionnées à la note 3 s'appliquent aussi.
6. Dominion Bureau of Statistics, *Household Facilities and Equipment, September 1955* (Catalogue 64-202). Estimations fondées sur un échantillon de 30 000 ménages.
7. *Recensement du Canada, 1961* (Catalogue 93-527, tableau 56, et Catalogue 93-529, tableau 80). Estimations fondées sur un échantillon de 20% des logements recensés.
8. *Recensement du Canada, 1971* (Catalogue 93-737). Estimations fondées sur un échantillon de 33 1/3% des logements recensés.

prendre connaissance de ce qu'il révèle effectivement; enfin, analyser sa matière, c'est-à-dire contextualiser, expliquer et comprendre l'ensemble de ses informations.

1° : Tenir compte des contraintes du tableau comme document informatif

Un tableau ne dit pas tout. Il ne fonde pas non plus tout ce que l'on s'imagine y trouver... dépendamment des lunettes que l'on porte en le lisant.

Ainsi, le présent tableau ne fait qu'inventorier certains éléments de confort dont disposent les ménages québécois pour certaines années. Il ne dit rien à propos des pratiques d'achat de ces ménages; rien non plus concernant leur assimilation de certaines normes de consommation. Ce tableau n'informe nullement des capacités financières effectives des ménages québécois. Enfin, il n'indique rien de certain à propos des tendances du commerce de détail au Québec au cours de la période considérée. Pourtant, bonifiée par une analyse qualitative et quantitative complémentaire, la matière de ce tableau pourrait être récupérée pour documenter l'un ou l'autre de ces sujets. Cependant, le chercheur devrait être lucide par rapport aux potentialités réelles du tableau comme document informatif. Voyons justement quelles sont les limites du tableau à cet égard.

Essentiellement composé à partir de données provenant de divers recensements ou d'enquêtes spéciales de Statistique Canada, le tableau permet de saisir, d'un seul coup d'oeil, la proportion des logements pourvus de certains biens depuis longtemps disponibles sur le marché (radio, automobile, téléphone) ou apparus au cours de la période considérée (cuisinière électrique, télévision, congélateur, machine à laver la vaisselle, etc.).

Toutes les données sont exprimées en pourcentage. Elles ont été obtenues à la suite d'une opération mathématique assez simple consistant à diviser le nombre de ménages possédant un bien quelconque par le nombre total des ménages québécois recensés ou inclus dans l'échantillon, et à multiplier le quotient par 100.

Lors des années de recensement, le tableau donne des informations pour le total des ménages. Cette catégorie statistique inclut les ménages urbains et ruraux, agricoles et non agricoles et ce, sans égard au nombre de personnes. Les données disponibles pour les années de recensement sont parfois le résultat d'une compilation fondée sur tous les ménages recensés (cas des années 1941 et 1951), parfois le résultat d'estimations fondées sur la prise en compte d'échantillons de ménages (cas des années 1961 et 1971). Les règles déterminant le nombre de ménages recensés pour chaque province obéissent à des critères de représentativité proportionnelle et à des lois statistiques. Certaines imprécisions découlent évidemment de l'utilisation d'échantillons. Dans l'ensemble, et de l'aveu même de Statistique Canada, ces imprécisions ne trahissent pas les figures qui seraient apparues à la suite d'une compilation de tous les ménages.

Les données disponibles pour les années 1948 et 1955 ont été obtenues à la suite d'enquêtes spéciales réalisées auprès d'un échantillonnage représentatif des ménages québécois. En 1948, 25 000 ménages ont été interviewés aux fins de l'enquête. Ce nombre s'est élevé à 30 000 en 1955. Dans les deux cas, ni les personnes vivant dans les réserves indiennes, ni les membres des forces armées n'ont été compris dans l'enquête. Les ménages ayant élu domicile dans des camps, clubs, institutions ou hôtels ont également été exclus pour les fins de l'enquête.

Les espaces blancs indiquent que les données ne sont pas disponibles. Cette absence de données s'explique de deux façons. Premièrement, toutes les catégories de biens n'ont pas nécessairement été inventoriées à chaque recensement. D'autre part, certains biens n'étaient pas disponibles sur le marché lors de recensements. C'est notamment le cas du poste de télévision, apparu en 1952 seulement.

Précisons enfin quelques définitions. Au terme du recensement, un logement désigne un ensemble de locaux d'habitation distincts du point de vue structurel, qui a son entrée indépendante de l'extérieur par un passage ou un escalier commun dans le bâtiment. On y pénètre ou on y sort sans traverser les locaux habités par d'autres personnes. Un ménage désigne une personne ou un groupe de personnes habitant un logement. Il consiste habituellement en un groupe familial avec ou sans chambreurs, employés, etc., mais peut comprendre un groupe de personnes non apparentées de deux familles ou plus partageant le même logement, ou une personne vivant seule.

À la suite à cette analyse critique des conditions de production et de construction du tableau, on peut dire qu'il donne une représentation fiable de la proportion des logements québécois équipés de certains biens pour une sélection d'années. Mais, par lui-même, il ne révèle pas plus. Toute argumentation qui outrepasserait cette limite informative du tableau donnerait lieu à un exercice de spéculation plus ou moins plausible de la part du chercheur.

2° : Prendre connaissance de ce que révèle le tableau

Quels sont les points saillants du tableau?

1. En 1951, la proportion des ménages québécois déclarant posséder un poste de radio (93,5%) est déjà très élevée. En 1961, elle atteint pratiquement un point de saturation (97,6%).

2. Par rapport à 1941, trois fois plus de ménages disposent d'une automobile en 1961, et près de quatre fois plus en 1971. Fait notable, la possession d'une seconde automobile est un phénomène qui devient significatif au cours des années 1960. Entre 1961 et 1971, la proportion des ménages équipés d'au moins deux autos passe en effet de 2,8% à 11,6%.

3. En l'espace de vingt ans, soit de 1941 à 1961, le téléphone a pénétré la très grande majorité des foyers du Québec: 32,5% des ménages possédaient en effet un tel appareil au moment où la deuxième grande guerre faisait rage; deux décennies plus tard, cette proportion atteint 83,7%.

4. L'acquisition d'un poste de télévision par les ménages québécois témoigne d'un engouement certain des consommateurs pour ce bien. Trois ans après son apparition sur le marché, 48,5% des foyers sont en effet équipés de cet appareil. Six ans plus tard, soit en 1961, cette proportion a remarquablement progressé, atteignant 88,7%. En 1971, la saturation est pratiquement atteinte avec un taux de possession de 97%. Fait notable, 3,7% des ménages québécois possèdent déjà un deuxième téléviseur en 1961.

5. Il est intéressant de voir à quel point l'acquisition d'un réfrigérateur a progressé rapidement en vingt ans. En 1941, 17,2% des ménages québécois possédaient un tel appareil. En 1961, cette proportion atteint presque 92%. En 1971, on peut pratiquement dire que le réfrigérateur se retrouve dans tous les foyers de la province.

6. En 1948, 8,4% seulement des logements sont équipés d'une cuisinière électrique. Mais en l'espace de sept ans, cette proportion quadruple, au point d'atteindre 34,9%.

7. En 1951, la lessiveuse mécanique est un appareil dont sont équipés les trois quarts des ménages québécois. Quatre ans plus tard, cette proportion s'est accrue de dix points de pourcentage. La sécheuse automatique, apparue sur le marché beaucoup plus tardivement, se répand graduellement dans les foyers au cours de la décennie 1960. En 1971, 39% des ménages sont munis d'un tel appareil.

8. Le congélateur est un bien qui, jusqu'à un certain point, a connu un certain attrait auprès des consommateurs québécois. En l'espace de dix ans, soit de 1961 à 1971, la proportion des ménages équipés d'un tel appareil est en effet passée de 9,4% à 22,2%. Certaines informations, également révélées par les recensements, nous permettent toutefois de savoir que ce sont principalement les ménages vivant en région rurale qui possèdent un congélateur.

9. La machine à laver la vaisselle est un autre appareil que les consommateurs québécois ont particulièrement apprécié. De fait, en 1971, plus du quart des foyers sont équipés de ce bien.

3° : Procéder à l'analyse du tableau

La démarche d'analyse devrait s'effectuer à trois niveaux :

— contextualiser les données apparaissant dans le tableau, c'est-à-dire tâcher d'expliquer pourquoi, telle année, autant ou si peu de ménages sont équipés d'un bien;

— expliquer, par la mise en parallèle des données dans le temps, les tendances évolutives que l'on voit poindre dans l'équipement des ménages;

— comparer la vitesse d'acquisition des biens par les ménages et l'expliquer.

Il va de soi que mener l'analyse de cette manière implique une recherche qualitative et quantitative assez exhaustive. Voyons à quelles questions le chercheur devrait s'efforcer de répondre

a) s'il décidait de mettre l'accent sur une recherche qualitative :

— Pourquoi la cuisinière électrique tarde-t-elle à pénétrer les foyers en comparaison du réfrigérateur?

— Pourquoi les ménages acquièrent-ils si vite un poste de télévision?

— Que signifie le fait que 11,6% des ménages possèdent deux automobiles ou plus en 1971?

b) s'il décidait de mettre l'accent sur une recherche quantitative (croisement des données incluses dans le tableau 4 avec d'autres données disponibles ailleurs) :

— Pourquoi la majorité des logements possèdent-ils un poste de radio en 1941? Est-ce lié au bas prix de l'appareil? Au désir des ménages d'être bien informés en période de guerre?

— De toute évidence, c'est après la guerre que les ménages québécois acquièrent une automobile. Pourquoi? Est-ce dû à leurs ressources financières accrues?

À une augmentation moins rapide du prix des automobiles par rapport à d'autres biens? À l'assimilation d'une "culture de l'automobile"? À l'engouement pour les déplacements? À une extension et à une amélioration du réseau routier québécois?

— Est-il possible d'établir un lien entre le processus d'électrification rurale et l'augmentation rapide de la proportion des ménages possédant certains biens d'équipement?

— La qualité et la quantité des biens distribués sur le marché a-t-elle pu favoriser leur achat par les consommateurs?

— Etc.

4° : Insérer les acquis de l'analyse du tableau dans un plan de démonstration

À quel(s) questionnement(s) la matière du tableau analysé permettrait-elle finalement d'apporter des éléments de réponse?

Le chercheur intéressé par l'étude des transformations survenues dans le quotidien des ménages québécois pourrait certes utiliser la matière informative et l'analyse contextuelle des données du tableau pour documenter le phénomène de soumission de l'espace privée des familles et des personnes seules au règne de la marchandise. En se gardant de ne pas outrepasser les capacités illustratives et démonstratives du tableau, il pourrait également établir un lien entre l'acquisition par les ménages de certains biens d'équipement et leur adhésion à une nouvelle gamme de normes, d'attitudes et de pratiques en matière de consommation, de genres de vie et d'aspirations. Bonifiée par une analyse qualitative élargie, la matière informative du tableau pourrait aussi nourrir une discussion portant sur la transformation de l'espace domestique de la femme au foyer et sur la taylorisation du travail ménager. Enfin, le tableau pourrait étayer une recherche portant sur l'amplification du volume des ventes au détail dans le Québec d'après-guerre. Dans tous les cas, le tableau analysé serait toutefois insuffisant à démontrer une thèse *in extenso* . Dépendamment de l'objet d'étude fouillé, il pourrait illustrer un processus, fonder une partie de l'interprétation, corroborer une affirmation qualitative, faire voir un même phénomène sous un aspect différent.

Un tableau peut toujours avoir de multiples fonctions dans une stratégie d'argumentation. L'important est de ne pas exagérer son contenu, son sens et ses propriétés réelles de démonstration.

8

Comment utiliser le document autobiographique dans une recherche

Depuis une dizaine d'années, tant en Europe qu'en Amérique, la recherche en sciences humaines et en sciences sociales s'est orientée vers de nouveaux objets d'étude. Pensons par exemple aux phénomènes d'identité et de mémoires collectives, à l'imaginaire social et aux représentations mentales, aux formes de solidarité se manifestant chez les groupes marginalisés, etc. De nouveaux "sujets" sont également apparus dans le champ des enquêtes sociales : les pauvres, les criminels, les paysannes... bref l'ensemble de ceux et celles dont on peut difficilement reconstituer l'univers des pratiques et des sentiments grâce aux seuls documents conventionnels.

L'approfondissement de ces nouveaux objets d'étude, d'une part, l'intérêt porté pour ces nouveaux sujets, d'autre part, ont alerté les chercheurs quant aux limites du matériel archivistique existant. Ils ont en même temps renouvelé leur intérêt pour certaines sources documentaires mises en veilleuse par la domination pratiquement exclusive des approches quantitatives. Les contes et les légendes populaires, les journaux intimes et les souvenirs personnels, les récits de vie et les autobiographies se sont ainsi révélés, au fil des ans, de très précieux témoignages sur lesquels il était possible de capitaliser pour appréhender les manières de dire et de faire de ces catégories sociales dont on ne connaissait souvent qu'une facette du mode de vie et de la culture : celle que nous avait livrée l'histoire, la sociologie et l'anthropologie académiques; ou celle qu'on était amené à leur donner à la suite d'un exercice souvent inconscient de déduction procédant de la déclinaison d'un modèle idéal, que ce modèle soit celui du prolétaire, de l'exclu ou du marginal.

L'objet de ce chapitre est précisément de faire ressortir l'intérêt d'exploiter l'une de ces "nouvelles" sources, l'autobiographie, dans le cadre d'une démarche visant à reconstituer l'univers matériel et mental de catégories sociales qui, souvent, n'ont pas été les principales productrices de la perception que l'on a, ou que l'on garde, de leur vécu. Évidemment, l'autobiographie n'est pas le seul type de document relevant de la littérature personnelle et permettant d'accéder au vécu intime de sujets. Pour l'étudiant qui ne peut s'engager dans une activité de recherche basée sur l'entretien biographique ou sur le repérage systématique de documents personnels, l'utilisation d'autobiographies écrites et déjà publiées représente souvent une solution de rechange enviable pour accéder à l'univers privé d'acteurs jusque-là relégués au rang de figurants des grands phénomènes macrosociaux.

Le but visé par ce chapitre n'est pas d'expliciter une méthode ferme et exclusive de travail pour manier le document autobiographique. Cette question, complexe et vaste au point où un ouvrage en entier devrait lui être consacré, nous entraînerait trop loin des objectifs de ce guide. En fait, le lecteur trouvera plutôt une argumentation portant sur l'intérêt et les limites de ce genre de document (§1). Il trouvera également exposée une démarche d'utilisation de l'autobiographie qui tient compte des caractéristiques particulières de ce document. Cette démarche sera exemplifiée à l'aide d'un cas fictif (§2). Dans l'ensemble, le but est d'abord d'initier l'étudiant aux qualités d'un type de document trop souvent laissé pour compte par suite de l'obsession scientiste des chercheurs.

1. LE DOCUMENT AUTOBIOGRAPHIQUE

Ce qu'est une autobiographie

L'autobiographie désigne simplement le récit rétrospectif écrit qu'une personne fait de sa propre vie, sans interlocuteur ou intermédiaire extérieur. Cette définition, comme l'a déjà mentionné Philippe Lejeune[1], exclut certains genres littéraires : la biographie rédigée par autrui, le roman qui s'évade volontairement de la réalité passée, les récits ne décrivant que des portions partielles ou circonstancielles de vie (souvenirs d'enfance, description d'un épisode en particulier de la vie d'adulte, etc.) et les journaux intimes.

L'élément de définition le plus important à retenir de l'autobiographie est qu'il s'agit d'un récit élaboré comme une réinterprétation de sa vie en vue de lui trouver un sens. L'acte d'écriture proprement dit est donc inséparable d'une prise de conscience (latente ou manifeste) et d'un effort d'intégration de divers épisodes dont chacun a été vécu de façon spécifique et sans s'inscrire nécessairement dans un projet de vie complet et logique.

Autrement dit, l'autobiographie est toujours, de façon implicite, un processus intelligent de remise en ordre de sa vie, une relecture raisonnée et rationalisée de son passé, un effort pour rendre tout à coup cohérents des centaines de tâtonnements quotidiens s'emboîtant mal les uns aux autres. Pour l'individu, il s'agit en quelque sorte de se percevoir comme l'aboutissement logique d'un dessein, chaque moment de sa vie s'inscrivant dans le déroulement de ce dessein. Jusqu'à un certain point, c'est ce dessein qui imprime un ordre à sa vie. C'est à travers le prisme de ce qu'il est finalement devenu qu'il enchaîne tous les moments de sa vie, qu'il élabore sa continuité, qu'il définit sa cohérence. Vivant son histoire une deuxième fois, l'individu recompose son vécu comme un tout sensé dont il est le produit final.

Cette nature ambivalente de l'exercice autobiographique, qui repose sur l'établissement d'un rapport dynamique et complexe entre le fait vécu et le fait composé (et recomposé), marque l'intérêt et les limites de ce document comme source d'information.

[1] *Moi aussi*, Paris, Le Seuil, 1986, p. 265, coll. "Poétique".

Intérêts et limites de l'autobiographie comme source d'information dans une démarche de recherche conventionnelle[2]

Malgré la multiplicité des travaux parus depuis une quinzaine d'années en sciences humaines et sociales, l'utilisation des autobiographies comme source d'information dans une démarche de recherche conventionnelle demeure marginale. En fait, très peu d'ouvrages ont uniquement capitalisé sur ces documents pour reconstituer des pans de vie, des réseaux de relations ou une culture du quotidien. Jusqu'à récemment, l'autobiographie était considérée comme une source de documentation complémentaire au document officiel. Cette façon d'envisager et d'utiliser l'autobiographie découle évidemment de l'obsession de scientificité qui a animé de nombreux chercheurs inscrivant leurs travaux dans l'un ou l'autre des paradigmes que Daniel Bertaux a qualifié de quantophéristes. Mais elle tient également au caractère ambigu de l'information véhiculée et transmise dans un tel document. L'autobiographie donne en effet des représentations du passé qui sont fondamentalement médiatisées par la position qu'occupe une personne au moment où elle rédige son récit. L'autobiographie ne fait pas que transposer les données accumulées dans une mémoire. Elle est aussi, de façon simultanée, un travail sur la mémoire, travail plus ou moins conscient, plus ou moins poussé. À l'instar de toute argumentation ou description empiriques, y compris, du reste, celles procédant d'une démarche scientiste, l'autobiographie n'est pas une transcription neutre ou même objectivée d'une réalité disparue. Elle est, dans le meilleur des cas, une interprétation informée qui se voudrait détachée.

L'autobiographie nous met donc en présence de reconstructions. Il s'agit d'un document susceptible de nous éclairer tant sur l'époque où il est écrit que sur l'époque dont il entend nous parler. Si l'on choisit d'apprécier l'autobiographie à partir des règles communément admises de validation d'un document (cf. chapitre 3 du guide), on doit admettre que ce type de source révèle un savoir crédible en rapport avec les expériences vécues, perçues et interprétées par le témoin devenu écrivant. On aurait tort de penser, toutefois, qu'il ne s'agit pas là d'un savoir valable. D'ailleurs, la question ne se pose pas en ces termes. La qualité d'un document autobiographique se mesure, nous dit David Vincent[3], non pas dans la véracité absolue des faits racontés mais dans la capacité d'un écrivant à saisir la complexité de son rapport interactif avec le monde ambiant. Cette capacité se révèle dans l'habileté d'un auteur à comprendre la signification et la cohérence de ses expériences passées. Elle se manifeste aussi dans son souci du détail et dans la qualité de son introspection personnelle, le vécu individuel étant ici considéré comme révélateur de pratiques sociétales plus larges. C'est pourquoi le chercheur intéressé par le document

[2] Nous entendons par là une démarche de vérification et de documentation d'une hypothèse de départ. Essentiellement, la recherche consiste à trouver, dans le corpus rassemblé en fonction d'un projet explicite, des informations susceptibles de confirmer ou de nuancer l'intuition initiale du chercheur. Le problème méthodologique principal devient, dès lors, de savoir chercher l'information désirée dans le corpus biographique. Nous n'abordons pas dans ce chapitre les problèmes spécifiques posés par l'utilisation d'une seule autobiographie comme fondement d'une recherche.

[3] *Bread, Knowledge & Freedom : A Study of Nineteenth-Century Working Class Autobiography* , Londres et New York, Methuen, 1982, coll. "University Paperback", 790, p. 6.

autobiographique portera particulièrement attention à l'"effort de mémoire" de l'écrivant et à sa capacité de maîtriser l'interprétation qu'il fait des épisodes de sa vie racontée.

En dépit de ce problème d'ambiguïté dont il faut absolument tenir compte lorsqu'on utilise des autobiographies comme sources d'information, l'intérêt de ces documents demeure considérable, y compris dans le cadre d'une démarche de recherche conventionnelle. Pour au moins deux raisons. D'abord parce qu'ils ouvrent des perspectives nouvelles de recherche, ce qui peut conduire à penser le passé autrement, à découper de manière différente la matière historique, à briser les périodisations traditionnelles liées aux grands événements pour leur préférer les rythmes générationnels, des échelles de durée ayant la vie des hommes et des femmes comme référent temporel. Ensuite parce que ces documents sont parfois le seul moyen d'accéder à l'univers matériel et mental de catégories sociales pour lesquelles nous possédons peu d'informations qui n'aient déjà été médiatisées par la perception d'autres catégories sociales. L'exemple des moeurs sexuelles et des pratiques contraceptives en vigueur au sein de la société québécoise d'avant 1900 (société que l'on a longtemps crue prisonnière des interdits religieux et de l'autorité patriarcale par suite de la perception que nous avait laissée les élites de l'époque) est un bon cas illustrant l'intérêt d'utiliser le document autobiographique pour appréhender et mettre au jour une autre réalité sociale, celle de femmes soucieuses d'échapper à une maternité non désirée ou cherchant volontairement à s'éloigner du modèle colporté de la féminité.

Mais le renouvellement des problématiques et des visions de l'histoire entraîné par l'utilisation d'autobiographies n'est que partiel. Lorsqu'on parle d'autobiographie, on doit savoir en effet qu'il s'agit d'un genre littéraire bourgeois essentiellement relié au développement de l'individualisme en Occident. On doit savoir aussi que la majorité des autobiographies nous vient de représentants de catégories aisées, sinon éduquées, à tout le moins cultivées, de la population. Or sur ces catégories, nous possédons beaucoup de renseignements tirant leur origine de sources d'information variées. De même lorsqu'un récit nous vient d'un "groupe minorisé", grandes sont les chances qu'il ait été rédigé par une élite de ce groupe. Enfin, ce sont souvent des hommes et des femmes exceptionnels qui décident d'écrire pour la postérité. Nous ne voulons pas dire par là que les écrivants sont nécessairement des êtres aux destins singuliers ou dont la qualité du vécu est supérieure. Écrire est cependant une forme d'extériorisation qui révèle une volonté d'expressivité qui n'est pas la manière de faire, et donc de vivre, de tous. Ceci nous permet de souligner un point capital : il est nécessaire d'être extrêmement prudent sur le niveau de généralisation auquel l'on peut parvenir à partir de l'analyse d'autobiographies. Dans la perspective de leur utilisation dans une démarche de recherche conventionnelle, elles doivent être, à l'instar de tout autre document, soumises à un exercice de contextualisation poussée et bonifiées le cas échéant par d'autres sources d'information.

2. UTILISER LE DOCUMENT AUTOBIOGRAPHIQUE DANS LE CADRE D'UNE RECHERCHE CONVENTIONNELLE

Essentiellement, la question abordée ici est la suivante : comment constituer un corpus d'autobiographies et comment chercher de l'information dans ce corpus lorsque l'on a un problème théorique de départ ou une hypothèse à vérifier?

Précisons d'abord que le chercheur désireux d'utiliser l'autobiographie comme source d'information doit être conscient de certains problèmes spécifiques posés par ce genre de document. Pour en tirer profit dans le cadre d'une démarche de recherche conventionnelle, il devra bien sûr la soumettre à un processus de validation qui prend souvent la forme d'une critique interne et externe de document. Cet exercice de critique lui permet de documenter le contexte de production et de diffusion de chaque autobiographie, ce qui ne peut qu'enrichir les conclusions auxquelles il parvient à la suite de son analyse. Mais le chercheur devra aussi se souvenir que l'autobiographie est un document faisant état d'un vécu singulier, un document qui révèle une totalité sociétale dans les méandres de sa complexité et de sa diversité. C'est pourquoi il ne pourra pas soumettre son corpus à certaines méthodologies reconnues comme étant efficaces pour d'autres types de document, par exemple l'analyse de contenu. Enfin, la perspective à partir de laquelle il choisira d'étudier son document dépendra étroitement des finalités de sa recherche. Cette étude portera sur le contenu manifeste du récit (ce que dit explicitement le texte) ou sur le contenu latent de l'autobiographie (ce que dit le texte à un second degré, mais qui est tout de même accessible à un lecteur informé et curieux). Voyons la chose de plus près en illustrant notre argumentation par un exemple fictif.

Le choix des autobiographies

Parce que, précisément, une autobiographie est toujours le récit de pratiques singulières qui révèlent une totalité sociale s'exprimant dans son hétérogénéité, le chercheur aura avantage à recueillir un corpus d'autobiographies aussi exhaustif que possible pour étudier la question qui l'intéresse. Constituer un corpus d'autobiographies n'est pas une tâche facile, surtout si le chercheur ne dispose d'aucun ouvrage permettant le repérage rapide de tels documents[4]. Il devra alors se rabattre sur des informateurs spécialisés ou sur des intervenants du milieu, archivistes, responsables de sociétés historiques, animateurs de groupes populaires, directeurs de centres de recherche, etc., qui eux connaissent souvent l'existence d'autobiographies publiées (mais difficiles d'accès) ou inédites.

Une fois le corpus constitué, encore faut-il, s'il est abondant, sélectionner les autobiographies qui seront effectivement analysées et étudiées. Cette sélection implique la lecture préalable de toutes les autobiographies, histoire de repérer celles qui semblent les plus riches tant du point de vue de leur contenu que du point de vue des attentes du chercheur. Cette lecture peut être rapide mais elle devra être assez attentive pour ne pas laisser échapper de pièce importante. Une fois terminée cette étape de la reconnaissance du corpus, le chercheur peut procéder à la sélection définitive des autobiographies qu'il étudiera de manière privilégiée. En dernière instance, cette sélection est fonction de la qualité d'un document. Elle est aussi fonction des objectifs visés par le chercheur dans son projet. En fait, la sélection des autobiographies doit faire état d'un judicieux compromis entre les attentes explicites du chercheur et les surprises toujours implicites à un corpus documentaire.

Illustrons cette étape de sélection des documents autobiographiques à l'aide d'un exemple.

---

[4] Pour le Québec, il existe un répertoire d'autobiographies, celui d'Yvan Lamonde, *Je me souviens : La littérature personnelle au Québec (1860-1980)*, Québec, IQRC, 1983, 275 p., coll. "Instruments de travail", 8.

Imaginons une recherche s'intéressant à la question de l'assimilation, par les cultivateurs vivant dans une région périphérique du Québec au début des années 1960, de la culture de la modernité.

Inspiré par une problématique en vogue, le chercheur pose l'hypothèse d'un retard culturel des campagnards sur les normes s'imposant notamment en milieu urbain, retard d'ailleurs à la source des problèmes de pauvreté sévissant dans les régions rurales éloignées des grands centres. Cette hypothèse de retard lui semble confirmée lorsqu'il prend note, statistiques à l'appui, du degré de mécanisation des fermes dans les villages périphériques qu'il étudie, de la possession par les ménages de biens d'équipement modernes (cuisinière, téléviseur, etc.), de leurs pratiques de dépense et d'épargne (capitalisation des fermes, utilisation des services bancaires, etc.) et de leur culture politique (formes organisationnelles que les cultivateurs se donnent pour faire reconnaître leurs droits auprès de l'État). Cette étude quantitative, si elle lui permet d'observer des différences de degrés, de niveaux et de pratiques, ne donne pas de réponse à son interrogation principale : comment justement expliquer ces différences? Où en trouver l'origine? Notre chercheur a bien sûr des intuitions qu'il énonce encore de manière simple. Ces intuitions vont de la "mentalité traditionnelle des cultivateurs" à l'existence de deux systèmes culturels distincts, l'un urbain et l'autre campagnard, systèmes entretenant certes des rapports mais n'étant pas vraiment comparables.

Pour assouvir sa soif d'expliquer, il lui faut donc exploiter d'autres corpus d'informations. Il lui faut aller au-delà de ce que révèle une simple appréciation quantitative des phénomènes ou la traditionnelle enquête fondée sur des questionnaires sociologiques rigidement structurés. Le récit de vie et l'entretien biographique lui apparaissent une solution. Il préférerait cependant accéder à un niveau d'intimité des locuteurs qui n'a pas été entachée par les attentes d'un intervieweur. L'autobiographie se révèle dans cette perspective un document intéressant à fouiller. Certes, le chercheur n'ignore pas que l'écrivant, lorsqu'il rédige son récit, le fait pour qu'il soit lu par d'autres, et construit donc son propos en fonction d'attentes présumées. Il n'ignore pas non plus que l'autobiographie est un récit truffé d'anecdotes et de faits plus ou moins vraisemblables et qu'elle s'organise autour d'une trame appliquée *a posteriori*, souvent au terme d'une vie. Néanmoins et ce, dépendamment de la richesse des récits, il considère l'autobiographie comme révélatrice de pratiques partagées. Mieux encore, il sait que, dans le processus intellectuel de narration de ses faits de vie, l'écrivant donne ses impressions, explique ses actions, manifestement ou non, et dévoile le sens caché de ses choix quotidiens. En d'autres termes, il permet au lecteur de comprendre comment lui, acteur social maintenant écrivant, a pensé et vécu ses engagements quotidiens. Pour notre chercheur, le document autobiographique se révèle dans ce cas précis un moyen d'accéder à une culture originale qu'il est important de ne pas caractériser à partir des catégories d'une autre matrice de pensée, en l'occurrence celle de la modernité.

Pour trouver ses autobiographies, le chercheur peut se rabattre sur certains ouvrages de référence qui donnent des listes exhaustives de tels documents. Il peut aussi consulter un personnel spécialisé : archivistes, responsables de groupes populaires locaux, directeurs de sociétés historiques, etc. Il peut enfin, s'il en a les moyens et le temps, se rendre sur place et enquêter auprès d'informateurs résidents sur l'existence d'autobiographies publiées (qui lui auraient échappé) ou inédites. Toujours est-il qu'au terme de sa recherche d'autobiographies, il récolte une vingtaine de documents, essentiellement des récits rétrospectifs écrits de cultivateurs. Une reconnaissance rapide de son corpus lui révèle des documents de qualité inégale.

Une fois son corpus rassemblé, il lui faut procéder au choix définitif de ses autobiographies. Ce choix est très lié à ses objectifs de recherche. S'il veut procéder à une étude exhaustive des pratiques des cultivateurs en région périphérique, s'il veut saisir un maximum de pratiques singulières (et dès lors accéder à un maximum de significations de ces pratiques), il lui faut étudier ses vingt documents. Chaque autobiographie est en effet unique, c'est-à-dire qu'elle peut révéler des systèmes d'actions et de significations de ces actions qui sont uniques et qui, à leur façon, témoignent précisément de la richesse et de la complexité de la culture des cultivateurs vivant en région périphérique. Si son temps et ses moyens d'investigation sont limités, il pourra procéder à une sélection raisonnée d'autobiographies. Dans notre cas, admettons que cette sélection s'effectue suivant le critère de la richesse de contenu d'un document. Le critère de la représentativité peut difficilement s'appliquer dans la sélection d'autobiographies. En effet, le recours au document autobiographique dans une démarche de recherche a précisément pour objectif d'aller à l'encontre de cette tendance réductrice découlant nécessairement de l'utilisation des approches quantitatives ou macroscopiques. Une étude tirant profit d'autobiographies a d'abord le mérite de révéler au grand jour la complexité et la pluralité des vécus quotidiens.

Son choix effectué (imaginons que notre chercheur décide d'étudier minutieusement tout son corpus), il lui faut maintenant passer à l'étape de l'élaboration d'une méthodologie pour analyser ses documents.

L'élaboration d'une méthodologie d'analyse

Par méthodologie d'analyse, nous entendons simplement un ensemble de moyens permettant d'entrer en rapport avec le contenu des autobiographies, c'est-à-dire de les exploiter pour des fins de recherche.

L'autobiographie, nous l'avons dit, est un récit de pratiques singulières qui, même s'il donne accès à une certaine totalité sociale condensée dans un sujet, ne révèle pas des pratiques réductibles à cette totalité. En d'autres termes, l'autobiographie permet d'accéder à une totalité envisagée dans ses singularités expressives; mais cette totalité n'a pas de valeur axiomatique. Il n'y a pas d'abord la totalité qui recouvre de multiples pratiques; il y a ces multiples pratiques qui obligent à percevoir la totalité comme une réalité plurielle, irréductible et complexe. C'est pourquoi l'autobiographie n'est pas un document approprié pour être soumis à des analyses de quantification, de catégorisation poussée ou de typologie. La spécificité du matériau autobiographique se trouve justement dans les procès historiques singuliers qu'il permet de retracer. Pour cette raison, des méthodologies comme l'analyse de contenu, qui insistent justement sur ce qu'il y a d'occurrent, d'unitaire et de "synthétisable" au sein d'un corpus documentaire, ne sont pas vraiment adaptées à l'analyse du document autobiographique. L'utilisation d'autobiographies n'est pas destinée à reconstituer un vécu standardisé. Elle est au contraire utile pour mettre au jour les significations totalisantes de l'histoire personnelle. Elle est utile pour retracer l'histoire de la destruction et de la reconstitution continuelle d'une réalité apparemment homogène dans ses vécus hétérogènes, éclatés et singuliers. Évidemment, il se trouve des chercheurs pour qui l'analyse de contenu est tout à fait appropriée pour l'étude d'un corpus autobiographique. Ceux-là doivent être conscients qu'ils restent prisonniers d'une démarche conventionnelle ne quittant pas la logique de la mesure et des relations entre variables[5]. Leur objectif implicite demeure celui de reconstituer une réalité macrosociale à partir de la prise en compte d'itinéraires individuels considérés comme autant de variantes dégradées d'un type idéal. L'acteur reste toujours un cadavre et le chercheur, une sangsue anxieuse de construire son objet déshumanisé. Nous sommes à l'extrême opposé de l'enrichissement que peut procurer une démarche fondée sur l'utilisation d'autobiographies.

Quelle méthodologie se révèle alors la plus appropriée?

Pour le chercheur débutant, la meilleure façon de procéder est certainement de recourir à une démarche de type empirique. Celle-ci comporte quatre étapes :

— cerner des situations, actions, épisodes, méditations, etc., dans le corpus rassemblé; surtout, éviter de lire les autobiographies à partir d'un modèle fermé d'action sociale ou d'une grille classificatoire serrée de comportements présumés. L'objectif n'est pas de catégoriser la matière des récits ou de typer les vécus mais d'observer la réalité sociale dans ses multiples dimensions, au ras des pratiques individuelles.

— résumer brièvement, sur fiches, ces actions, situations, etc., en respectant scrupuleusement le contexte dans lequel elles sont placées par l'écrivant.

— essayer de mettre au jour les significations totalisantes traversant l'action ou la situation identifiée. Ces significations sont souvent données par l'écrivant lui-même. Elles peuvent être aussi décodées à partir d'un exercice de mise en contexte plus large : ce que l'on sait de la réalité historique et sociologique de la communauté élargie à laquelle appartient l'écrivant; ce que l'on a déjà appris à la lecture d'autres documents autobiographiques constitutifs du corpus rassemblé; ce que l'on peut présumer raisonnablement à partir de l'analyse à laquelle se sont livrés d'autres chercheurs travaillant sur des documents autobiographiques à peu près comparables; ce que l'on sait à partir d'autres sources documentaires (études spécialisées, enquêtes anthropologiques ou sociologiques, etc.).

— interpréter provisoirement l'action et la situation à la lumière des connaissances générales que l'on a sur le genre autobiographique à une époque donnée, sur l'économie politique d'une société, sur son histoire, etc. Surtout, ne pas réduire l'action ou la situation à un cas d'espèce; au contraire, réenvisager une totalité à partir de la prise en compte de l'originalité d'une situation singulière.

---

[5] Voir à ce propos Nicole Gagnon, "On the Analysis of Life Accounts", dans *Biography and Society : The Life History Approach in Social Sciences* , éd. par Daniel Bertaux, Beverly Hills (CA.), Sage, 1981, p. 47-60; republié dans *Récits de vie et mémoire : Vers une anthropologie historique du souvenir* , éd. par B. Jewsiewicki et F. Montal, Québec, SAFI / L'Harmattan, 1988, p. 191-211.

Parce qu'il s'agit d'une autobiographie, le chercheur tiendra compte, dans son analyse, des particularités distinctives de ce genre de document. Nous voulons dire par là qu'il doit être conscient de certaines formes que prend le récit autobiographique : autojustification implicite de l'écrivant, transcendance de son destin, construction sociogrammatique du propos, illusion rétrospective, etc. Le chercheur doit être conscient de ces caractéristiques pour en tirer avantage. En effet, ces manies d'écrivant ne diminuent en rien la qualité des documents. Elles ouvrent au contraire la porte à une étude de l'imaginaire individuel, à une étude de l'aspect subjectif de la culture, etc. En fait, le chercheur procédant à partir de l'utilisation d'autobiographies n'a pas à se livrer à une démarche de validation et de critique de contenu comparable à celle que l'on applique ordinairement au document. L'autobiographie révèle des pratiques singulières, certes. Mais c'est précisément la singularité de ces pratiques qui intéresse le chercheur et non leur caractère plus ou moins représentatif. L'autobiographie donne un savoir non soumis à la contrainte de la preuve documentaire, bien sûr. Mais c'est précisément le fait senti, pensé et vécu en même temps que décrit et narré qui intéresse le chercheur. En d'autres termes, c'est la répercussion sentie par l'individu de son insertion dans l'histoire qui fascine l'observateur[6]. Enfin, l'autobiographie est un récit subjectif explicite qui ne respecte nullement les règles de l'objectivation scientifique et qui, de surcroît, prend souvent la forme d'un discours de sens. Mais c'est justement le récit comme noeud et source de significations, le récit comme conscience historique subjective qui captive le chercheur.

En fait, l'utilisation d'autobiographies implique une rupture avec les manières conventionnelles de traiter le document. Cette rupture n'est pas seulement d'ordre méthodologique (façon d'utiliser et d'analyser le document) mais aussi, jusqu'à un certain point, d'ordre épistémologique (façon de l'envisager et de l'interpréter). Reprenons nos propos sur la méthodologie d'analyse à la lumière, cette fois, de l'exemple que nous avons commencé d'étudier.

Rétablissons le fil : notre chercheur a décidé de conserver, pour les analyser minutieusement, ses vingt autobiographies. Son objectif de recherche, énoncé à partir d'une vision extérieure des choses, est de comprendre pourquoi les cultivateurs n'assimilent pas les normes de la modernité telles qu'elles s'imposent au sein de la société globale. Il estime que saisir le vécu du cultivateur par l'intérieur, grâce à des autobiographies, pourrait lui apporter des éléments de réponse non biaisés par la matrice de pensée à partir de laquelle il envisage lui-même la réalité qu'il observe.

Il commence par lire toutes ses autobiographies en essayant de repérer les passages qui, suivant ses intérêts spécifiques, expriment une situation de "refus du modernisme". Sa lecture attentive des documents l'oblige toutefois à modifier rapidement son tir. Elle l'oblige en effet à cesser de chercher des situations de refus du modernisme pour plutôt mettre l'accent sur la découverte de situations épisodiques qui, à leur façon, révèlent et donnent accès à des systèmes d'actions non repérables par les approches quantitatives conventionnelles. La compréhension qu'il a de ces systèmes d'actions est nulle, c'est-à-dire qu'il est incapable pour l'instant de construire théoriquement son objet d'étude, incapable aussi de transformer son intuition en une représentation

---

[6] Expression empruntée à Gagnon, p. 200.

mentale opérationnelle. Il ne peut apprécier le contenu de son corpus documentaire à partir d'un modèle sociologique. Il est seulement conscient d'une réalité différente et originale qui lui est révélée par les pratiques des cultivateurs, réalité qui ne peut être comprise comme l'expression perverse d'un système d'actions idéal. Pour saisir ce système d'actions dans un maximum de ses manifestations singulières, il sait qu'il lui faut parcourir tout le contenu de ses autobiographies. À court terme, il ne peut être question pour lui de bâtir une théorie totalisante des systèmes d'actions sociales en régions périphériques. Tout au plus peut-il décrire un certain nombre de pratiques qu'il pourra par la suite interpréter à la lumière de son expérience, de ses connaissances, des problématiques auxquelles il adhère, etc.

La méthodologie qu'il suit est assez simple : il cerne, dans les récits, toutes les situations décrites qui lui paraissent caractéristiques d'un système d'actions sociales original. Puisqu'il est encore incapable d'identifier les ramifications de ce système d'actions sociales, il le définit provisoirement et largement comme l'ensemble des actions qu'il est incapable de comprendre (ou qu'il taxe immédiatement d'irrationnelles ou de traditionnelles) s'il les situe dans sa propre matrice de pensée. Cette définition lui permet de découvrir bien des situations qu'il aurait ignorées s'il avait continué de procéder à partir de sa problématique initiale.

Les situations qu'il découvre, il les décrit brièvement sur des fiches. Cette façon de faire lui permettra ultérieurement d'apparenter des pratiques ou de noter leur diversité, et de présenter ainsi une interprétation aussi nuancée et riche que possible de la réalité qu'il observe à travers ses documents. Il note aussi scrupuleusement le contexte de la situation évoquée par l'écrivain : où elle se situe dans le récit, comment elle est présentée et pourquoi, quel est l'ensemble du propos qui s'y réfère, etc. Tous ces détails sont indispensables pour l'interprétation réfléchie d'une situation ; indispensables aussi pour accéder à la conscience qu'a l'écrivain des faits, actions et épisodes qu'il décrit.

Si bien qu'au terme de sa lecture attentive et de son travail de repérage systématique, notre chercheur se retrouve avec une centaine de fiches décrivant autant de situations qui lui paraissent caractéristiques d'un système d'actions sociales qu'il ne comprend pas. Sur l'une de ces fiches, on retrouve le passage suivant, tiré de l'autobiographie de Donald Leclerc :

> Quand mon gars a eu quinze ans, c'était vers 1959, il partait toujours vers le village, rencontrer des amis, qu'il disait. C'est pas qu'il revenait tard ou qu'il était particulièrement malcommode, mais ça m'intriguait ces sorties-là. Un soir, je l'ai suivi. Je l'ai vu rentrer dans la maison d'Aristide... Je savais qu'Aristide avait la T.V. Il aurait fallu être aveugle pour ne pas le savoir. Depuis que cette boîte-là était entrée dans la baraque, il y avait des invités qui se présentaient chaque soir pour visiter la famille. Des files sur le perron...
>
> Quand mon gars est revenu, ce soir-là, je lui ai fait la remontrance. Je lui ai dit que la T.V., c'était bon pour le monde qui avait du temps à perdre. Il m'a même pas laissé finir. Je me souviens pas ce qu'il a dit, mais je me souviens qu'on s'est pas mal disputé. Ça oui. Depuis un bout de temps, mon fils et moi, c'était pas comme avant. Mais ce soir-là, je me rappelle, il m'a presque engueulé. Ça m'a fait bien de la peine. Je comprenais pas qu'un fils pouvait presque engueuler son père. Je me suis couché avec un point dans l'estomac. Ça m'a marqué. Je m'en souviens comme si c'était hier. Il me semblait que le monde était plus pareil. Un fils qui engueule son père...

Et sur une autre fiche, provenant de l'autobiographie d'Arthur Latraverse, on peut lire :

> Ils voulaient nous éduquer. Ils voulaient nous montrer comment travailler notre terre. Je me souviens bien du terme qu'ils employaient : rationnellement. D'ailleurs ce mot revenait toujours dans ce qu'ils disaient. Ils voulaient surtout qu'on dépense, qu'on achète : des machines, de l'engrais, des outils. Pour produire plus, qu'ils disaient. Si j'avais acheté un autre tracteur, qui faisait tout plus vite, mon gars serait parti, parce que j'aurais pu faire l'ouvrage tout seul. J'y aurais rien appris. Puis d'un autre côté, ça m'aurait rapporté quoi de dépenser pour un autre tracteur. J'aurais été sur la finance. J'aime pas ça les banques. On perd notre indépendance. En plus j'aime ça travailler tranquillement. Petit train va loin. Avec la machine qu'ils auraient voulu que j'achète, je me serais tourné les pouces à midi. Ma femme ne l'aurait pas toléré. Elle aime pas que je l'achale l'après-midi. Moi non plus. Un temps pour toute chose, chaque chose en son temps, comme on dit. En tous les cas, ils m'ont pas eu. Puis je le regrette pas. J'aurais été pris à la gorge. Là, c'est sûr, j'ai pas grand chose. Mais je m'appartiens.

Deux situations qui laissent entrevoir, suivant la problématique de départ de notre chercheur, un refus de la modernité, des normes de la société d'abondance et du changement. Dans un cas le refus de la télévision, dans l'autre, celui du tracteur. Pourtant, ces passages sont riches. Ils laissent deviner les raisons à l'attitude des acteurs. Prenons le premier cas. Tout l'épisode semble tourner autour de la difficulté du père à comprendre l'intérêt de son fils pour la télévision, façon nouvelle de se divertir. Plusieurs indices montrent cependant que c'est la déconstruction d'un espace de l'autorité parentale qui préoccupe le père. L'appareil de télévision n'est pas le début ni la fin de l'histoire. Ce qui l'affecte, c'est la distance que prend manifestement son fils vis-à-vis une certaine tradition où le père, référence première, restait un éducateur privilégié et un définiteur de normes. Dans ce cas, le téléviseur n'est que le support de cristallisation d'un ensemble de pratiques sociales auxquelles adhère le jeune et qui contredisent celles qu'avait assimilées le père. Cherchant une cause tangible à laquelle il pouvait s'en prendre pour bâtir l'argument de sa récrimination, le père prend prétexte du téléviseur pour récupérer son espace traditionnel d'autorité, ce que refuse le fils. Drame caractéristique de l'adolescence diront certains. Situation exemplaire de la transformation des rapports intergénérationnels dans une communauté en transition, diront d'autres. Peu importe l'explication à laquelle recourra finalement notre chercheur. Chose certaine, il ne pourra pas simplement interpréter l'épisode du téléviseur comme la manifestation d'un refus du modernisme. Cette attitude spécifique, il devra la contextualiser par rapport à ce que l'on sait des rapports intergénérationnels dans les familles campagnardes du Québec à la fin des années 1950. Il devra aussi la contextualiser par rapport à toute une gamme d'informations ponctuelles provenant d'autres autobiographies qu'il possède ou d'autres documents qu'il connaît et ce, non pour corroborer des faits mais pour enrichir les situations les unes par rapport aux autres. Enfin, il pourra tirer profit, le cas échéant, d'analyses de pratiques à peu près semblables auxquelles se sont livrés des chercheurs travaillant sur d'autres autobiographies. En matière d'analyse autobiographique, chaque étude de pratiques se révèle porteuse d'un enrichissement pour la démarche d'analyse dans son ensemble. Lire des études fondées sur l'utilisation d'autobiographies apparaît dès lors essentiel à tout chercheur intéressé par ce type de document. Cela non pas pour trouver des modèles d'analyse mais pour découvrir la pluralité des pratiques individuelles.

Cette démarche d'analyse, notre chercheur devra la refaire de manière exhaustive pour chacune des situations qu'il a cernées. Dans le deuxième cas, encore une fois, ce n'est pas le refus du modernisme qui est en cause. C'est l'indépendance hautement valorisée du cultivateur que l'homme ne veut pas négocier. C'est son statut d'éducateur privilégié qu'il ne veut pas perdre. C'est sa capacité à gérer partiellement l'avenir de son aîné qu'il veut conserver. C'est la façon dont il envisage son travail (un mode de vie, non pas une activité professionnelle) qu'il ne veut pas renier. Un tracteur n'est pas simplement une machine. C'est le point d'origine d'un ensemble de rapports sociaux et d'une dynamique économique différente. Le cultivateur le comprend bien. Et comme il ne voit pas comment un tracteur pourrait renforcer la cohésion de sa famille, la machine ne lui paraît aucunement avantageuse. Ce que ne comprend pas l'agronome, qui envisage toute la réalité à partir d'une autre matrice de pensée.

La construction d'une interprétation

Dans une recherche de type conventionnelle, l'analyse n'est qu'une étape intermédiaire vers l'interprétation. Cette phase finale de la démarche intellectuelle est celle où le chercheur reconquiert son espace de liberté et d'imagination. Il a beau procéder à partir d'une matière brute sur laquelle il n'a jamais pu imposer sa trace, dès qu'il cherche à découvrir les significations totalisantes d'une pratique, il spécule en partie sur une réalité qu'il doit recomposer de manière partiellement abstraite. Cette spéculation est plus ou moins vraisemblable, plausible, informée, complexe, raisonnable, légitime, etc. Elle est certes liée à la qualité des documents. Mais en dernière instance, elle est ce que vaut le chercheur.

Une fois l'analyse des autobiographies terminées, le chercheur peut commencer à tracer les grandes lignes de son interprétation. Celle-ci consiste à tirer profit des analyses, des mises en contexte et de toutes les informations rassemblées pour construire une argumentation. L'objectif n'est pas d'aboutir à une synthèse générale en évacuant les pratiques concrètes identifiées. Il s'agit de recomposer une certaine totalité sociale dans la pluralité de ses vécus. Ce ne sont pas les pratiques individuelles qui sont condensation ou résidu de la totalité. C'est une totalité qui n'existe que comme un ensemble de vécus. L'acteur est le point d'origine et le point d'arrivée de l'effort d'intelligence du chercheur. Acteur individuel au départ, il devient cependant acteur social au terme de l'analyse. Si la méthodologie choisie pose les conditions d'une transformation d'un matériau en une donnée sociologiquement analysable, l'interprétation correspond au moment où la sociologie des vécus peut être entreprise. Encore que cette sociologie ne doive pas être prétexte à une déshumanisation des acteurs...

Interpréter, c'est construire une argumentation en continu dont l'objectif principal est de mettre en parallèle ou de lier des situations décodées et analysées pour, finalement, recomposer des pratiques envisagées comme pratiques éclairantes d'un vécu jusque-là laissé dans l'ombre.

L'interprétation est ordinairement construite pour enrichir ou nuancer, en tout cas documenter une hypothèse de départ qui s'est raffinée dans le cours de la recherche.

Elle progresse suivant un plan logique et obéit à une stratégie de démonstration et de persuasion (voir chapitres 13 et 14 du guide). L'interprétation tire profit du travail d'analyse précédemment effectuée, mais cette fois de manière beaucoup plus ordonnée, par exemple autour d'un thème unificateur. Ainsi notre chercheur, qui veut désormais faire ressortir l'originalité du système d'actions sociales au sein d'une communauté éloignée, pourra identifier le thème des rapports intrafamiliaux et l'éclairer à partir de pratiques précises. Son argumentation pourrait être la suivante :

LES RAPPORTS INTRAFAMILIAUX

Plusieurs écrivants abordent, à travers leur récit, le thème des rapports intrafamiliaux. Les autobiographies analysées font état d'une variété de pratiques, de rapports et de vécus qui nous permettent d'accéder à certaines significations importantes des attitudes et des choix des cultivateurs vivant en région éloignée. L'analyse informée de ces significations nous fait découvrir un monde complexe, aux cohérences continuellement mises à l'épreuve par les stimuli, les informations et les sollicitations provenant de la société globale. À travers leurs récits, les cultivateurs apparaissent comme des individus cherchant à résoudre les problèmes posés par un environnement en transition. Vues de l'extérieur, ces solutions se présentent comme un refus du modernisme. En fait, il s'agit de choix mûris, conditionnés par un objectif fondamental, celui du maintien à tout prix de la cohésion familiale. Voyons comment la recherche de cette cohésion familiale s'est exprimée dans certaines pratiques concrètes.

La tolérance et la réprobation dans les rapports intergénérationnels

C'est le maintien d'un espace traditionnellement défini d'autorité et de valorisation personnelle qui trace la ligne de démarcation entre la tolérance et la réprobation paternelle. Citons le cas de Donald Leclerc racontant un épisode où il désapprouve son fils de regarder la télévision chez une famille vivant au village. L'appareil de télévision préoccupe le père parce qu'il place le fils dans un environnement social, cognitif et culturel où d'autres normes exercent leur effet d'attirance. Dès lors, la référence centrale que constitue le père peut être contestée, et elle l'est effectivement par le fils Leclerc. Un passage en particulier laisse penser que les sorties du fils n'auraient pas importuné le père si son garçon s'était livré à des activités ne mettant pas en péril, même indirectement, la cohésion familiale traditionnelle : "C'est pas qu'il revenait tard ou qu'il était malcommode...". Si l'on sait par ailleurs, et des enquêtes sociologiques l'ont démontré, que plusieurs familles de cultivateurs se procuraient finalement un appareil de télévision sans en avoir les moyens et ce, pour "garder les enfants à la maison", on peut voir à quel point la cohésion familiale était une valeur centrale dans l'économie des choix des cultivateurs habitant la région N...

Collaboration dans le travail et unité familiale

Le refus d'Arthur Latraverse d'acheter un tracteur s'interprète aussi, en partie, comme une façon de maintenir une forte cohésion et une grande complicité au sein de sa famille. S'il s'était procuré un tracteur, Arthur Latraverse aurait complètement modifié les formes de collaboration liant père, mère et enfants dans l'organisation quotidienne du travail au sein de la ferme. Ces formes de collaboration, qui renforcent de toute évidence l'unité familiale, ont également pour conséquence de rendre chaque membre de la famille indispensable, ce qui est essentiel pour nourrir la valorisation personnelle de chacun et permettre à la famille de continuer à fonctionner comme un tout.

On remarque que, dans ces paragraphes, le chercheur construit son argumentation en mêlant analyse des pratiques, citation de passages éclairants des autobiographies et recours à de l'information connue par ailleurs. Au total, le chercheur ne tire pas de conclusion générale. Son objectif est d'abord de mettre au jour et de comprendre raisonnablement une pluralité de pratiques qui, mises en parallèle, permettent de saisir dans toute leur complexité et dans leur historicité propre des vécus originaux.

Il est évidemment possible d'aller plus loin dans la démarche intellectuelle et d'aboutir à la construction de modèles très abstraits représentant un système d'actions sous son aspect idéal, typé. Mais cette démarche, qui procède d'une velléité implicite de découvrir des lois de fonctionnement du social à partir desquelles, souvent par la suite, des comportements sont jugés cohérents ou irrationnels, nous ramène dans le domaine de la science probabiliste où les sujets agissent comme des objets dotés de peu d'autonomie et où les structures ont un pouvoir totalement conditionnant. Une réalité bien différente de celle que l'autobiographie apprend à distinguer.

La bibliographie apparaissant ci-après permettra au chercheur d'aller plus loin dans sa maîtrise du document autobiographique.

POUR EN SAVOIR PLUS SUR LE DOCUMENT AUTOBIOGRAPHIQUE

Bertaux, Daniel. *Histoires de vies ou récits de pratiques? Méthodologie de l'approche biographique en sociologie.* Paris, Centre d'étude des mouvements sociaux, 1976. Miméo.

Bertaux, Daniel, éd. *Biography and Society : The Life History Approach in the Social Sciences.* Beverly Hill (CA.), Sage, 1981. 309 p., bibliogr., coll. "Sage Studies in International Sociology", 23.

Bruss, Elizabeth W. *Autobiographical Acts : The Changing Situation of a Literary Genre.* Baltimore, John Hopkins University Press, 1976. 184 p., index.

Delhez-Sarlet, Claudette, et Maurizio Catani, éd. *Individualisme et autobiographie en Occident : Actes du colloque Autobiographie et individualisme en Occident* (Cerisy-La Salle, 10-20 juillet 1979). Bruxelles, Éditions de l'Université de Bruxelles, 1983. 292 p., bibliogr.

Ferrarotti, Franco. *Histoire et histoires de vie : La méthode biographique dans les sciences sociales.* Préface de Georges Balandier. Introduction d'Emmanuel Lazega. Trad. de l'italien par Marianne Modak. Paris, Librairie des Méridiens, 1983 (éd. italienne, 1981). 195 p.

Fleishman, A. *Figures of Autobiography : The Language of Self-Writing in Victorian and Modern England.* Berkely (CA.), University of California Press, 1983.

Gagnon, Nicole, et Jean Hamelin, sous la dir. de. *L'histoire orale.* Saint-Hyacinthe, Edisem, 1978. 95 p., bibliogr., graph., coll. "Méthode des sciences humaines", 1.

Grele, Ronald, *et al. Envelopes of Sound : The Art of Oral History.* 2e édition. Chicago, Precedent, 1985 (1975). xvi-283 p.

Jewsiewicki, Bogumil, et Fabrice Montal, éd. *Récits de vie et mémoires : Vers une anthropologie historique du souvenir*. Québec, SAFI/L'Harmattan, 1988. 344 p., bibliogr. (279-344).

Joutard, Philippe. *Ces voix qui nous viennent du passé*. Paris, Hachette, 1983. 268 p., coll. "Le temps et les hommes".

Lejeune, Philippe. *Le pacte autobiographique*. Paris, Le Seuil, 1975. 357 p., bibliogr., index, schémas, coll. "Poétique".

Lejeune, Philippe. *Je est un autre*. Paris, Le Seuil, 1980. 332 p., coll. "Poétique".

Lejeune, Philippe. "Bibliographie des études en langue française sur la littérature personnelle et les récits de vie I : 1982-83". *Cahiers de sémiotique textuelle*, 3 (1984), 69 p.

Lejeune, Philippe. "Bibliographie des études en langue française sur la littérature personnelle et les récits de vie II : 1984-85". *Cahiers de sémiotique textuelle*, 7 (1986), 90 p.

Lejeune, Philippe. *Moi aussi*. Paris, Le Seuil, 1986. 346 p., bibliogr., 1 ill., coll. "Poétique".

"Les récits de vie". *Pratiques : théorie, pratique, pédagogie*, 45 (mars 1985). Numéro thématique.

Olney, James. *Metaphors of Self : The Meaning of Autobiography*. Princeton (N.J.), Princeton University Press, 1972. xi-342 p., bibliogr., index.

"Récits de vie et institutions". *Cahiers de sémiotique textuelle*, 8-9 (1986). Numéro thématique publié sous la direction de Philippe Lejeune.

Revue d'histoire littéraire de la France, 75, 6 (nov.-déc. 1975). Numéro spécial consacré à l'autobiographie.

Plummer, Kenneth. *Documents of Life : An Introduction to the Problems and Literature of a Humanistic Method*. Londres, Allen & Unwin, 1983. xiv-175 p., bibliogr., coll. "Contemporary Social Research Series", 7.

Poirier, Jean, Simone Clapier-Valladon et P. Raybaut. *Les récits de vie : Théorie et pratique*. Paris, Presses Universitaires de France, 1983. 238 p., bibliogr., coll. "Le sociologue", 52.

Thompson, Paul. *The Voice of the Past : Oral History*. Oxford, Oxford University Press, 1978. xi-257 p., bibliogr., index.

Weintraub, Karl Joachim. *The Value of the Individual : Self and Circumstance in the Autobiography*. Chicago, University of Chicago Press, 1978. xix-439 p., bibliogr., index, ill.

9

Comment mener une enquête auprès d'informateurs

L'enquête auprès d'informateurs est une pratique préconisée depuis longtemps par les chercheurs désireux d'amasser des données portant sur des aspects du vécu de personnes "ordinaires".

Pourtant, interroger un individu ne va pas de soi. En plus de poser des problèmes d'éthique que l'on ne peut écarter du revers de la main, cette pratique scientifique exige du chercheur une préparation spéciale, une bonne connaissance des techniques d'échantillonnage et des modes d'enquête, et la maîtrise des aspects liés à la conservation des documents et à l'anayse du matériel.

Ce chapitre a pour objectif d'introduire le chercheur aux différents aspects d'une enquête menée auprès d'informateurs. Après avoir brièvement décrit en quoi consiste une telle activité intellectuelle (§1), nous abordons dans le détail chacune des étapes marquantes d'une démarche d'enquête (§2). La dernière partie du chapitre récapitule les points de méthode présentés à l'aide d'un exemple emprunté à un type spécifique d'enquête auprès d'informateurs, les entrevues sociolinguistiques.

1. EN QUOI CONSISTE L'ENQUÊTE AUPRÈS D'INFORMATEURS?

Le journaliste assez décontracté qui interroge une personnalité dans un enchaînement de questions improvisées représente souvent l'image que l'on se fait de l'enquêteur. La réalité est toutefois bien différente. Que l'entrevue ait été réalisée à des fins journalistiques ou qu'elle réponde à des objectifs scientifiques, elle ne représente que la partie la plus visible, parfois la plus spectaculaire, d'une démarche qui va de la conception du projet à la préparation personnelle de l'enquêteur en passant par la recherche documentaire et l'élaboration d'un cadre d'interaction plus ou moins directif. L'investissement en temps et en énergie d'une telle démarche est à ce point important que le chercheur n'élaborera une méthodologie d'enquête auprès d'informateurs que si la recherche l'exige.

On a recours à des informateurs si l'on veut obtenir des données

— sur la culture orale, par exemple les contes, les chansons, les mythes;
— sur les savoir-faire, par exemple les techniques des métiers traditionnels;
— sur le mode de vie quotidien;
— sur les réactions, perceptions, représentations ou attitudes face à un fait social;
— sur la langue parlée spontanée.

Les ethnologues, les anthropologues, les sociologues et les linguistes sont généralement familiers avec l'enquête auprès d'informateurs. En effet, les données provenant d'entretiens provoqués constituent souvent leur principal objet d'analyse. Les historiens, les géographes, les philosophes et même, maintenant, les psychologues et les spécialistes des sciences de la santé, ont de plus en plus recours à des méthodes incluant les enquêtes orales afin de saisir la perception qu'a le "monde ordinaire" d'un phénomène. C'est dire à quel point l'enquête auprès d'informateurs est devenue une tendance forte de la recherche contemporaine.

2. LES ÉTAPES D'UNE DÉMARCHE D'ENQUÊTE

Il existe une variété de pratiques d'enquête. Ainsi, la préparation nécessaire à la cueillette de contes et de légendes n'est pas identique à celle qui donnera lieu à des entrevues portant sur le vécu des grévistes lors d'un conflit de travail ou sur la représentation de la douleur chez des patients. De fait, il est inconcevable de présenter une méthode universelle d'enquête qui soit pertinente pour toutes les situations d'entrevues auprès d'informateurs. La démarche d'enquête ne se présente pas sous la forme d'une recette "que l'on ne peut pas rater". C'est pourquoi notre propos consistera plutôt en un ensemble d'indications, de suggestions et de mises en garde à respecter au moment de la préparation et de la réalisation d'une enquête. Nous verrons d'abord les points communs à toute démarche d'enquête; puis nous aborderons les points spécifiques.

Points communs à toute démarche d'enquête

La nécessité d'avoir des objectifs précis de recherche

La recherche auprès d'informateurs se justifie seulement si elle répond à des objectifs précis. D'ailleurs, la qualité des données en dépend. Une attitude du genre : "Je vais amasser du matériel, je verrai ensuite ce que j'analyserai" est improductive et inefficace. Pendant longtemps, on a eu tendance à recueillir des témoignages et des récits de vie un peu comme on ramassait des antiquités. Le résultat est aujourd'hui catastrophique du point de vue de la gestion et de l'exploitation de ce matériel : les archives croupissent en effet sous une masse de documents sonores qui sont à toutes fins utiles inemployables parce que l'on ne possède pas suffisamment de renseignements sur les conditions dans lesquelles les enquêtes ont été réalisées.

On pense, avec raison d'ailleurs, que les personnes âgées détiennent un savoir et une expérience qui valent la peine d'être captés, conservés et diffusés. Pourtant, ce savoir et cette expérience ne constituent pas en soi une problématique de recherche. Pour devenir utiles et utilisables, les documents sonores, à l'instar des documents écrits, doivent être recueillis en fonction d'un but, soumis à un questionnement et à une critique, mis en contexte et documentés. C'est, trop souvent, ce qui cloche dans les opérations de sauvetage archéologique. Menées dans l'urgence du moment, dénuées de préoccupations scientifiques et sans objectifs précis, elles permettent certes de récolter des masses d'objets qui autrement seraient restées enfouies sous l'autoroute ou la nouvelle construction. Mais une fois les artefacts sortis de terre, comment les classer? Dans quel but les utiliser? Comment les interpréter?

Le chapitre 11 de ce guide apporte des précisions sur la façon de circonscrire un sujet de recherche et de définir un objet d'étude. Nous ne les reprendrons pas ici. Nous enchaînerons plutôt en abordant les problèmes d'éthique qu'implique toute enquête menée auprès d'informateurs.

Les aspects éthiques

L'éthique est le principe moral qui gouverne la conduite de tout chercheur. En ce qui concerne l'enquête auprès d'informateurs, ce principe se traduit par des normes de comportement axées sur le respect de l'informateur. "Ne pas faire", "faire attention", voilà deux directives que doit continuellement respecter le chercheur lorsqu'il interagit avec des informateurs.

Le chercheur qui réalise une enquête auprès d'informateurs donne parfois l'impression que l'importance de sa recherche a préséance sur la tranquillité et l'intimité des gens. En fait, l'individu peut bien être envisagé comme un acteur social ou objectivé en tant que sujet-témoin, il n'est pas pour autant un objet-témoin. Il est donc primordial de ne jamais heurter, blesser ou frustrer l'informateur. Celui-ci révèle des pans de son savoir sans en rien retirer. La meilleure façon d'aborder l'informateur est d'avoir une attitude simple, respectueuse et d'être bien préparé pour l'entrevue.

Par ailleurs, il faut être honnête avec l'informateur en lui révélant les motifs réels de l'enquête; on lui montrera également le matériel d'enregistrement utilisé lors de l'entretien. À moins de recevoir les permissions expresses de toutes les personnes participantes, il est primordial de préserver l'anonymat des informateurs et de garantir que les données ne serviront qu'aux fins pour lesquelles elles ont été collectées.

Précisons enfin que l'on ne doit jamais obliger un individu à se soumettre à un entretien ou à répondre à des questions. Refuser de collaborer est le droit fondamental de chacun.

La préparation des enquêteurs

Il y a rarement de mauvais informateurs; en revanche, on trouve assez souvent de médiocres enquêteurs. C'est un métier qui s'apprend, certes, mais qui exige certaines qualités personnelles. Il est donc conseillé de réaliser plusieurs essais fictifs auprès de personnes de son entourage avant de se lancer dans la véritable enquête.

Les qualités requises pour être un bon enquêteur sont la souplesse, la sensibilité, l'humour probablement et l'intérêt que l'on porte aux autres. L'enquêteur doit apprendre à poser les bonnes questions pour inciter l'individu à fournir les informations requises par les objectifs de sa recherche. Mais son rôle n'est pas de discuter ou de s'imposer. Il ne doit pas non plus jouer à l'inquisiteur. Il doit anticiper le seuil d'intimité que l'informateur ne veut pas franchir. Enfin, il doit interroger l'informateur en évitant d'encadrer *a priori* ses réponses et ainsi l'enfermer dans ses propres préconstruits ou suppositions. La principale difficulté de l'enquête orale est sans doute d'apprendre à écouter l'informateur et à ne jamais l'interrompre tout en étant actif. La capacité d'observation et le sens du discernement apparaissent comme deux qualités essentielles dans la conduite d'une entrevue.

Des sociologues ont dit que dans un contact interpersonnel les cinq premières minutes sont déterminantes pour établir une bonne ou une mauvaise relation. L'expérience confirme cette affirmation. Il suffit en effet de très peu de temps pour qu'un informateur devienne sceptique, réfractaire voire hostile, si la relation qu'établit l'enquêteur est distante ou agressive.

La préparation d'une rencontre avec un informateur exige aussi une bonne connaissance du matériel et ce, depuis le questionnaire utilisé lors de l'entretien jusqu'aux appareils techniques. Plus l'enquêteur maîtrise le matériel, plus il s'en dégage, ce qui influe sur le comportement de l'informateur qui devient aussi plus spontané. À cet égard, il est primordial de banaliser la technique au point d'en faire une source de distraction parmi tant d'autres. Un micro braqué sous le nez est certainement le meilleur moyen pour "geler" l'informateur. En fait, l'usage contrôlé du magnétophone présente un avantage indéniable : il dégage l'enquêteur de la contrainte de noter sur papier ce que dit l'informateur. Les interlocuteurs se retrouvent donc dans une relation plus naturelle.

Il est également essentiel de bien connaître les limites de la technologie que l'on utilise. Avec un magnétophone ordinaire, il est par exemple impossible de discerner les paroles d'individus qui parlent en même temps. Aussi conseille-t-on généralement de procéder à des enregistrements ne comportant pas plus de deux personnes présentes. Un plus grand groupe pose de sérieux problèmes, ne serait-ce qu'au niveau de la reconnaissance *a posteriori* des voix et de la possibilité que se développent plusieurs conversations simultanées. Mentionnons enfin quelques principes élémentaires : il est préférable d'enregistrer avec micro, à l'intérieur et si possible dans une petite pièce, surtout si la qualité de l'enregistrement est une condition essentielle aux analyses subséquentes, comme c'est le cas pour les données sociolinguistiques.

Au début de chaque enquête, on prévoit un temps et un système pour consigner les renseignements généraux qui concernent l'entrevue : le nom de l'intervieweur et surtout celui de l'interviewé apparaissent sous un code; on note également l'âge de l'informateur, son sexe, son occupation, sa scolarité, son origine, etc., le lieu de l'entrevue, les personnes présentes, les contacts précédant et suivant l'entrevue, les faits marquants de l'entrevue, bref tous les détails qui sont susceptibles d'avoir une quelconque incidence sur le déroulement de l'entretien. Ces renseignements sont indispensables puisqu'ils peuvent éventuellement permettre d'expliquer, en tout ou en partie, un comportement survenant pendant l'entrevue. De plus, ils remémorent continuellement au chercheur que son objet d'analyse consiste en des comportements verbaux humains et non en des artefacts.

147

Mentionnons enfin que, pour rendre possible la comparaison ou la mise en parallèle du comportement verbal des différents informateurs, les entrevues devront avoir été réalisées dans des conditions assez semblables.

Les aspects plus spécifiques d'une démarche d'enquête

Ici entre en jeu le domaine illimité de la méthodologie de l'enquête : qui l'on rencontre; comment on aborde les informateurs; comment on recueille les données; etc. Toutes ces questions trouvent une réponse dans les objectifs de la recherche.

L'échantillonnage

Combien de personnes faut-il interviewer pour qu'une enquête soit crédible et valide du point de vue scientifique? "Jamais plus que ce que l'on pourra effectivement analyser par la suite", pourrait-on répondre! Rencontrer cent personnes et ne pouvoir analyser que dix entrevues représente en effet une grande erreur méthodologique. C'est également manquer de respect aux informateurs. En fait, il faut savoir que plus les entrevues sont longues, plus le matériel recueilli est considérable et plus augmente le temps pour le transcrire et l'analyser. En revanche, lorsque les données peuvent prêter à une analyse de type mécanique (comme c'est le cas pour les sondages), on peut effectuer une enquête auprès d'un nombre plus grand d'informateurs.

Mais, en pratique, on ne peut déterminer arbitrairement le nombre précis d'entrevues qui rend une recherche automatiquement valide. Les buts visés par le chercheur dans son projet influent d'ailleurs beaucoup sur le nombre d'entrevues qu'il faudra réaliser. Si ce sont des pratiques individuelles qu'il veut mettre au jour, chaque récit constituera éventuellement pour lui une mine d'or. S'il veut comparer l'usage socialement différencié d'une certaine forme linguistique (par exemple les différentes prononciations du "r" ou l'alternance des pronoms "on" et "nous"), l'échantillon devra être plus grand. Dans ce cas, la loi mathématique dicte que plus on prend en compte de paramètres extérieurs (âge, sexe, scolarité), plus l'échantillon doit grossir, puisqu'un seul individu est rarement représentatif de toutes les caractéristiques d'un groupe.

Le choix des informateurs est quant à lui dicté par les buts de la recherche et par les besoins entraînés pour sa réalisation. Si le chercheur désire par exemple recueillir les contes traditionnels circulant dans une région donnée, il pourra se rendre dans cette région et demander à rencontrer des conteurs. Dans un milieu urbanisé plus anonyme, il pourra compter sur les ressources communautaires locales (associations de personnes âgées, groupes d'intervention dans le milieu) pour se faire diriger. Lorsque la population visée par l'étude est moins circonscrite ou moins restreinte, le chercheur pourra faire appel aux méthodes d'échantillonnage. Selon ses objectifs, il essaiera de capitaliser sur le hasard. Il pourra aussi tenter de contrôler ce hasard par l'application de critères de sélection (celui de la répartition sociologique des informateurs par l'âge, le sexe, l'ethnie, etc.). On peut aussi faire appel aux journaux pour découvrir les témoins d'un événement. Enfin, la méthode du bouche à oreille (trouver un informateur qui nous en présente un deuxième, et ainsi de suite) est parfois très efficace, bien qu'il faille avoir la prudence de ne pas s'enfermer dans les limites d'un réseau. Signalons pour terminer qu'il est souvent avantageux de concilier plusieurs méthodes pour rejoindre des gens qu'on ne peut dénicher autrement.

Le type d'entrevue

À quel type d'entrevue recourir pour obtenir les meilleurs résultats?

Il existe différentes méthodes d'enquête. Certaines sont axées sur des questionnaires fermés auxquels les informateurs répondent à partir d'un choix imposé de réponses; d'autres sont constituées d'entretiens répartis sur plusieurs jours. Une méthode ne remplace pas l'autre. Ce sont les objectifs de la recherche qui conditionnent le type d'entrevue à privilégier.

L'entrevue semi-dirigée

L'entrevue semi-dirigée est la méthode la plus utilisée pour faire ressortir l'expertise d'un informateur dans un domaine spécifique de sa vie quotidienne. Elle consiste en une entrevue faite à partir d'un questionnaire ouvert couvrant un domaine précis de recherche. Souvent, le questionnaire ne fait mention que de thèmes à aborder et c'est l'enquêteur qui, à chaud, élabore dans leur forme définitive les questions et sous-questions pertinentes. Le rôle de l'enquêteur est déterminant puisqu'il doit saisir au passage les pistes que l'informateur lui donne tout en respectant l'entité des thèmes imposés par le questionnaire. L'enquête est d'autant plus difficile à mener que le sujet de l'entrevue touche à des aspects personnels. Ainsi, parler de l'accord de libre-échange entre le Canada et les États-Unis est moins compromettant pour un informateur que répondre à des questions portant sur les scènes de violence dont il a été témoin alors qu'il vivait en prison.

Généralement, les récits de vie sont obtenus dans le cadre d'entrevues semi-dirigées très libres et aussi très longues. S'il s'établit un contact privilégié entre l'informateur et l'enquêteur, le récit sera plus facile pour l'informateur. Par contre, l'enquêteur doit être encore plus vigilant au moment de l'analyse pour ne pas divulguer l'identité de l'informateur ou trahir sa pensée.

Le questionnaire fermé

Le questionnaire fermé consiste en une liste de questions fixes où la forme des réponses est implicitement suggérée dans la formulation des questions. Le sondage est l'exemple type du questionnaire fermé. Ce dernier est principalement utilisé pour faire ressortir des stéréotypes partagés par un grand nombre d'individus. Les réponses attendues sont brèves et assez homogènes à cause de l'éventail restreint de possibilités allouées à l'interviewé.

L'observation participante

Les techniques d'enquête par observation participante font appel à l'enquêteur comme spectateur d'un événement. Les contes, chansons et mythes s'obtiennent lors de représentations privées ou publiques offertes par l'informateur à un enquêteur ou à un auditoire. Qu'il s'agisse d'une réunion, d'une fête, d'un débat ou d'une conversation ordinaire, l'enquêteur n'intervient pas directement dans la production du récit. Il peut évidemment rencontrer l'informateur avant ou après l'événement. Mais, généralement, il n'enregistre que la représentation.

```
┌─────────────────────────────────────────────────────────────────────────┐
│                    EXEMPLE DE FICHE D'ENREGISTREMENT                      │
│                                                                           │
│   Interviewé : (no. code)              Intervieweur : (initiales)         │
│   Sexe :                               Date de l'entrevue :               │
│   Âge :                                Nombre de cassettes :              │
│   Scolarité :                          Temps d'enregistrement :           │
│   Occupation :                                                            │
│   Occupations antérieures :                                               │
│   Région d'origine :                                                      │
│                                                                           │
│   Personnes présentes lors de l'entrevue :                                │
│                                                                           │
│   Remarques générales :                                                   │
│                                                                           │
│                                                                           │
│                                                                           │
└─────────────────────────────────────────────────────────────────────────┘
```

La conservation des documents et la préparation aux analyses

Au moment de l'enquête, il faut élaborer un système de gestion des données. Les enregistrements sont copiés et les originaux, placés en lieu sûr. Les renseignements écrits sont photocopiés. Tous les documents sont classés, identifiés et codifiés. L'encart apparaissant ci-dessus montre un exemple de fiche d'identification des documents.

Afin de faciliter l'analyse des documents enregistrés, il faut envisager une étape de transcription. Celle-ci est extrêmement longue et coûteuse[1]. Il est raisonnable de calculer entre 15 et 20 heures de transcription pour une heure d'enregistrement. L'encart apparaissant aux pages 151 et 152 donne un exemple de transcription qui laisse deviner l'ampleur du travail à effectuer. Il ne s'agit pas d'un modèle universel mais d'une façon de procéder qui correspond aux objectifs d'une recherche en particulier. Dans le cas de certaines recherches qui n'exigent pas une transcription intégrale, il est possible de repérer dans les enregistrements des extraits pour ensuite les transcrire. Dans tous les cas, un système de repère ou d'indexation, même sommaire, de la matière enregistrée est un atout majeur pour l'utilisation efficace et optimale d'une banque d'entrevues.

3. UN EXEMPLE D'ENTREVUE : LES ENQUÊTES SOCIOLINGUISTIQUES

Cette section du chapitre vise à décrire, à partir d'un exemple fictif mais vraisemblable, la démarche qui prépare et entoure le déroulement d'une enquête menée auprès d'informateurs.

1° : Définition des objectifs de la recherche et élaboration d'un plan d'enquête

Imaginons une recherche portant sur l'usage réel et en contexte de formes linguistiques produites par des individus appartenant à la même communauté linguistique, par

---

[1] Pierrette Thibault et Diane Vincent, "La transcription ou la standardisation des productions orales", *LINX*, n° 18 (1988), Centre de recherches linguistiques de l'Université de Paris-X, Nanterre, p. 19-33.

LA TRANSCRIPTION D'UN RÉCIT[1]

L'exemple que nous présentons est une page de transcription de l'entrevue de l'informateur #2 du corpus de français parlé de Montréal 1984. Constitué dans le but d'étudier le rapport entre le comportement linguistique et la trajectoire personnelle des individus, ce corpus comprend 72 entrevues totalisant environ 2 000 pages de transcription. Pour faciliter la manipulation des textes en fonction des objectifs de la recherche, un code de transcription a été mis au point. Assez simple parce que visant d'abord à la transparence des textes transcrits, ce code concerne l'usage fonctionnel des conventions orthographiques, des règles d'accord, des signes diacritiques et de la ponctuation. Il serait trop long de présenter en détail toutes les caractéristiques de ce code. Mentionnons seulement quelques points précis :

— les parenthèses avec contenu (rire) indiquent un commentaire de la part du transcripteur;

— les parenthèses vides indiquent qu'un élément est incompréhensible;

— les crochets $<$ $>$ font état de paroles prononcées en même temps que celles du locuteur;

— les deux points : servent à identifier les hésitations du locuteur; ils s'apparentent en quelque sorte à des points de suspension;

— l'apostrophe ' est utilisé dans deux contextes : détaché à gauche ou à droite, il marque l'absence d'un morphème (' faut ' je parte; je pense ' tu iras pas). Lié à la droite d'un mot, il signale la prononciation non standard de la consonne finale (lit', bout', fait' et, exceptionnellement, ici', prononcé icit');

— le trait d'union est utilisé conventionnellement dans la mesure où il réunit des mots qui se comportent comme une seule unité lexicale (ex. : tu-sais). Par contre, le verbe et le pronom dans les impératives ("Pose moi des questions") ont été séparés parce que ces mots ne sont que contextuellement liés;

— les liaisons non étymologiques ont été marquées par la présence de la consonne prononcée détachée de chaque côté. Ex. : de t ça; de d là;

— la ponctuation utilisée ne correspond pas à celle prescrite par le code écrit mais répond plus au système prosodique. Ainsi, le point a été utilisé dans le contexte d'un itonème terminal, la virgule dans le contexte de ruptures majeures et le point d'interrogation à la suite d'une question;

— d'une façon générale, les mots sont transcrits en orthographe standard. Les mots ou expressions québécois qui apparaissent dans un dictionnaire ont été transcrits selon la forme d'usage; les mots ou expressions québécois n'apparaissant pas dans les dictionnaires ont été transcrits selon l'intuition du transcripteur, puis standardisés;

— les mots d'origine anglaise qui ne sont pas inscrits au dictionnaire français ou qui n'étaient pas intégrés à une séquence anglaise ont été transcrits selon l'orthographe anglaise suivant les règles d'accord françaises;

— sauf exception dictée par l'environnement linguistique ou la prononciation, les règles d'accord françaises ont été suivies;

— les morphèmes non prononcés comme ne , que ou il n'ont pas été transcrits. Dans le cas d'élision du l , la règle de transcription a été la suivante : je vais à l'école (et non à école);

— les majuscules sont utilisées après un point, au début des noms propres et des noms communs faisant référence à un concept unique (la Dépression, la Crise, le Forum-de-Montréal).

1. Pierrette Thibault et Diane Vincent, *Montréal 1971-1984 : Historique, méthodes et perspectives de recherche des corpus de français parlé* , à paraître.

(No 2'84 1 : M.D., 2 : Pierre G., 3 : amie, 4 : fils Patrick, 5 : fils Éric).

2. Je les ai fait' bien rire là.

1. Bien oui. Bien oui. Ça j: j'ai entendu parler de t ça.

2. Ah tu l'as entendu?

1. Non. <non> J'ai pas entendu ça. Ah non. Ça: ( )

2. Ah c'est top secret (prononciation anglaise) pour toi.

1. Bien oui ça c'est pas: je suis pas censée:

2. Puis ils me posaient des questions. <oui> Bon bien envoie'. Procédons. Pose moi
des questions.

1. Non mais c'est parce-que vous me demandiez à: à quoi ça servait là:
<2. oui oui c'est vrai> c'est parce que c'est la première fois que ils font
une étude où ce-qu'ils retournent voir les mêmes personnes après tant
de temps tu-sais. D'habitude ils refont des études mais ils sont pas capables:

2. Tu vois ça anyway dans les journaux ils disent c'est lé: l'Uniwersity là c:
ils ont fait' une étude sur une base de dix ans <oui> ou: m: j'imagine
qu'ils doivent retourner voir les mêmes:

1. Oui mais souvent c'est des: des projections tu-sais où ils disent probablement
qu'ils sont rendus comme ça tu-sais. Mais là comme vous tu-sais ça: c'est ce qui leur:

2. Moi je suis rendu ici'.

1. Bien oui c'est ça tu-sais puis on: on vient vous voir vous tu-sais puis:
on sait que c'est la même personne tu-sais. Fait-que c'est la première fois qu'on fait ça.

2. C: C'est de valeur je vas l'écouter rien-qu'après. Parce-qu'il-y-a sûrement
des erreurs' j'aurais pas reproduit sur celle-là.

1. Ah oui. Des erreurs, quelle sorte d'erreurs?

2. Bien je sais pas un petit peu moins de sacrage ou: <ah oui?> Ah : à-peu-près sûr oui.

1. Comment ça?

2. Ah j'imagine. (rire)

exemple les francophones de Montréal. Supposons que l'objectif de la recherche soit
l'étude du système qui sous-tend la variation dans l'emploi de différentes formes
linguistiques (différentes prononciations du "r", l'usage du pronom "on" versus
"nous"). Supposons aussi que cette recherche consiste dans l'étude des rapports entre
l'usage des formes en variation et certaines variables sociales (âge, sexe, catégorie
professionnelle, scolarité). Le questionnement du chercheur est le suivant :

— Quels sont les éléments fonctionnels de la langue qui se réalisent de diverses façons dans la communauté et dont les variantes sont couramment employées à l'oral, de sorte qu'on puisse quantifier et analyser leur distribution linguistique et sociale?

— Comment se caractérisent les sous-communautés linguistiques?

— Quelle incidence les variations ont-elles sur la structure de la langue?

— Que nous apprend l'étude de la variation linguistique sur la dynamique sociale du groupe étudié?

Le problème méthodologique qui se pose au chercheur est d'obtenir des données représentatives de la communauté linguistique montréalaise qui soient comparables entre elles quant au degré de formalité de la situation, et suffisamment informelles pour que les échantillons de langue obtenus donnent accès au "parler ordinaire" des gens. Autrement dit, le chercheur doit pouvoir créer une situation d'entrevue qui lui permette de rencontrer ses objectifs scientifiques (objectivation des situations) tout en étant la moins contraignante possible pour l'informateur (de manière à ce qu'il parle "naturellement").

2° : L'échantillonnage

Cette opération est toujours faite en fonction des objectifs que l'on poursuit en analysant le comportement linguistique des membres d'une communauté. Dans le cas présent, comme le chercheur veut décrire le comportement linguistique général de l'ensemble d'une population, il utilisera une méthode d'échantillonnage sociologique basée sur le hasard mais où certains paramètres sont contrôlés pour s'assurer de la représentativité du corpus (âge, sexe, niveau socioéconomique, etc.). Il éliminera donc tous les locuteurs non francophones de même que ceux qui ne sont pas montréalais d'origine. Il éliminera par ailleurs les quartiers de résidence où la population n'est pas majoritairement francophone, la proximité d'une majorité anglophone ou allophone pouvant influencer le comportement linguistique des francophones. De fait, ces critères d'échantillonnage sont fondamentaux s'il veut saisir la distribution sociale des formes en variation. Lors des analyses, il pourra ainsi observer qu'une forme déterminée se retrouve surtout chez les personnes âgées, qu'une autre se rencontre particulièrement chez les femmes, alors qu'une troisième est plutôt liée à la scolarité des individus.

Comme la production des faits de langage est considérable en peu de temps, on considère qu'un petit échantillon de personnes est représentatif du système sociolinguistique de la communauté francophone montréalaise. Ainsi, pour une étude portant sur le système des pronoms personnels sujets en français parlé de Montréal, le corpus de français parlé à Montréal constitué en 1971[2] fournit environ 40 000 pronoms produits par 120 locuteurs différents. C'est nettement suffisant pour comprendre le système et surtout, ce qui correspond peut-être plus aux objectifs de la sociolinguistique, pour comprendre l'usage différencié des pronoms personnels sujets en regard de paramètres sociaux. En pratique, la petitesse des échantillons est donc compensée par la fréquence des formes à étudier dans un temps relativement court.

[2] David Sankoff *et al.*, "Méthodes d'échantillonnage et utilisation de l'ordinateur dans l'étude de la variation linguistique", *Cahiers de linguistique de l'Université du Québec*, n° 6 (1976), p. 85-125.

Un échantillonnage représentatif d'une communauté linguistique est rarement proportionnel. C'est-à-dire que tous les sous-groupes, catégories ou classes composant cette communauté ne peuvent être représentés dans le corpus de manière proportionnelle à leur importance numérique. Par exemple, si l'on veut constituer un corpus représentatif du point de vue du critère des classes socio-économiques, il est préférable d'avoir un nombre fixe d'individus pour chaque groupe plutôt qu'une représentation proportionnelle. Suivant certaines estimations, la bourgeoisie représente moins de 5% de la population. Advenant la constitution d'un corpus de 100 interviews, 5 d'entre elles pourraient provenir de représentants de cette classe sociale. Si d'autres critères étaient également privilégiés (âge et sexe, par exemple), le nombre de représentants dans certains sous-groupes de la bourgeoisie (ex. : un bourgeois de sexe masculin né entre 1930 et 1935) pourrait approcher l'unité, ce qui est inconcevable du point de vue de la représentativité. Les possibilités d'interprétation de la variation des formes linguistiques en fonction des critères retenus seraient dans ce cas compromises. C'est pourquoi un système d'échantillonnage où tous les sous-groupes seraient également représentés aurait plus de sens dans ce cas-ci.

Revenons maintenant à l'exemple principal. Notre chercheur, en se fondant sur des études comparables, estime qu'il peut établir son échantillonnage à partir de 5 personnes par sous-groupes. S'il ne retenait que le sexe comme variable, il devrait interviewer 10 personnes. Mais puisqu'il désire considérer deux groupes d'âge chez les informateurs, son échantillonnage doit inclure 20 personnes. Comme il croit aussi que le degré de scolarité est un facteur déterminant dans la production de certaines formes linguistiques et qu'il désire opposer les plus scolarisés aux moins scolarisés, il doit interviewer 40 informateurs.

Une fois établi le mode d'échantillonnage, encore faut-il rejoindre les individus correspondant aux critères retenus. Si ces critères sont ceux de l'âge, du sexe, du groupe social ou du niveau de revenu, il est recommandé d'identifier certains quartiers où on est le plus susceptible de retrouver des individus appartenant au groupe social ou au niveau de revenu recherché. Ensuite, par une méthode fondée sur le hasard (bottin téléphonique, porte à porte), on trouvera des individus possédant les caractéristiques d'âge et de sexe pertinentes. Si par contre l'on désire étudier les faits de langue chez un seul sous-groupe, par exemple les adolescents de familles ouvrières, on pourra capitaliser sur l'existence de réseaux formels ou informels. Ayant souvent pignon sur rue dans des lieux publics très typiques (maisons de jeunes, bars, parcs, centres de loisirs, etc.), ces réseaux permettent d'accéder d'une manière plus sûre, plus efficace et plus rapide aux informateurs. En procédant suivant cette dernière manière, le chercheur pourrait d'ailleurs faire d'une pierre deux coups : accéder aux pratiques langagières des adolescents et étudier le fonctionnement de leurs réseaux informels d'appartenance.

L'échantillon constitué et les informateurs dénichés, on peut passer à l'étape de l'entrevue.

3° : L'entrevue

Pour recueillir des échantillons de langue parlée spontanée, il existe différentes méthodes. Mais, dans tous les cas, il est nécessaire de recourir à l'enregistrement.

On peut enregistrer des conversations spontanées, mais les problèmes techniques sont nombreux. De plus, les corpus ainsi obtenus sont très hétérogènes et les données ne sont pas comparables d'un informateur à l'autre.

L'entrevue semi-dirigée est sans doute la méthode la plus efficace pour constituer un corpus de données linguistiques comparables et analysables dans une perspective sociolinguistique d'étude de la variation linguistique. Elle permet de recueillir en peu de temps (généralement une heure ou deux) le discours d'un individu placé dans une situation assez informelle. Et comme la situation d'enquête est la même pour tous les informateurs, le poids de la contrainte disparaît au moment de l'analyse. Par contre, l'attitude de l'enquêteur et les thèmes abordés pendant l'entrevue déterminent le caractère plus ou moins spontané de l'entrevue.

La qualité de l'entrevue repose sur l'enquêteur qui doit être très attentif aux propos de l'informateur. Il doit savoir se taire en certains moments, mais il doit également savoir saisir les pistes que l'informateur lui livre de manière parfois impromptue. Ainsi, dans l'une des entrevues formant le corpus du français parlé de Montréal, une informatrice fait mention à trois reprises de sa première rencontre avec son futur mari. Ce n'est qu'à la troisième mention de l'épisode que l'intervieweur relance la femme en lui disant : "Racontez-moi donc ça". Résultat? Le monologue de l'informatrice, d'une durée de plus de dix minutes, représente l'un des plus beaux exemples de discours narratif de tout le corpus.

Il existe tout un ensemble de thèmes qui peuvent être abordés pour inciter l'informateur à parler spontanément. Les questions portant sur le passé (le bon vieux temps…), le mariage, la maladie et les accidents (tragiques ou cocasses) incitent souvent l'informateur à raconter des anecdotes ou des histoires. Des questions touchant à des événements politiques l'amèneront plutôt à argumenter et à discuter pour faire valoir son point de vue. Dans les deux cas, on peut s'attendre à une décrispation de l'informateur qui, emballé par l'entrevue, deviendra naturel.

Dans le cas des études sociolinguistiques comme pour bien d'autres types de recherche, il est essentiel de recueillir certains renseignements d'ordre personnel sur les informateurs. Qui sait si l'origine géographique ou la scolarité de l'informateur, de son conjoint ou de ses parents, ne se révéleront pas des facteurs déterminants pour expliquer un comportement linguistique? Évidemment, ces questions ne font pas vraiment partie de l'entrevue. Elles servent plutôt de mise en forme et ce, tant pour l'enquêteur qui doit se familiariser avec la situation d'entrevue (ce qui implique une part de stress) que pour l'informateur qui est toujours nerveux lorsqu'il est interrogé.

Au terme de l'enquête, l'étape suivante consiste dans la transcription des entrevues.

4° : La transcription

Les transcriptions sociolinguistiques doivent être intégrales et faites avec beaucoup de minutie. Le chercheur qui a déjà en tête une étude précise à mener (par exemple, les pronoms sujets) sait bien que d'autres études suivront. D'où l'intérêt et l'importance de bien transcrire et mettre en forme son matériel. De plus, les transcriptions pourront donner accès à différents traitements, par exemple l'établissement de la liste de tous les mots du corpus et de leur fréquence.

5° : L'analyse

Une fois les données transcrites, le chercheur entreprend son analyse. Il suit une méthodologie qui correspond aux objectifs de son enquête. En sociolinguistique, le but étant de décrire l'usage différencié des formes linguistiques, on opte généralement pour des méthodes quantitatives assez complexes qui permettent de décrire le système linguistique des locuteurs et de mettre en corrélation l'usage des différentes variables avec des paramètres extralinguistiques.

6° : L'éthique

Le chercheur qui a élaboré toute la méthode d'enquête, depuis l'échantillonnage jusqu'aux transcriptions et ce, conformément à des objectifs de recherche précis, aura probablement évalué tout au long de sa démarche les obligations qu'il a envers l'informateur. S'il lui a caché que le but réel des entrevues était l'analyse linguistique (parce qu'il estimait que le comportement de l'interviewé en aurait été influencé), il l'en informera à la fin de l'entretien. Il garantira à l'informateur que jamais les renseignements contenus dans l'entrevue ne seront divulgués et que jamais les entrevues ne seront publiées. Surtout, il s'assurera que les données seront utilisées à des fins qui lui sont acceptables du point de vue éthique. Le chercheur est responsable des données qu'il a obtenues dans des circonstances particulières et il doit garder le contrôle de cette banque de données.

L'enquête auprès d'informateurs ne s'improvise pas. Toutes les décisions méthodologiques doivent être prises en regard des objectifs de la recherche, sans jamais négliger le fait qu'à la base des données se trouvent des êtres humains qui révèlent une partie de leur savoir. Chacun des choix méthodologiques correspond à des limites et à des possibilités qu'il faut évaluer en termes de coûts et de bénéfices. Le stress d'une entrevue pour l'enquêteur est déjà suffisamment grand pour qu'il n'ait pas à être augmenté par une mauvaise planification de la recherche.

II
De la définition d'un sujet de recherche à la rédaction d'un travail long

10
Réaliser un rapport de recherche : une démarche de travail en quatre étapes

Au cours de ses études, l'étudiant est amené à se pencher de façon approfondie sur un sujet. Il doit se livrer à une recherche, analyser sa matière, organiser sa pensée et produire un rapport. Disons-le franchement, c'est un exercice difficile dont la maîtrise ne s'acquiert qu'au terme d'un long apprentissage.

En fait, la réalisation d'une recherche comporte plusieurs aspects. Si le chercheur doit faire état des connaissances qu'il a amassées, il doit surtout les organiser suivant une savante stratégie qui marie continuellement information et séduction du lecteur. Si le chercheur doit respecter l'enchaînement empirique des faits pour construire sa thèse et son argumentation, il doit aussi compter sur une imagination fertile pour interroger son sujet, découvrir de nouvelles relations entre les faits, reconstituer une réalité et donner une certaine portée universelle à sa recherche. Enfin, si le chercheur doit posséder une méthode éprouvée pour rendre crédible toute sa démarche, il ne doit pas craindre d'exposer ses choix personnels pour déterminer l'espace pertinent de sa discussion.

Le présent chapitre examine de près les étapes de préparation et de réalisation d'un rapport de recherche. Il explicite une démarche de travail simple, logique et cumulative. C'est autour de quatre étapes principales que s'organise cette démarche : le choix d'un sujet de départ, la délimitation approximative du projet et l'identification d'une question opérationnelle (§1); la détermination d'une stratégie de recherche fondée sur la reconnaissance lucide du corpus documentaire, la mise en forme d'une position de problème et l'analyse minutieuse de la documentation amassée (§2); l'élaboration d'un plan d'exposition des résultats de la recherche en vue d'apporter une réponse à la question d'origine (§3); la communication finale des résultats (§4). Un schéma représentant la progression habituelle de la démarche de réalisation d'un rapport de recherche complète le chapitre. Précisons que chacune des étapes scandant cette démarche fera l'objet d'un exposé détaillé dans les prochains chapitres.

LES ÉTAPES DE PRÉPARATION ET DE RÉALISATION D'UN RAPPORT DE RECHERCHE

La démarche de réalisation d'un rapport de recherche ne progresse pas toujours de façon très linéaire. Souvent marquée de phases d'avancée et de recul, de périodes de stagnation et d'hésitation, de moments d'incertitude et de découverte encourageante, elle revêt toujours un caractère partiellement artisanal et improvisé. Progressant parfois à coups de "big bang", ponctuée de "flous créateurs", elle se nourrit d'audace et de courage autant que de méthode et de discipline. Elle est une aventure remplie de risques dont il est difficile de formaliser la trajectoire. Il semble cependant que, dans la majorité des cas, elle suive une évolution relativement logique dont les moments forts sont les suivants :

1° Le choix d'un sujet de départ, la délimitation approximative du projet et l'identification d'une question opérationnelle

En abordant sa matière (ou le thème d'étude qui lui est proposé), le chercheur commence habituellement par choisir son sujet et fixer approximativement les limites de son projet. Ce choix et cette délimitation ne procèdent pas du hasard : ils sont étroitement liés à ses préoccupations personnelles, à ses connaissances empiriques, à ses interrogations théoriques et à son imagination. Mais ils sont également liés à deux autres contraintes qu'il est pratiquement impossible d'écarter : celle du **temps disponible** et de la **documentation existante** (ce que ses ouvrages d'information ou ses sources primaires, s'il y a recours, lui permettent effectivement de faire et de dire).

Dès les débuts de sa démarche, le chercheur procède donc à la confection d'une bibliographie sélective (cf. chapitre 2 du guide). À ce stade, une dizaine de titres sont suffisants : il ne s'agit pas d'être englouti par la documentation. Cette opération terminée, le chercheur se consacre à la lecture des publications retenues en vue de cerner une ou des questions précises autour desquelles il pourra orienter sa réflexion et sa recherche. Non seulement ces lectures l'ouvrent-elles à un ou des domaine(s) d'étude, mais elles lui permettent d'approfondir sa connaissance de la documentation existante, ce qui est essentiel pour la définition d'un sujet opérationnel. L'énoncé d'un titre préliminaire, qui annonce de manière encore suggestive l'intention de recherche (et qui agit comme inspiration de toute la démarche), marque le terme de cette première étape.

2° La détermination d'une stratégie de recherche fondée sur une reconnaissance lucide du corpus documentaire, la mise en forme d'une position de problème et l'étude critique de la documentation amassée

Après avoir procédé à une première reconnaissance de ses sources primaires et secondaires, le chercheur identifie précisément la question sur laquelle il veut concentrer ses efforts. Puis il se munit d'une stratégie de recherche. Celle-ci comporte trois volets principaux :

— l'explicitation d'un **angle d'approche** à partir duquel il lui sera loisible d'aborder concrètement la question qui l'intéresse (problématique);

— la formulation d'une **réponse anticipée et ouverte** à cette question (hypothèse initiale);

— la détermination des **moyens pratiques et opérationnels** mis en oeuvre pour effectivement répondre à cette question d'origine (méthodologie).

C'est grâce à cette stratégie de recherche que le chercheur s'impose face à la documentation déjà amassée et encore à venir, documentation qui autrement l'absorberait par son étendue. C'est grâce aussi à cette stratégie de recherche, qui fait office de véritable programme de recherche et de lecture, que le chercheur peut imprimer une **direction d'ensemble** à son entreprise intellectuelle.

La discussion permettant d'expliciter cet angle d'approche, cette réponse anticipée et ces moyens pratiques et opérationnels s'appelle **position du problème**. Elle laisse voir au lecteur l'ensemble des choix sur lesquels repose la recherche effectuée et les limites qui lui sont assignées. Dans un travail long, c'est ordinairement dans l'introduction que le chercheur expose en détail sa stratégie de recherche et qu'il procède à sa position de problème.

La façon de poser le problème évolue constamment dans le cours d'une recherche. Elle évolue au gré des lectures, de la réflexion et des discussions avec les collègues. Dans certains cas extrêmes, elle peut encore changer au moment de la rédaction. Grâce à ses lectures sélectionnées et organisées en fonction de sa stratégie de recherche (voir encadré de la page suivante), **le chercheur entretient un dialogue constant avec sa question d'origine** : il la précise, la reformule plus adéquatement, la modifie, l'élimine pour la remplacer par une autre, la complexifie. En d'autres termes, il lit avec un **but**, des **interrogations** et des **objectifs** précis en filigrane; des interrogations et des objectifs cependant ouverts en ce sens que, face à des faits qu'il ne connaissait pas ou ne pouvait anticiper, il **adapte** sa problématique, son hypothèse et sa méthodologie à son corpus documentaire. La recherche est un processus dialectique et infini : de l'appréhension initiale, le chercheur passe à l'interrogation et au traitement minutieux des faits, puis procède à la reconstitution partielle de son objet; validée ou infirmée par d'autres recherches, cette reconstitution partielle se complexifie toujours plus sans que, nécessairement, le processus soit linéaire ou cumulatif.

En même temps qu'il finalise ses choix et qu'il affine sa stratégie de recherche, le chercheur approfondit la connaissance de son sujet à travers un **programme de lectures**. Si sa recherche repose sur l'utilisation de sources primaires, c'est à ce moment qu'il en fait l'analyse minutieuse à partir d'une méthodologie qu'il a lui-même établie. Cette analyse lui permet de mettre au jour des corrélations, de procéder à des recoupements, de dégager des constatations, de parvenir à une reconstitution partielle ou complexe du réel, bref de bâtir une interprétation. Évidemment, cette analyse ne s'exerce pas dans un vacuum intellectuel. Elle est fonction des interrogations du chercheur et des objectifs qu'il poursuit à travers son projet. À travers cet exercice plus ou moins poussé d'analyse, l'hypothèse de départ se renforce ou se modifie, se nuance ou s'enrichit. Elle peut être dès lors énoncée de manière beaucoup plus assurée.

Parallèlement à l'étude et à l'analyse minutieuse de sa documentation, le chercheur complète sa bibliographie, qui devient de plus en plus pointue. Des **points d'argumentation** et des **chaînes argumentaires** se mettent graduellement en forme dans son esprit. Certains recoupements d'informations commencent à se dessiner. Concurremment à ses lectures, le chercheur anticipe déjà une structuration possible des différentes parties de son travail. Il établit un **plan provisoire d'exposition des résultats de sa recherche**.

SAVOIR TIRER PROFIT DE SES LECTURES

Le moyen le plus accessible au chercheur débutant pour classer sa documentation en fonction d'une stratégie de recherche est certainement la fiche documentaire. Il y a trois types de fiche documentaire : celle où l'on résume en ses propres mots l'argumentation d'un auteur; celle où l'on cite les propos d'un auteur; celle où l'on exprime une idée personnelle. La fiche est un médium utile de consignation et de classement de l'information parce qu'elle rend possible un traitement continuel des données en fonction des modifications qui surviennent dans une stratégie de recherche. Pourtant, la fiche est un moyen de travail assez lourd et grand consommateur de temps. C'est pourquoi le chercheur débutant qui travaille à partir d'une documentation facilement accessible ou à partir de sources imprimées trouvera souvent plus rentable de photocopier un article de périodique ou les pages pertinentes d'un volume; ou encore, de fonctionner sur la base de dossiers documentaires. Ceci n'est pas pour contredire l'utilité de la fiche. Mais le choix de ce moyen de travail doit être pondéré par différents facteurs, notamment le type de documentation utilisée, l'ampleur de la documentation à consulter, le traitement que l'on veut faire subir à cette documentation, les possibilités réelles de récupérer l'information consignée pour une autre recherche, etc.

3° L'élaboration d'un plan d'exposition des résultats de la recherche en vue d'apporter une réponse à la question d'origine

La question et la stratégie de recherche guident la démarche qu'adopte le chercheur face au problème étudié; elles vont donc également charpenter la structure de sa démonstration lorsque, au terme de son effort de réflexion, de son programme de lecture et de ses opérations d'analyse, il confectionne le plan d'exposition des résultats de sa recherche (ou plan de rédaction du travail)[1].

La démonstration est un exercice d'argumentation ordonnée qui enchaîne les informations et les explications suivant une structure logique et raisonnée. La démonstration est le principe de construction de l'interprétation. Le plan assure une clarté et une cohérence supplémentaires à l'exercice de la démonstration et permet au chercheur de communiquer plus aisément avec ses lecteurs.

Au fur et à mesure que le chercheur procède à son entreprise de démonstration (et donc à la construction de son interprétation), il peut se livrer à des lectures d'appoint pour affiner une argumentation, ajouter un exemple ou découvrir une précision manquante. Ces lectures d'appoint peuvent également survenir au moment de la rédaction du travail. En fait, il n'est jamais trop tard pour enrichir la démonstration de nouveaux éléments, en autant que ceux-ci ne fassent pas digression par rapport à l'argumentation centrale.

---

[1] Ce paragraphe reprend le propos d'un syllabus de cours rédigé par Barrie M. Ratcliffe et Alyne Lebel.

4° La communication finale des résultats

Une fois le plan (structure d'exposition raisonnée des résultats de la recherche) mis en forme, le chercheur est prêt à rédiger un texte dont la première qualité est la clarté; un texte visant la concision et rédigé dans une langue correcte; un texte enfin présenté selon les normes techniques établies par convention et qui sont commodes pour l'étude du texte par le lecteur[2].

La démarche typique de réalisation d'un rapport de recherche est alors terminée. Le tableau apparaissant ci-après récapitule sous un mode formalisé la progression de cette démarche.

[2] *Ibid* .

UNE DÉMARCHE DE RÉALISATION D'UN RAPPORT DE RECHERCHE

1° moment : Circonscrire un sujet

Définition initiale et approximative *d'un* sujet de recherche
Choisi en fonction des intérêts, de la culture personnelle
et des interrogations du chercheur.

Lectures préliminaires
En vue de situer le sujet dans un contexte intellectuel et historiographique plus large;
en vue aussi de connaître les recherches déjà effectuées dans ce domaine
(encyclopédies, dictionnaires, grands manuels de collection, ouvrages de synthèse).

Reconnaissance générale du corpus documentaire
Si le chercheur a déjà repéré ses sources documentaires, il doit procéder à leur
reconnaissance de façon à évaluer lucidement leur potentiel informatif;
s'il ne les a pas en main, il doit les rechercher en étant inspiré
par le sujet approximatif qu'il a défini. Noter que la recherche des sources
et la définition d'un sujet se font dans le cadre d'un proccesus dialectique.

Définition précisée *du* sujet de recherche
D'objet d'étude, le sujet devient problème spécifique à résoudre.

Titre préliminaire
Énoncé général des intentions de la recherche;
agit comme point de repère et inspiration.

2° moment : Stratégie de recherche, position du problème, étude critique et analyse de la documentation

Lectures continues
Pour se documenter le plus abondamment possible
(ouvrages spécialisés, articles de périodiques).

Reconnaissance approfondie du corpus de sources
Le chercheur assimile le contenu de ses sources en vue de leur exploitation directe
pour la réalisation de sa recherche.

Problématique
Questionnement adressé au sujet retenu;
la perspective d'étude explicitée; l'angle d'approche choisi.

Titre significatif
Problème et questionnement articulés par le biais d'une phrase éclairante.
(Le titre peut être modifié aussi souvent qu'il le faut; il agit dans tous les cas comme un repère;
il est l'inspiration d'un programme de recherche, de lecture et de démonstration.)

Hypothèse initiale
Réponse anticipée, intuitive et ouverte au problème posé;
définit un programme de recherche et de lecture;
donne une direction d'ensemble au projet.

Méthodologie
Les moyens concrets et opérationnels mis en oeuvre pour vérifier l'hypothèse
et pour exploiter le corpus documentaire en fonction des objectifs de la recherche;
l'identification lucide des problèmes à résoudre dans le cours de la recherche.

Mise en forme d'une position de problème
Explicitation et justification de la stratégie de recherche retenue :
problématique, hypothèse, méthodologie
(correspond à la rédaction de l'introduction dans sa première version).

Élaboration d'un *plan provisoire*
Établissement d'un programme opérationnel de recherche et de lecture
étroitement lié aux objectifs de la recherche
(feuille de route).

Étude détaillée et analyse du corpus documentaire
Étude de la documentation en fonction des objectifs de la recherche et suivant une
procédure déterminée (méthodologie).
(Repérage systématique et classement des informations pertinentes
contenues dans le corpus documentaire de base;
exploitation de la documentation complémentaire;
effort de mise en relation des éléments d'information en vue de reconstituer une réalité;
établissement de constatations générales;
confrontation entre ces constatations et l'hypothèse initiale. Celle-ci se voit
continuellement enrichie et prend une forme de plus en plus assurée.)

163

3° moment : Élaboration d'un plan de rédaction

**Élaboration d'une stratégie d'exposition des résultats de la recherche
à partir d'un *plan détaillé***
Explicitation et justification de la réponse que l'on apporte à la question posée;
organisation logique et raisonnée des éléments de démonstration;
catégorisation des différents types d'arguments utilisés;
distinction entre idées principales et idées secondaires.
(Avoir un objectif en tête : faire progresser la discussion dans une direction.)

Lectures d'appoint
Pour découvrir une précision manquante,
affiner une argumentation, ajouter un exemple.

4° moment : Communication finale des résultats

Rédaction du travail dans une première version
Mise en relation des points d'argumentation et des chaînes argumentaires;
mise en situation des éléments de documentation par rapport à la stratégie de démonstration.
(Avec une idée en tête : informer et convaincre le lecteur.)

Rédaction du travail sous une forme définitive
Respect des conventions d'usage dans la transmission des connaissances;
utilisation systématique de dictionnaires;
recherche d'une clarté d'expression.
(Avoir un mot d'ordre : séduire le lecteur).

11

Comment circonscrire un sujet de recherche

Il est commun de croire qu'un travail de recherche consiste essentiellement en trois étapes : amasser de la documentation, analyser et organiser logiquement l'information recueillie et rédiger un rapport.

En vérité, ces étapes doivent être précédées par deux opérations intellectuelles absolument fondamentales dans l'élaboration d'une recherche : la délimitation d'un sujet précis et opérationnel; la détermination d'une stratégie de recherche, aussi appelée position de problème.

Ce chapitre propose une démarche simple permettant de circonscrire un sujet de recherche (§1). Cette démarche se décompose en deux temps : une étape de questionnement approximatif et de documentation provisoire (§2); une étape de raisonnement ordonné et informé (§3). Deux tableaux aideront à récapituler nos propos.

1. SAVOIR CIRCONSCRIRE UN SUJET DE RECHERCHE : PRÉCISIONS ET CONSEILS

La définition du sujet est une étape importante dans la réalisation d'un travail de recherche. On aurait tort de croire que cette opération se résume au choix d'un titre. Définir un sujet, c'est se livrer à une exercice d'interrogation systématique. C'est transformer un thème d'étude ou une idée de recherche en un problème à résoudre. C'est en quelque sorte donner forme à son imagination et à ses intuitions; c'est rendre opérationnelle sa curiosité.

Définir un sujet de recherche est un exercice complexe pour lequel il n'y a pas de recette miracle. Il semble cependant que le processus intellectuel menant à la définition d'un sujet de recherche, en rapport avec un thème donné, comprenne deux étapes :

— une étape de **questionnement approximatif et de documentation provisoire**, nécessaire à la maturation du sujet;

— une étape de **raisonnement ordonné et informé**, préalable à une position de problème éclairée.

Voyons les choses de plus près.

2. L'ÉTAPE DU QUESTIONNEMENT APPROXIMATIF ET DE LA DOCUMENTATION PROVISOIRE

Cette étape marque l'approche initiale d'un thème d'étude. Elle correspond à la transformation d'un ensemble de conceptions subjectives et désordonnées qu'a nécessairement le chercheur vis-à-vis un thème de départ, en une somme d'idées assez précises, en tout cas relativement documentées. Ces idées correspondront éventuellement à des orientations concrètes de recherche. Le cheminement à travers lequel s'opère cette transformation peut être reconstitué de la façon suivante (voir schéma page 168) :

1° : Partir de ses préoccupations personnelles vis-à-vis du thème général

Ce sont les préoccupations personnelles du chercheur qui guident initialement sa démarche de définition d'un sujet de recherche. Ce sont ses préoccupations personnelles qui le poussent en effet à mettre l'accent sur tel aspect ou telle dimension d'un thème de départ, à explorer telle piste pour l'approfondir. Ce sont elles qui lui permettront éventuellement de développer une sympathie, une attirance passionnée envers son sujet. Ces préoccupations personnelles expriment sa subjectivité de chercheur. Celle-ci est inhérente à tout travail intellectuel. Elle ne doit pas être réprimée sous prétexte d'inexpérience. Les jeunes chercheurs ont cet avantage sur les chercheurs plus expérimentés qu'ils ne sont pas nécessaisairement figés intellectuellement dans des idées arrêtées et qu'ils voient le monde, donc qu'ils revoient les objets d'étude, sous un jour nouveau.

Quel que soit son thème de départ, le chercheur a toujours un certain nombre d'intuitions, de conceptions préalables, d'idées générales (parfois un peu confuses), pour l'aborder, l'approfondir et l'étudier. Ces intuitions, conceptions et idées ne viennent pas du hasard. Elles tiennent parfois à l'itinéraire intellectuel du chercheur (ce sur quoi il a jusqu'ici écrit), à ses intérêts personnels, à ses interrogations existentielles, à ses positions politiques, à l'état d'avancement des connaissances sur ce thème, à l'influence qu'ont sur lui d'autres chercheurs. C'est qu'avant même de définir précisément son sujet, le chercheur tient un **raisonnement logique, déductif et subjectif** sur son thème de départ. Il s'agit cependant d'un raisonnement **inachevé et ouvert** en ce sens qu'il n'est pas encore éclairé par un corpus documentaire large. Définir un sujet de recherche sur la base d'un tel raisonnement risquerait toutefois de mener le chercheur à une impasse.

C'est en effet dans la mesure où il est validé et fécondé par un ensemble d'informations de différentes natures (empiriques, théoriques, méthodologiques) que ce raisonnement peut commencer à devenir **opérationnel**. D'où la nécessité de

2° : Se documenter sur le thème de départ

Cette opération documentaire (dont la réalisation peut-être facilitée par l'élaboration d'un **plan de concepts** -voir chapitre 2 du guide) est indispensable pour trois raisons principales :

— d'abord pour obtenir un maximum d'informations, d'indications et de précisions sur ce thème;

166

— ensuite pour découvrir certaines des approches, certaines des perspectives, certains des angles à partir desquels les chercheurs ont jusqu'ici abordé ce thème;

— enfin pour pouvoir saisir plusieurs aspects, plusieurs dimensions de ce thème, c'est-à-dire le saisir **dans toute sa complexité.**

À ce stade de la démarche, la documentation n'a pas à être exhaustive[1]. Elle doit comprendre un ou deux ouvrages de synthèse, des articles provenant d'encyclopédies et de dictionnaires spécialisés, et un ouvrage de nature historiographique établissant un **bilan des connaissances** sur un thème ou un domaine de recherche. On devra se souvenir que l'objectif n'est pas ici d'accumuler des informations détaillées. Cet opération documentaire a plutôt pour objectif d'aider à

3° : Formuler certaines questions préliminaires mais opérationnelles conduisant à l'élaboration d'une perspective d'approche du thème de départ

Définir un sujet de recherche, ce n'est surtout pas, seulement, trouver un titre. C'est **poser un problème**, c'est **identifier une question principale**, c'est **bâtir un terrain d'enquête** en fonction d'une série d'intuitions initiales.

Poser un problème, c'est choisir une façon d'aborder un sujet de recherche; c'est choisir et délimiter une perspective à partir de laquelle on peut approcher, envisager et comprendre un sujet d'étude. Cette délimitation peut être évidemment fondée sur les catégories traditionnelles d'espace et de temps. Par exemple : "La Révolution tranquille au Québec, 1960-1966". En réalité, celles-ci ne sont pas des catégories de départ ou de référence obligatoires pour cerner un sujet de recherche. Un sujet peut être défini en rapport avec une problématique théorique explicite (ex. : "Crise de la régulation duplessiste et extension des interventions de l'État") ou une méthode particulière (ex. : "Croissance des dépenses publiques au Québec au cours des années 1960 : Formulation d'hypothèses et vérification économétrique"; "Analyse du discours de l'intelligentsia québécoise à propos de l'épisode de la Révolution tranquille").

Définir un sujet de recherche, c'est en fait **construire intellectuellement un objet d'étude** à partir d'un ensemble interrelié de questions possédant une certaine unité empirique, théorique ou méthodologique. Cette construction est cependant progressive. D'un ensemble de questions préliminaires, l'on passe à des questions toujours plus précises qui donnent accès à des dimensions toujours plus complexes de l'objet construit.

L'objectif de cet exercice de questionnement préliminaire est d'arriver à la

4° : Formulation d'orientations concrètes de recherche

Ces questions préliminaires qui se fondent

— sur le niveau d'information du chercheur (c'est-à-dire sur la documentation qu'il a consultée et assimilée, et sur le travail de reconnaissance générale des sources auquel il a procédé),

— sur ses préoccupations personnelles (c'est-à-dire sur ce qu'**il** veut fouiller, nonobstant "tout ce qu'il y aurait éventuellement à fouiller"),

[1] Noter que si le chercheur procède à partir d'un corpus de sources primaires c'est à ce stade qu'il en fait la reconnaissance générale.

— et sur les premiers recoupements d'indices, d'éléments de compréhension et d'information auxquels il a implicitement procédé en lisant et en notant ses ouvrages et en parcourant ses sources,

lui permettent de dégager certaines **orientations** à partir desquelles il peut saisir et cerner plus précisément encore son sujet de recherche. Le dicton est clair: "Seul possède le savoir qui possède les questions". Évidemment, ces orientations peuvent se révéler inopérationnelles, voire inutiles et même mener à un cul-de-sac. C'est la raison pour laquelle le chercheur doit constamment les remettre en cause en les confrontant, dans un rapport de va-et-vient, avec les nouvelles informations s'ajoutant à son corpus de connaissances.

Le tableau apparaissant ci-après résume bien nos derniers propos :

ÉTAPE INITIALE MENANT À LA DÉFINITION D'UN SUJET DE RECHERCHE	
réflexion confuse et désordonnée	Thème de départ Intuitions diverses Éléments de raisonnement logique et déductif Conceptions préalables Idées générales Connaissances éparses, plus ou moins précises
"filtre" des préoccupations personnelles	Par quel aspect du thème général suis-je le plus intéressé? Qu'est-ce qui attire le plus ma sympathie?
"filtre" de la documentation	Étape des lectures préliminaires (ouvrages de synthèse; encyclopédies; dictionnaires spécialisés; ouvrage d'historiographie) Reconnaissance générale du corpus des sources (s'il y a lieu) Raffinement, nuancement, élimination des intuitions, conceptions et idées initiales Idées plus précises
"filtre" de la réflexion informée	Formulation de questions préliminaires et opérationnelles Amorce de construction d'un objet d'étude qui est en même temps un problème à résoudre
réflexion ordonnée et fondée	Détermination d'orientations concrètes de recherches
	Énoncé d'un titre suggestif (repère et inspiration)

3. L'ÉTAPE DU RAISONNEMENT ORDONNÉ ET INFORMÉ

L'étape du questionnement approximatif et de la documentation provisoire permet au chercheur d'aboutir à certaines idées assez précises sur la façon d'approcher son thème de départ. Il est en mesure de formuler certaines orientations de recherche concrètes et opérationnelles. Le sujet de recherche sur lequel il aimerait travailler se précise. Mieux, il a même entrepris sérieusement de construire son objet d'étude.

Jusqu'ici, cependant, les informations qu'il a glanées et les notes qu'il a prises n'ont pas été systématiquement organisées dans le cadre d'un texte suivi. Si sa réflexion est maintenant beaucoup plus ordonnée qu'elle ne l'était au départ et surtout fondée sur un ensemble d'éléments d'information vérifiés, elle n'a pas encore donné lieu à une mise en forme définitive. Celle-ci s'élabore à travers un **raisonnement ordonné et informé**. Ce raisonnement est la façon la plus féconde de réorganiser tous les éléments d'information et de réflexion que possède le chercheur en fonction d'un objectif, celui de préciser, d'expliciter et de justifier **son** sujet de recherche.

Chaque chercheur a évidemment une façon bien spécifique de mener ce raisonnement. Plusieurs suivent cependant, de manière implicite ou explicite, ce qu'il est convenu d'appeler un **raisonnement par contraste**. Cette approche consiste essentiellement à définir et à situer un sujet, c'est-à-dire un problème, par rapport à ce que d'autres chercheurs ont fait et par rapport à l'état d'avancement des connaissances dans un domaine d'étude. Quatre questions simples structurent alors le raisonnement :

Quel est le thème de départ? Quels sont les problèmes qu'il suggère?

Quel est l'apport des autres chercheurs en ce qui touche à l'étude de ce thème? (Quels problèmes spécifiques ont été jusqu'ici abordés ou étudiés?)

Comment est-il possible de faire progresser les connaissances à propos de ce thème? (Quels sont les nouveaux problèmes à définir, les nouvelles questions à aborder?)

Quelles sont les raisons justifiant l'intérêt et l'importance de ma contribution? (Quel est l'intérêt du problème que j'envisage d'étudier?)

C'est ce cheminement intellectuel que nous décrivons dans les pages suivantes. Il s'ordonne en quatre étapes (voir tableau p. 171) :

1° : Détermination d'un titre préliminaire

Le titre permet de préciser un sous-thème dans le cadre d'un thème plus vaste; par reformulations successives, il devient indicatif d'un **sujet cerné et campé**.

Le titre, c'est **le problème et le questionnement articulés par le biais d'une phrase éclairante**. Un titre marque une étape dans le processus de définition du sujet de recherche; il scande les phases d'assimilation et d'approfondissement d'un problème, d'une question, par le chercheur. Le titre peut se transformer plusieurs fois au fur et à mesure que se précise la réflexion du chercheur. Mais dans tous les cas, il est le fil conducteur d'une intention, l'inspiration d'un projet en devenir. Il doit agir comme un phare dans la nuit... C'est la raison pour laquelle il est préférable, au moment où l'on entreprend la démarche de définition d'un sujet de recherche, d'utiliser un titre long dont les mots sont immédiatement suggestifs des intentions du projet. Le cas échéant, ce titre préliminaire sera raccourci au fur et à mesure que le chercheur assimilera et maîtrisera son projet. C'est à la toute fin d'une recherche que le titre pourra prendre, le cas échéant, une forme plus sophistiquée, plus abstraite, plus imaginative. Par exemple :

— Pratiques d'autosubsistance et consommation de biens manufacturés dans les campagnes québécoises au milieu du XIXe siècle.

— L'importance respective de l'autoproduction et des biens manufacturés dans la vie quotidienne des ménages ruraux, au Québec, au milieu du XIXe siècle.

— L'habitant et le marché : une étude des pratiques de consommation dans les campagnes québécoises au milieu du XIXe siècle.

— Le cycle de la reproduction matérielle de l'habitant québécois au milieu du XIXe siècle.

— En finir avec le mythe de l'habitant reclus et autarcique : Une image dynamique de l'espace rural québécois au milieu du XIXe siècle.

2° : Précisions sur l'état d'avancement des connaissances concernant le thème de départ

Il s'agit ici de faire ressortir la contribution qu'ont apportée les chercheurs à l'étude d'un thème : les principales questions qui ont été abordées; les principaux problèmes qui ont été identifiés; les pistes qui ont été ouvertes; les avenues qui restent à explorer, etc.

Il s'agit en fait de **préciser le champ de recherche** dans lequel se situe le chercheur et d'informer le lecteur de l'état d'avancement des travaux dans ce champ en insistant sur les points forts et les lacunes des études existantes. C'est le moment où le chercheur prépare le terrain pour se démarquer par rapport aux travaux des autres chercheurs oeuvrant dans ce champ. La phrase de cadrage qui suit est indicative de l'intention :

Jusqu'ici, les chercheurs ont abordé ce thème d'étude de telle et telle façon. Ils ont identifié les problèmes suivants, se sont particulièrement intéressés à ces questions. Ils ont utilisé telle et telle démarche méthodologique, ont eu recours à telle et telle problématique, ont privilégié tel ou tel aspect, etc.

3° : Précisions sur la façon de questionner le thème de départ : découvrir graduellement le sujet

Le chercheur explicite ici le questionnement qu'il adresse à son thème de départ. Ce questionnement définit sa perspective d'approche du thème : il lui permet dans un premier temps de découvrir un sujet de recherche. Ce sujet se présente sous la forme d'un **problème à résoudre**. Poussé plus loin, ce questionnement permet de délimiter et de préciser encore plus le sujet de recherche. L'objectif à atteindre est

```
┌─────────────────────────────────────────────────────────────────┐
│  ÉTAPE FINALE MENANT À LA DÉFINITION D'UN SUJET DE RECHERCHE       │
│                                                                   │
│              Énoncé d'un titre suggestif                          │
│              (déjà indicatif d'un sujet)                          │
│  ─────────────────────────────────────────────────────           │
│                                                                   │
│         Précisions sur le champ de recherche, le terrain          │
│         d'enquête, le débat historiographique, méthodologique,    │
│         théorique dans lequel se situe (ou auquel introduit)      │
│                    le thème de départ                             │
│  ─────────────────────────────────────────────────────           │
│                                                                   │
│     Identification d'un certain nombre de problèmes d'études posés │
│                    par le thème de départ                         │
│  ─────────────────────────────────────────────────────           │
│                                                                   │
│        Mise en lumière de l'apport des autres chercheurs          │
│         en ce qui touche à l'étude du thème de départ             │
│                                                                   │
│                    État de la question                            │
│  ─────────────────────────────────────────────────────           │
│                                                                   │
│      Explicitation d'un questionnement personnalisé,              │
│                    informé et unifié                              │
│                                                                   │
│              Mise en forme d'une perspective                      │
│              d'approche du thème de départ                        │
│  ─────────────────────────────────────────────────────           │
│                                                                   │
│              Définition et justification d'un                     │
│                    sujet de recherche,                            │
│              qui se présente sous la forme d'un                    │
│                                                                   │
│                    problème à résoudre                            │
└─────────────────────────────────────────────────────────────────┘
```

de mettre en relief la **spécificité**, voire **l'originalité** du projet envisagé. Cette phrase de cadrage aide à saisir le sens de notre propos :

> Il me semble qu'en questionnant le thème de départ de cette façon, j'arriverais à dégager une façon nouvelle, à tout le moins différente, de l'appréhender. J'arriverais à découvrir le sujet suivant.

4° : Justification de la pertinence du questionnement du thème de départ ; justification de l'intérêt du sujet retenu

Il s'agit maintenant d'expliciter les raisons qui portent le chercheur à questionner, à interroger son thème comme il a choisi de le faire **et non pas autrement**. Il s'agit par ailleurs de justifier l'intérêt du sujet retenu. Par exemple :

> Ce questionnement, je le justifie à la lumière de préoccupations précises, à la lumière d'informations inédites, à la lumière de nouveaux concepts opérationnels, d'une méthodologie particulièrement féconde, etc. Le sujet que j'ai cerné à la suite de cet

exercice de questionnement est captivant parce que, jusqu'ici, personne ne s'y était intéressé, parce que l'on n'avait jamais abordé le thème sous cet angle théorique, empirique, etc.

À travers ces opérations intellectuelles, le chercheur circonscrit un sujet de recherche qui n'a rien à voir avec la démarche tâtonnante de l'improvisateur. Il procède à des choix justifiés dont il comprend les fondements. Toutes les conditions sont rassemblées pour qu'il procède à une **position de problème** éclairée. Celle-ci part du raisonnement ordonné et informé auquel il vient de se livrer, mais va bien au-delà en explicitant d'autres éléments orientant décisivement la poursuite d'une recherche. L'introduction est le lieu par excellence de mise en forme d'une position de problème. C'est ce que nous voyons dans le chapitre 12.

12

Les composantes d'une stratégie de recherche

Avant d'entreprendre une recherche, il est primordial de se munir d'une stratégie de recherche. Cela peut paraître un truisme, mais combien de jeunes chercheurs, trop pressés, se mettent à l'oeuvre sans savoir ce qu'ils cherchent, sans savoir comment le trouver, sans avoir une idée des problèmes qu'ils devront affronter et sans savoir pourquoi ils s'aventurent sur ce terrain? Un peu à la manière du coureur qui, trop confiant, n'exécuterait pas ce tour de piste préliminaire où il note les obstacles du terrain, s'exerce à affronter les effets du vent, détermine l'angle de courbure optimale de son corps, établit des repères fictifs pour marquer les distances à franchir et fixe l'endroit où il amorcera son sprint final. Qui parierait sur la victoire de ce coureur?

L'élaboration d'une stratégie de recherche désigne l'ensemble des choix opérationnels qui orientent décisivement la poursuite d'une recherche et qui la font progresser en fonction d'un but. L'élément central de cette stratégie de recherche est la position de problème. Il s'agit d'un exercice de présentation éclairée et justifiée d'un projet qui consacre la maîtrise par le chercheur de son entreprise intellectuelle. Dans un rapport de recherche, c'est ordinairement dans l'introduction qu'apparaît la position de problème.

Ce chapitre a pour objectif de mettre en lumière l'importance de la stratégie de recherche et de la position de problème dans la démarche de réalisation d'un rapport de recherche. Notre propos se divise en deux parties : une brève présentation de ce qu'est une stratégie de recherche et une position de problème (§1); une description des composantes qui entrent habituellement dans l'élaboration d'une stratégie de recherche (§2). Cette description se fait à l'aide d'un exemple.

1. STRATÉGIE DE RECHERCHE ET POSITION DE PROBLÈME : QU'EST-CE À DIRE?

L'élaboration d'une stratégie de recherche est l'une des étapes capitales de la démarche de réalisation d'un rapport de recherche. Elle consacre la maîtrise par l'auteur de son projet. Elle permet au processus de la recherche de basculer vers ses étapes finales de réalisation. Elle est le moment au cours duquel le chercheur précise ses ambitions, formule clairement la question qui l'intéresse, détermine ses objectifs principaux et secondaires, contextualise son projet par rapport à l'état d'avancement des travaux

173

dans son domaine, fixe les limites qu'il assigne à son projet, procède aux définitions conceptuelles d'usage, délimite l'espace pertinent de son argumentation et indique les précautions à prendre pour juger de ses conclusions.

La position de problème est, d'une part, cette discussion éclairée au cours de laquelle le chercheur transforme un objet d'étude en une question à résoudre et où il explique et légitime son projet par rapport aux autres projets. Elle est, d'autre part, cette argumentation informée qui lui permet de définir et de justifier sa façon d'approcher son problème intellectuel (**problématique**), d'annoncer une réponse anticipée et partiellement intuitive à sa question d'origine (**hypothèse**) et de décrire l'ensemble des moyens qu'il compte mettre en oeuvre pour répondre à sa question, vérifier son hypothèse et nourrir sa discussion (**méthodologie**).

2. ÉLABORER UNE STRATÉGIE DE RECHERCHE

L'élaboration d'une stratégie de recherche est un exercice intellectuel qui exige du chercheur une grande cohérence dans la mise en forme de son propos. Elle se structure habituellement autour de huit composantes principales : un problème bien cerné, un projet d'étude délimité par rapport à l'historiographie existante, un objectif de recherche précis, un questionnement fécond, éclairant et stimulant, une hypothèse opérationnelle, une méthodologie, une évaluation lucide des limites de l'étude, l'annonce des grandes étapes du plan de démonstration.

Les paragraphes qui suivent vont nous permettre d'apporter des détails sur chacune de ces composantes. Pour faciliter l'assimilation des indications données, il convient d'utiliser un exemple. Puisque la mise en forme achevée de la stratégie de recherche et de la position de problème apparaît habituellement au début d'un rapport de recherche, dans l'introduction, nous avons choisi d'étudier l'introduction du livre de Louise Dechêne : *Habitants et marchands de Montréal au XVIIᵉ siècle* (Montréal, Plon, 1974, 588 p., bibliogr., ill., cartes géogr., coll. "Civilisations et mentalités"). Cette introduction est reproduite à la fin du chapitre.

Un problème d'étude bien cerné

Élaborer une stratégie de recherche, c'est d'abord préciser le point de départ de toute l'entreprise intellectuelle. En pratique, le chercheur doit faire état de l'interrogation générale qui le motive. Il doit aussi identifier le problème intellectuel qui l'inspire. Élaborer une stratégie de recherche, c'est, à un premier niveau, montrer comment un sujet de recherche est aussi un problème à résoudre; c'est également expliciter le champ de discussion par rapport auquel on veut fondamentalement situer l'enquête empirique. Celle-ci apparaît désormais comme un moyen pour approfondir, renouveler et stimuler ce champ de discussion.

Par exemple, si le sujet du livre de Louise Dechêne est celui des habitants et des marchands de Montréal au XVIIᵉ siècle, le problème sous-jacent qui l'intéresse, problème théorique et dont la portée dépasse nettement le cadre de la ville de Montréal, est celui de la "formation d'une société coloniale issue du transfert d'une population européenne et soumise aux influences conjuguées de la tradition et de la nouvelle expérience en Amérique". Toute sa recherche est donc marquée par cette **dialectique**

continuelle entre un objet d'étude à fouiller (les habitants et les marchands de Montréal au XVIIe siècle) **et un problème intellectuel** à approfondir (l'adaptation des populations à un nouvel environnement contraignant et la formation d'une société coloniale).

Un projet délimité par rapport aux travaux existants

Élaborer une stratégie de recherche, c'est prendre conscience de ce que l'on fait par rapport à ce que les autres ont déjà réalisé. Cela suppose une certaine connaissance de la littérature scientifique portant sur un objet d'étude. Cela implique donc une prise de contact plus ou moins poussée avec les travaux d'un certain nombre d'auteurs. En d'autres termes, le chercheur a appris à connaître la littérature traitant directement ou indirectement de son sujet. Non seulement sait-il se situer par rapport aux écrits d'autres chercheurs, mais il peut faire ressortir l'originalité et la continuité de son projet avec les projets d'autres chercheurs. Il sait répondre aux questions suivantes : Qu'ont fait les autres? Que puis-je faire ou que faut-il faire maintenant? Comment mon projet peut-il faire avancer les connaissances ou le débat? Répondre à ces questions, c'est justifier son sujet et son projet auprès du lecteur.

Dans l'introduction de Louise Dechêne, cet exercice de contextualisation et de justification prend place immédiatement après la délimitation du problème. Il est marqué par trois expressions clés :

> "Problème de passage, d'adaptation, auquel l'historiographie canadienne, qui plane généralement bien haut, [...] n'a pas accordé toute l'attention qu'il mérite."

> "Pour rattacher cette image à celle des habitants [...]

> il faut retracer étape par étape [...]."

Un objectif de recherche précis

En élaborant sa stratégie de recherche, le chercheur doit énoncer de façon claire quel est, par-dessus tous les objectifs qu'il poursuit, celui qu'il vise en tout premier lieu, celui qui donne un sens à tous les autres; celui, en définitive, que tous les autres contribuent à atteindre. C'est une façon d'orienter l'entreprise de recherche dans une direction précise.

L'objectif principal poursuivi par Louise Dechêne est de saisir la société canadienne du XVIIe siècle comme une réalité mouvante et multiforme en posant l'hypothèse qu'elle s'écarte du modèle français de l'Ancien Régime.

Un questionnement fécond, éclairant et stimulant

Élaborer une stratégie de recherche, c'est décider d'interroger un objet d'étude à partir d'un questionnement. Nous entendons par là un ensemble interrelié de questions possédant une certaine unité théorique ou empirique, ou trouvant leur fondement dans une méthodologie particulière. L'élaboration du questionnement, qui doit normalement se faire en étroite relation avec une reconnaissance et une critique des sources (histoire de savoir ce que ces sources révèlent effectivement), détermine l'angle d'approche du sujet; elle établit la perspective dans laquelle le sujet est placé; elle spécifie enfin les aspects privilégiés par le chercheur et sur lesquels portera l'enquête. Cet exercice de questionnement correspond à ce que l'on appelle habituellement l'élaboration d'une problématique.

Dans l'introduction de Louise Dechêne, le questionnement privilégié trouve son fondement dans les lacunes et les insuffisances de l'historiographie portant sur la société canadienne du XVIIe siècle. Il trouve son unité dans l'objectif poursuivi par l'auteure, qui est de reconstituer cette société à partir d'un point de vue mettant l'accent sur le colon, la société locale et les contraintes du milieu d'accueil. Il trouve aussi son unité dans la démarche méthodologique mise de l'avant par le réseau de chercheurs au sein duquel évolue Louise Dechêne : un réseau visant à exploiter le potentiel informatif des documents sériés; un réseau privilégiant également l'étude des phénomènes macroscopiques (les mouvements de population, la stratification sociale, les conditions de la production économique et du commerce, l'univers des représentations mentales).

Une hypothèse opérationnelle

En élaborant sa stratégie de recherche, le chercheur fait habituellement part de l'hypothèse qu'il propose pour répondre à la question qui le préoccupe. L'hypothèse se définit simplement comme la réponse anticipée, plausible ou vraisemblable à la question d'origine. Dans sa formulation initiale, au début de la démarche intellectuelle, elle est le moteur qui donne une impulsion à l'effort de recherche. À travers ses modifications successives, elle suggère des pistes à fouiller et des directions au travail d'analyse. Dans sa formulation achevée, qui survient à la suite du travail de recherche et d'analyse, l'hypothèse est la pierre d'assise à partir de laquelle s'articule une stratégie de démonstration. Plus le travail est long et plus il y a d'aspects abordés dans la recherche, plus le nombre d'hypothèses avancées est élevé. Une hypothèse peut être affirmative et déboucher sur une interprétation concluante. Elle peut être aussi exploratoire, provisoire ou partielle. Dans tous les cas, le chercheur est tenu de le mentionner; il doit préciser les limites et l'espace de pertinence des réponses qu'il avance. L'idée essentielle à retenir est certainement que l'hypothèse ne doit jamais agir comme carcan restreignant les possibilités de découvrir la réalité dans toute sa complexité et ses subtilités. Jusqu'à la fin de la recherche, elle doit être envisagée comme un moyen heuristique, jamais comme une matrice de pensée.

Dans l'introduction de Louise Dechêne, l'hypothèse mise de l'avant est implicite aux propos de l'auteure : elle consiste à dire que la société canadienne du XVIIe siècle s'écarte du modèle français de l'Ancien Régime en dépit du fait que certaines fonctions et pratiques et que certains circuits d'influences s'apparentent à ceux opérant au sein de la métropole. L'auteure pose aussi l'hypothèse que Montréal constitue un microcosme représentatif de la société canadienne de l'époque.

Une méthodologie

Élaborer une stratégie de recherche suppose que le chercheur sait anticiper, reconnaître et résoudre les principaux obstacles susceptibles de naître dans le cours même de sa recherche (obstacles par exemple liés à la constitution d'un corpus documentaire valide et crédible, à la définition de concepts et notions, aux limites implicites à une méthode d'analyse, etc.). Très concrètement, il doit pouvoir répondre aux questions suivantes : comment m'y prendre, quels moyens, quelle stratégie utiliser pour vérifier l'hypothèse énoncée à l'origine de ma recherche? Quel serait le meilleur moyen de faire avancer le débat dans ce domaine précis de recherche? Comment contourner les problèmes particuliers posés par l'étude de mon sujet? Il définit alors sa méthodologie.

Cet exercice de définition méthodologique est l'aspect le plus développé dans l'introduction de Louise Dechêne. L'auteure met l'accent sur trois points :

— une explicitation de la démarche à suivre pour reconstituer la société canadienne du XVIIe siècle telle qu'elle le veut, c'est-à-dire en fonction de ses objectifs;

— une justification du choix de Montréal comme unité socioéconomique représentative de la société canadienne du XVIIe siècle, unité suffisamment significative pour faire porter une analyse aux ambitions plus vastes;

— une argumentation sur la nature des sources utilisées, sur leur richesse et leurs limites.

Les limites de l'étude

Élaborer une stratégie de recherche suppose que le chercheur est conscient de ses choix. Il sait donc faire ressortir, auprès du lecteur, les limites qu'il assigne à son projet. Cela implique qu'il sait discerner lucidement la portée effective de son analyse et de ses conclusions. Par exemple, il sait dire qu'en certaines occasions son analyse n'est qu'exploratoire, que ses conclusions n'ont qu'une valeur hypothétique, que sa discussion n'a qu'un intérêt suggestif.

C'est dans les trois derniers paragraphes de son introduction que Louise Dechêne met en garde le lecteur à ce propos.

Les étapes de la discussion

Élaborer une stratégie de recherche suppose enfin que le chercheur a une certaine vision lucide des étapes principales de son projet. Il peut anticiper, dans ses très grandes lignes, l'évolution de sa discussion. Il sait ce qu'il faut faire, sait ce qu'il doit documenter et sait comment parvenir à ses fins. Bien des surprises risquent évidemment de survenir au cours de ses travaux : à maintes reprises, ses choix de départ seront modifiés. Ne pas avoir de vision d'ensemble de son projet, c'est cependant s'interdire de l'envisager comme un tout. C'est ne pas lui donner d'avenir...

Dans son introduction, Louise Dechêne n'insiste pas sur les étapes de sa discussion. Le paragraphe débutant avec la phrase "La démarche doit comprendre..." annonce toutefois brièvement les étapes générales du plan de travail qu'elle entend suivre.

La mise en forme d'une stratégie de recherche et d'une position de problème constitue une étape importante de la démarche de réalisation d'un rapport de recherche. Cette opération terminée, le chercheur peut entreprendre une autre phase de cette démarche, celle de la constitution définitive et de l'analyse minutieuse de son corpus documentaire.

LA MISE EN FORME D'UNE STRATÉGIE DE RECHERCHE ET D'UNE POSITION DE PROBLÈME : UN EXEMPLE[1]

problème intellectuel de départ

Le problème à la base de cette étude est celui de la formation d'une société coloniale issue du transfert d'une population européenne et soumise aux influences conjuguées de la tradition et de la nouvelle expérience en Amérique. Problème de passage, d'adaptation, auquel l'historiographie canadienne, qui plane généralement bien haut, au niveau des projets impériaux, des rivalités métropolitaines et des décisions administratives, n'a pas accordé toute l'attention qu'il mérite.

distanciation critique avec l'historiographie existante

Ceux qui se sont penchés sur la société du régime français ont observé de préférence le XVIIIe siècle, cette courte accalmie d'entre deux guerres, durant laquelle les particularismes coloniaux sont à peu près fixés. Dans la période de gestation qui précède, les événements politiques et militaires, les grands personnages occupent toute la place et les colons n'apparaissent guère autrement que sous les traits de coureurs de bois, que les autorités s'efforcent en vain de sédentariser.

aller au-delà du corpus d'études disponibles: énoncé initial du projet

Pour rattacher cette image à celle des habitants qui, cent ans plus tard, cachés derrière leur grange, défendent pied à pied contre l'envahisseur le pays qu'ils ont aménagé, il faut retracer étape par étape l'évolution d'une société, qui a laissé d'autres traces que les impressions d'une poignée d'administrateurs, de mémorialistes inattentifs au quotidien, de visiteurs en quête de pittoresque, impressions inlassablement rééditées, agencées au gré des préoccupations des auteurs.

explicitation et justification de la démarche retenue; étapes principales du projet

La démarche doit comprendre une étude de l'immigration, des milieux de départ, suivie de celle des catégories socio-professionnelles qui émergent dans le contexte colonial, de l'échelle des revenus, des genres de vie. Mais ceci fait, connaîtrons-nous pour autant les nouvelles réalités qui se cachent sous les étiquettes anciennes, les fondements de cette structure sociale particulière? Car il ne suffit pas de décrire et, si une analyse plus poussée confirme qu'en effet la société canadienne s'écarte du modèle français de l'Ancien régime, il reste à l'expliquer. La première enquête consiste à mettre au jour les procès de production et d'échange dans la colonie, les articulations entre ces deux secteurs, pour en arriver à découvrir la véritable place occupée par leurs agents. Elle tiendra également compte des liaisons extra-économiques, souvent dérivées d'un mode de production étranger, plaquées puis peu à peu intégrées dans l'organisation locale.

opérationnalisation du problème intellectuel en objectif et en objet d'étude

Entre l'économie, la géographie, l'univers mental des immigrants, les cadres qui leur sont imposés et la riposte collective dans ses manifestations les plus permanentes, les circuits d'influences sont complexes et le déroulement précipité, propre au temps court de l'Amérique, ne facilite pas la tâche. Saisir cette réalité mouvante et multiforme est un projet ambitieux, que je n'aurais pas pu réaliser à l'échelle de la Nouvelle-France. Les colons sont peu nombreux, mais clairsemés tout comme les sources qui permettent de les étudier. C'est

[1]Introduction de Louise Dechêne, *Habitants et marchands de Montréal au XVIIe siècle*, Montréal, Plon, 1974, p. 7-11.

justification

pourquoi le travail a pris la forme d'une monographie de l'île de Montréal. Une étude locale est significative si nous retrouvons sur ce territoire les principaux caractères d'une région plus vaste. Montréal, lieu de confluence, répond à cette exigence. Le commerce de fourrures est le premier facteur de création de ce poste intérieur, mais l'agriculture s'y développe parallèlement dans des conditions assez semblables à celle du reste de la colonie. C'est un bon point d'observation pour étudier les liaisons entre la ville marchande et les campagnes. Sans doute s'agit-il d'une petite unité, mais les quelque cinq mille habitants dénombrés en 1720 comptent malgré tout pour le cinquième de la population canadienne. L'échantillon est donc relativement important et, dans ce cadre bien circonscrit, il devient possible de recueillir une documentation assez substantielle pour étudier en profondeur un problème qui le dépasse largement.

explicitation de la démarche méthodologique

Hors les recensements irréguliers et avares de renseignements, surtout au XVIIe siècle, il n'existe pas d'informations statistiques pour l'ensemble de la colonie. Rien sur les mouvements migratoires, le volume du commerce avant 1729, rien sur l'occupation effective des terres, sur les rendements agricoles, pas de cadastres ni de mercuriales, de rôles de taille ou de capitation. La correspondance générale, l'équivalent des fonds des intendants dans les provinces françaises, est fort incomplète durant les premières décennies et particulièrement pauvre en observations sur la vie matérielle. Par contre, dans l'île de Montréal, territoire seigneurial bien administré, les sources quantitatives et autres sont assez nombreuses : listes de recrues, plusieurs dénombrements et rôles de cotisation, les archives du bailliage et la correspondance des seigneurs. J'ai pu procéder à un dépouillement abrégé des registres paroissiaux, qui n'a d'autres prétentions que d'établir la relation entre des comportements démographiques en partie connus et les fondements de l'existence. L'ampleur des mouvements migratoires au XVIIe siècle rend leur utilisation difficile et, comme les démographes de l'Université de Montréal ont entrepris depuis plusieurs années déjà la reconstitution de toute la population canadienne, il aurait été vain de vouloir les précéder sur le même terrain.

exercice de critique des sources

Avant tout, c'est dans les minutes notariales que j'ai puisé les matériaux de cet ouvrage. En relevant systématiquement tous les contrats de société, les obligations, les engagements et les inventaires des marchands, j'ai pu reconstituer la nature et l'évolution du secteur commercial. De même, une fois sériés, les actifs relatifs à l'agriculture, acensements, ventes de terres, fermages et inventaires des habitants, jettent un éclairage neuf sur la vie des campagnes. C'est encore chez les notaires que j'ai trouvé des témoignages sur les groupes et les rapports sociaux ainsi que sur l'organisation familiale. Il a fallu manipuler des milliers d'actes et parfois les résultats n'ont pas répondu à mes espérances. Toutefois, juxtaposée à d'autres sources, cette masse de documents contractuels apporte toujours des éléments d'explication.

délimitation de l'étude   Il reste à expliquer les autres limites de l'étude. La frontière chronologique s'impose naturellement. C'est l'histoire de la mise en place d'une organisation économique, de la formation d'une société. Or dans le premier quart du dix-huitième siècle, le processus est achevé. J'entends par là que la phase initiale d'adaptation, de transformations rapides, depuis les débuts hésitants et anarchiques jusqu'à l'aménagement des structures est terminée. Non pas que la colonie cesse dès lors d'évoluer, mais le rythme se normalise, certains traits durables sont acquis.

Ce travail ne prétend pas être une étude exhaustive des problèmes qui se posent au Canada durant ces trois quarts de siècle. L'histoire politique de Montréal est intimement liée aux destinées de l'empire français, mais c'est précisément une dimension que je n'aborde pas. D'autres l'ont fait avant moi et bien fait et je leur suis reconnaissante de m'avoir fourni les clefs pour comprendre la trame des événements. On n'y trouvera pas non plus de réflexions sur les facteurs qui ont empêché une croissance parallèle à celle des établissements anglais. Les ressorts sont ailleurs : dans le choix d'une localisation malencontreuse, dans la France de Louis XIV qui n'est pas exportatrice d'hommes. Seule m'importe la vie économique qui a été et non pas *justification des limites de l'étude* celle qui aurait pu être, en d'autres lieux et circonstances. Étant donné le point d'observation, même celle-là échappe en partie à mes investigations puisque les principales liaisons entre la France et le Canada s'arrêtent à Québec. Néanmoins, je crois qu'il fallait commencer par voir clair dans les articulations intérieures, car dans une perspective de longue durée ce ne sont pas les compagnies métropolitaines qui comptent, mais l'organisation locale, qui engendre une société nouvelle. Il ne m'a pas paru utile non plus de revenir sur les aspects généraux des institutions civiles, militaires et religieuses. Je n'ai retenu que ce qui touche de près à la vie des communautés montréalaises, effleurant ce qui est déjà connu, privilégiant ce qui l'est moins, comme la seigneurie, la famille et la paroisse.

Cet ouvrage rassemble en somme plusieurs enquêtes qui convergent vers un même problème. Chacune a été menée le plus rigoureusement possible, mais de toutes les questions posées quelques-unes seulement reçoivent une réponse concluante. Ailleurs, je soulève des hypothèses et offre parfois une interprétation, mais sans jamais dissimuler les faiblesses de la démonstration, le cas échéant. N'est-ce pas ainsi que l'histoire vit et sert? Si mes insuffisances ont pour résultat d'entraîner d'autres chercheurs sur ces mêmes sentiers, le travail aura été utile.[2]

---

[2]Les remerciements apparaissant à la fin de l'introduction n'ont pas été reproduits.

13
Comment exposer les résultats de sa recherche en fonction d'un objectif donné : le plan de travail

Qu'il consiste en un exercice de description ou de démonstration, le rapport de recherche est un tout organisé. La raison est bien simple : dans la mesure où il incite continuellement le lecteur à un effort de compréhension, le chercheur doit ordonner intelligemment et logiquement les étapes de son raisonnement, de son argumentation et de ses preuves. Cette ordonnance se fait en fonction d'un but : faire ressortir la justesse de l'hypothèse posée à l'origine. Mais elle se fait également en fonction d'une finalité implicite : convaincre le lecteur.

Le meilleur moyen de réaliser ce travail d'ordonnance consiste à élaborer un plan. Celui-ci est en quelque sorte une maquette, un moyen de vérifier *a priori* la cohérence d'une stratégie de démonstration. Le plan est aussi la colonne vertébrale, la structure portante d'un texte. À défaut d'un plan, un texte ne serait qu'un agrégat inarticulé et sans devenir de paragraphes, de phrases et de mots. C'est dire son importance dans la mise au point d'une stratégie d'exposition et de communication des résultats de la recherche

Ce chapitre propose donc une méthode d'élaboration d'un plan de travail. Après avoir défini en quoi consiste cet exercice intellectuel (§1), nous formulerons certaines recommandations que le chercheur pourrait suivre lorsqu'il procède à la confection d'un plan (§2). Nous terminerons notre propos par l'étude didactique d'un exemple (§3).

1. ORGANISER LOGIQUEMENT SES IDÉES : L'IMPORTANCE DU PLAN

Ce qu'est un plan de travail

Le plan est une étape capitale dans la démarche de réalisation d'un rapport de recherche. C'est le moment où **réflexion** et **travail documentaire** fusionnent et s'organisent sous une forme ordonnée, progressive et cumulative.

L'élaboration d'un plan consiste en un exercice d'articulation de la pensée qui suppose la maîtrise et l'assimilation, par le chercheur, de toute son entreprise de recherche. Elle consiste également en un exercice d'agencement des idées, de catégorisation des types d'argument et de regroupement des éléments d'information **en fonction d'un but**. Élaborer un plan, c'est mettre au point une stratégie, c'est organiser les matériaux disponibles en vue d'atteindre **un** objectif.

À quoi sert un plan?[1]

En élaborant un plan détaillé de travail, le chercheur poursuit deux grands objectifs :

D'abord, **planifier dans les moindres détails sa stratégie de démonstration**, c'est-à-dire :

— organiser logiquement l'enchaînement des différents arguments les uns par rapport aux autres;

— faire progresser continuellement la démonstration;

— nuancer et pondérer la discussion en sachant confronter les divers éléments d'information.

Ensuite, **rendre sa discussion aussi cohérente que possible pour le lecteur**, c'est-à-dire :

— éviter les répétitions et les redondances;

— éviter le bousculement et l'empilage des idées;

— s'assurer d'une progression cumulative des divers éléments du raisonnement.

Dans les deux cas, le plan de travail sert à faire évoluer la recherche, l'analyse et la démonstration dans **une** direction précise. En fait, dans la pratique concrète du travail de rédaction, le plan se révèle utile au chercheur pour trois raisons principales :

— Puisqu'il établit un ordre dans la succession des idées explicitées, il indique au chercheur "par où commencer". Il minimise ainsi, pour plusieurs, l'éternelle angoisse de la page blanche.

— Dans la mesure où elles s'insèrent désormais dans une logique de progression, les idées ne risquent plus d'être oubliées ou d'être bousculées par une argumentation trop rapide ou mal structurée. La rédaction est d'autant plus cohérente et claire.

— Enfin, puisque l'effort d'organisation et de synthèse a déjà été fourni, le danger de se répéter diminue considérablement. De même, transitions et enchaînements sont facilités puisque le rapport est déjà établi entre les idées qui s'appellent les unes les autres.

---

[1] Notons qu'il n'est pas inutile, avant même la fin du travail de documentation, d'élaborer un plan de travail. À ce stade de la démarche de recherche, le plan doit agir comme une feuille de route, une boussole, un mémo des grandes orientations et articulations du projet. Il ne doit donc pas être trop contraignant. En fait, il peut prendre la forme d'une ébauche que l'on enrichit continuellement. Par la suite, au fur et à mesure que le chercheur maîtrise son projet et assimile sa documentation, le plan devient un pilier autour duquel on bâtit l'oeuvre. De **scénario grossier de déroulement**, il se transforme en un **canevas détaillé de construction**.

2. COMMENT ÉLABORER UN PLAN DÉTAILLÉ DE TRAVAIL?

Trois étapes principales scandent la démarche d'élaboration d'un plan : d'abord, une opération de mise en forme du matériel informatif rassemblé; ensuite, un travail d'élagage; enfin, une phase d'ordonnance. Voyons les choses de plus près.

1° étape : La mise en forme du matériel informatif

Avant d'entreprendre l'élaboration détaillée de son plan de travail, le chercheur a déjà en tête un certain nombre d'idées, d'arguments, d'éléments d'information, d'exemples qu'il veut mobiliser pour atteindre un but, celui de répondre à sa question de départ et démontrer la justesse de ses vues en essayant, le plus possible, d'**informer** et de **convaincre**, d'**intéresser** et de **séduire** le lecteur. Ces idées, arguments et exemples constituent la matière première qu'il lui faut **mettre en forme**.

C'est la première étape d'un plan que de rassembler, grouper intelligemment, ordonner et catégoriser les divers éléments d'information qui entrent dans la stratégie de démonstration. Lors de cette étape, les titres de sections sont énoncés. Les idées principales développées dans chacune des sections et sous-sections sont mentionnées. Les éléments d'information préalablement mis sur fiches sont approximativement classés, c'est-à-dire rassemblés autour d'une idée-force. La documentation est catégorisée. Enfin, les transitions et les enchaînements entre sections et sous-sections sont élaborés.

2° étape : L'élagage

Cette étape consiste à ne garder, dans la structuration détaillée du plan, que les idées jugées essentielles à l'atteinte de l'objectif central du travail. **Cet objectif doit déterminer l'unité du propos et de la discussion menée.** Le chercheur ne doit donc jamais hésiter à retrancher une idée, un argument, une information ou un exemple qui fait digression par rapport à l'unité d'ensemble de la discussion qu'il développe. L'un des principes fondamentaux de l'exercice de la rédaction, c'est en effet la **cohérence** du texte.

3° étape : L'ordonnance

Cette étape consiste à inscrire des idées, des arguments, des éléments d'information, des exemples et des données de toutes sortes **dans le cadre d'un raisonnement logique, progressif et cumulatif.** Il s'agit en somme de bâtir une discussion à partir d'éléments épars qui n'ont pas d'unité immanente. **Cette unité doit être construite.** Le plan joue un rôle déterminant dans cette opération de construction.

L'ordonnance des faits, idées et arguments obéit à certaines règles d'usage. Si ces règles ne sont ni universelles ni formelles, elles jouent néanmoins un rôle névralgique dans l'équilibre d'un texte.

— Il apparaît par exemple tout à fait opportun de procéder à l'ordonnance des faits, idées et arguments de façon à ce qu'ils se mettent mutuellement en valeur. Cette façon de faire implique que le chercheur a déjà précisément identifié les passages culminants de son argumentation et qu'il oriente son propos de façon à constamment les rehausser.

183

— Habituellement, l'idée que veut développer le chercheur est énoncée au départ. Elle constitue la tête de paragraphe, de section ou de chapitre.

— L'idée principale précède l'idée ou les idées secondaires. Elle est le foyer autour duquel gravitent les propositions complémentaires. Celles-ci ont pour effet d'étayer, d'expliciter et de renforcer l'idée principale. D'ordinaire, l'argument principal précède l'argument ou les arguments secondaires. Enfin, l'exemple le plus convaincant et le plus étoffé apparaît en premier lieu. Cependant, dans la mesure où le lecteur se souvient plus facilement et réagit plus volontiers à ce qui a frappé son attention en dernier lieu, certains chercheurs réservent parfois la fin de leur discussion à l'explicitation de leur argument le plus fort, le plus curieux, le plus original ou le plus paradoxal. Tout dépend en fait de la **stratégie de séduction** préconisée par le chercheur. Celle-ci peut être bâtie autour d'une provocation continuelle du lecteur, autour d'un raisonnement implacable et superbement logique, autour d'une discussion constamment étayée de faits, etc.

Quoi qu'il en soit, le principe essentiel à retenir est le suivant :

Les idées tirent leur valeur non seulement de leur pertinence mais aussi de leur ordonnance. Une idée dont l'environnement argumentaire est pauvre amoindrit considérablement la portée et le caractère convaincant de la discussion menée par le chercheur.

---

3. UN EXEMPLE DE PLAN DÉTAILLÉ DE TRAVAIL

Les pages qui suivent proposent au lecteur un exemple de plan détaillé de travail. Ce plan est suivi par le texte qu'il a servi à construire.

Pour faciliter l'assimilation de la méthode décrite dans ce chapitre, nous avons "radiographié", en marge du plan, la stratégie de rédaction poursuivie par le chercheur : structuration et progression de l'argumentation; désignation et situation des idées principales par rapport aux idées secondaires, et des propositions principales par rapport aux propositions complémentaires; recours à différentes catégories d'arguments; etc.

Cet exemple ne saurait évidemment être apparenté à un modèle universel. Il permettra cependant de saisir le mode de construction d'un plan et son utilité. Il permettra par ailleurs d'étayer le rapport étroit existant entre le plan et la mise en forme définitive du texte écrit.

Le texte utilisé comme exemple a été rédigé par J. Létourneau. Il est paru dans la *Revue canadienne des études africaines*, vol. 19, n° 1 (1985), p. 141-147. La bibliographie accompagnant cet article n'a pas été reproduite.

Le plan

AFFIRMATION, APOGÉE ET DÉCLIN DU CONCEPT DE MODE DE
PRODUCTION : L'ITINÉRAIRE D'UN DÉBAT

Introduction

On constate présentement une remise en cause du concept de mode
de production pour appréhender l'organisation économique et sociale
des communautés africaines. Pourquoi?

Mettre en lumière les raisons extra-scientifiques expliquant le déclin
de la problématique des modes de production; faire l'historique des
conditions d'affirmation, d'apogée et de déclin de cette problématique.

L'une des raisons expliquant le déclin du concept de mode de
production tient à la découverte des limites inhérentes de ce concept
à reconstituer la réalité. Elle tient également à son utilisation audacieuse
par les chercheurs. Mais elle tient aussi à une évolution marquée de
la conjoncture politico-intellectuelle, au retrait de certains des
principaux théoriciens ayant nourri cette problématique, à la
configuration actuelle des rapports de force animant le milieu
universitaire parisien (notamment), et à l'engouement des jeunes
chercheurs pour l'univers sécurisant du factuel.

Reconstituer l'itinéraire d'un débat intellectuel en identifiant ses
moments forts et ses infléchissements principaux; le contextualiser par
rapport à la dynamique politico-intellectuelle large qui rythme ses
évolutions.

Mettre l'emphase sur le débat tel qu'il s'est déroulé en France.

Exercice exploratoire; ensemble d'hypothèses ouvertes; perception
modelée par la position que j'occupais au cours des années 1970 :
celle d'un jeune chercheur marginalement intéressé à l'Afrique,
consommateur d'idées nouvelles, pour qui l'anthropologie
économique a représenté un mouvement intellectuel stimulant par
les problématiques qu'il a développées.

**1. Les années 1960 : la redécouverte du concept de mode de
production**

1.1 La conjoncture intellectuelle prédominant en France à la fin des
années 1950 est propice à un élargissement du questionnement
sur le problème de la transition au capitalisme et sur celui des
sociétés précapitalistes.

arguments d'ordre *démonstratif*	— l'impact du processus de déstalinisation; — l'accession des colonies au rang d'États indépendants; — la publication d'un texte fondamental de Claude Meillassoux.
2° idée principale	1.2 Au cours des années 1960, la réflexion sur les sociétés précapitalistes s'oriente dans trois directions principales :
arguments d'ordre *démonstratif*	— le CERM et le débat sur le mode de production asiatique; — l'impact des travaux de Claude Meillassoux; — l'arrivée de nouvelles têtes d'affiche dans le domaine de l'anthropologie économique marxiste (Dupré/Rey, Coquery-Vidrovitch, Terray, Amin).
3° idée principale	1.3 La fin des années 1960 : un contexte politico-intellectuel favorable à la diffusion des problématiques théoriques et des principaux concepts de l'anthropologie économique marxiste.
arguments d'ordre *démonstratif*	— un savoir répondant aux aspirations des jeunes; — l'existence de divers mouvements sociaux unis par un dénominateur commun : la remise en cause de l'idéalisme scientifique bourgeois et de l'impérialisme.
bilan partiel	Le développement de l'anthropologie économique marxiste est partie prenante de l'existence d'un mouvement politico-intellectuel large.
titre de section	**2. Les années 1970 : apogée des études menées en termes de mode de production**
1° idée principale	2.1 Le début de la décennie est marqué par l'effervescence des débats théoriques. La réflexion des chercheurs est principalement centrée autour d'un certain nombre de concepts : modes de production, articulation des modes de production, exploitation, rapport de dépendance et d'autorité, classes, État, reproduction sociale. L'anthropologie économique marxiste joue un rôle prépondérant dans la production de concepts normatifs à partir desquels saisir la réalité des sociétés africaines.
2° idée principale	2.2 Les conditions extra-scientifiques rendant possible la diffusion des principaux concepts de l'anthropologie économique marxiste.
arguments d'ordre *démonstratif*	— le rayonnement international de ses principaux porte-parole; — des réponses aux attentes et aux interrogations des jeunes chercheurs; — des concepts et une problématique de leur temps : penser le changement et reconstruire le monde.
3° idée principale	2.3 L'impact des travaux de l'anthropologie économique marxiste dans le monde scientifique.

exemples d'ordre *illustratif*	— en Grande-Bretagne; — au Canada; — aux États-Unis.
4° idée principale	2.4 L'évolution de l'anthropologie économique marxiste dans la deuxième moitié des années 1970.
arguments d'ordre *démonstratif*	— les effets de la crise générale du marxisme et la remise en cause des paradigmes althussériens; — les défis posés par les recherches empiriques; — le retour à un débat feutré entre académiciens.
bilan partiel	Les années 1970 constituent l'apogée du débat sur les modes de production, principalement stimulé par l'anthropologie économique marxiste. Déjà, cependant, certaines conditions sont posées pour que ce débat perde de sa vitalité et de son intensité.
titre de section	**3. Le déclin de la problématique des modes de production**
1° idée principale	3.1 La crise de l'anthropologie économique marxiste et le déclin de la problématique des modes de production : les causes extra-scientifiques.
arguments d'ordre *démonstratif*	— l'étiolement d'une conjoncture politico-intellectuelle; — la disparition ou le retrait de certains théoriciens d'envergure; — les rapports de force au sein du milieu universitaire; — la redécouverte de l'univers rassurant du factuel et de l'empirisme.
2° idée principale	3.2 L'essoufflement d'un débat scientifique.
arguments d'ordre *démonstratif*	— la banalisation et l'appauvrissement des principaux concepts de l'anthropologie économique marxiste; — la tendance à l'interprétation déductive et à la typologie.
bilan partiel	N'évoluant plus de lui-même, n'étant plus supporté par un mouvement social plus large, le débat sur les modes de production s'est essoufflé et ne représente plus, aux yeux de bien des chercheurs, un lieu de stimulation intellectuelle.

Conclusion :
Le débat sur le concept de mode de production peut-il renaître?

— synthétiser et reprendre en d'autres mots les bilans de section;
— pour rebondir, les études capitalisant sur le concept de mode de production devront être supportées par un nouveau mouvement intellectuel. La connaissance progresse en effet parce qu'elle s'alimente en problématiques et en hypothèses produites par des chercheurs eux-mêmes stimulés par un contexte social porteur de changement et de nouveauté.

Le texte définitif

AFFIRMATION, APOGÉE ET DÉCLIN DU CONCEPT DE MODE DE
PRODUCTION : L'ITINÉRAIRE D'UN DÉBAT

identification d'un
problème de départ

[Au cours des dernières années, la critique dirigée contre les études menées en termes de mode de production s'est faite plus fréquente et plus inconditionnelle. Depuis peu, elle a même eu tendance à s'exprimer par le biais de généralisations provocatrices. Plusieurs raisons expliquent la désaffection actuelle des chercheurs envers la problématique des modes de production.] [La découverte des limites inhérentes au concept de mode de production à bien reconstituer la complexité du mouvement historique et de l'organisation sociale est certainement la plus immédiate et la plus évidente de ces raisons.

hypothèse

Mais ce n'est pas la seule. Il se pourrait même que ce ne soit pas la plus importante. Ce sont ces autres raisons que j'aimerais mettre en lumière dans les pages qui suivent.]

objectif du texte et
méthodologie suivie

[L'objectif poursuivi dans cet article est de reconstituer l'itinéraire sinueux d'un débat aussi passionnant que passionné et de saisir la dynamique politico-intellectuelle large qui rythme ses évolutions. Ce texte s'intéresse au débat tel qu'il s'est déroulé en France. Non pas que la discussion à propos du concept de mode de production ait été inexistante en dehors de l'Hexagone. De nombreuses publications prouvent le contraire. Mais parce que cette discussion fut généralement plus éclatée, elle est également plus difficile à cerner comme un tout unifié. D'où l'impossibilité d'en rendre compte ici.] [Enfin, ce texte reste avant tout un exercice exploratoire. Il s'apparente à un ensemble

nature et limites de
l'étude

d'hypothèses largement ouvertes qu'une recherche plus approfondie aurait permis de nuancer et d'affiner, peut-être de réfuter en certains cas. Ma perception du débat sur le concept de mode de production reste largement tributaire de la position que j'occupais au cours des années 1970 : celle d'un jeune chercheur marginalement intéressé à l'Afrique, consommateur d'idées nouvelles, pour qui l'anthropologie économique a représenté un mouvement intellectuel extrêmement stimulant par les problématiques qu'il a développées.]

1. Les années 1960 : la redécouverte du concept de mode de production

1° idée principale

[À la fin des années 1950, la conjoncture politico-intellectuelle prédominant en France est très propice à un élargissement du questionnement sur le problème général de la transition au capitalisme et sur celui, plus spécifique, de la nature particulière des sociétés précapitalistes.] [C'est en effet au tournant des années 1960 que

1° argument

l'impact créé par le processus de déstalinisation commence à se faire réellement sentir au sein des milieux intellectuels liés au PCF.] [C'est

2° argument

au cours de la même période que l'accession graduelle des colonies au rang d'états indépendants entraîne un vif intérêt, dans toutes les strates de la société métropolitaine, pour la dynamique économique

188

et politique de sociétés plus tôt analysées à travers le prisme de l'exotisme, du traditionalisme ou du retard comparatif.] [Enfin, c'est en 1960 exactement que paraît, dans les *Cahiers d'études africaines*, un court texte de Claude Meillassoux, chercheur à l'itinéraire intellectuel non entièrement universitaire, à la fois influencé par le matérialisme historique et par les travaux de l'école substantiviste américaine, et désireux de se détacher du cadre contraignant marquant encore à cette époque la réflexion de plusieurs auteurs s'inspirant du marxisme, à savoir l'évolutionnisme historique.]

[Au cours des années 1960, la réflexion sur les sociétés précapitalistes africaines s'engage dans trois directions différentes.] [La première, alimentée par certains chercheurs très proches du PCF et s'activant au sein du Centre d'études et de recherches marxistes (CERM), tourne autour d'un débat essentiellement théorique : vérifier l'utilité du concept de mode de production asiatique à bien saisir la réalité des sociétés précapitalistes, africaines le cas échéant; confronter le concept à l'état des connaissances sur les sociétés non marchandes; étendre, par le biais du concept de mode de production, le matérialisme historique à un domaine d'étude jusque-là principalement exploré par le fonctionnalisme, le structuralisme et les grands courants de l'anthropologie économique anglo-saxonne, le formalisme et le substantivisme. Ce débat, auquel sont activement mêlés plusieurs historiens de l'Europe de l'est, connaît une vigueur indiscutable jusqu'en 1966-67 environ. Incapable de se renouveler par le biais d'études de terrain et sombrant fréquemment dans des généralités stériles, la réflexion sur le mode de production asiatique connaît par la suite un déclin manifeste, dans la littérature anthropologique française tout au moins.]

[À partir du milieu des années 1960, les travaux de Claude Meillassoux commencent à exercer une influence considérable au sein de l'anthropologie économique. Il s'agit de la deuxième direction vers laquelle s'oriente, en France, la réflexion sur les sociétés précapitalistes. Avec Meillassoux, la recherche sur les sociétés précapitalistes prend un nouvel élan. Tributaire de la sociologie dynamique développée par Balandier et Mercier, inspiré par les écrits de Marx, le projet de Meillassoux est ambitieux : construire un modèle socio-économique des communautés d'autosubsistance; élaborer une théorie du développement économique applicable aux pays sous-développés; mettre au point une méthode de recherche fondée sur un ensemble de problématiques et non sur la spécialisation disciplinaire. L'importance de C. Meillassoux dans l'anthropologie économique française se mesure à l'ambition même de ce projet de recherche : défricher un terrain neuf à la lumière de problématiques originales; développer de nouvelles perspectives en matière de recherche; lier pratique professionnelle et pratique politique. Bien que contestés sous certains points, les travaux de C. Meillassoux constitueront, pour plusieurs jeunes anthropologues français, une base fort pertinente à partir de laquelle ils pourront entreprendre l'étude des sociétés précapitalistes.]

3° point de develop-
pement

[En effet, stimulés par les travaux théoriques de ce pionnier, désireux d'approfondir ses hypothèses dans le cadre d'études de terrain et profondément influencés par la lecture althussérienne des oeuvres de Marx, un certain nombre de jeunes chercheurs ébauchent le projet ambitieux de construire de nouveaux concepts normatifs pour l'étude des sociétés précapitalistes africaines. Il s'agit là de la troisième direction que prend, en France, la réflexion sur les sociétés précapitalistes africaines au cours des années 1960. [C'est à la suite de leur séjour au Congo que Georges Dupré et Pierre-Ph. Rey développent le concept de mode de production lignager et celui d'articulation des modes de production.] [C'est à la même période, plus précisément en 1969, que Catherine Coquery-Vidrovitch, déçue de l'imprécision du concept de mode de production asiatique à bien saisir la réalité spécifique des sociétés africaines, avance un nouveau concept normatif, celui de mode de production africain.] [C'est également en 1969, à la suite d'un séjour en Côte-d'Ivoire, qu'Emmanuel Terray, très influencé par Louis Althusser, propose un cadre général de relecture matérialiste des sociétés dites primitives. Cette relecture a pour pivot les concepts de mode de production et de formation sociale.] [Enfin, c'est vers la même époque que Samir Amin, influencé par l'école dépendantiste latino-américaine, intègre deux des principales problématiques s'affirmant au sein des milieux intellectuels progressistes : celle des modes de production et celle du développement inégal et dépendant.]

1° exemple

2° exemple

3° exemple

4° exemple

3° idée principale

[La fin des années 1960 coïncide, en France, avec une conjoncture politico-intellectuelle favorable à la diffusion des problématiques théoriques et des principaux concepts de l'anthropologie économique marxiste. Pour deux raisons principales. [D'abord parce que les chercheurs se raccrochant à ce courant de pensée refusent de se laisser enfermer dans une démarche empiriste. Leur ambition est d'ouvrir des pistes, lancer des questions, construire de nouveaux concepts et renouveler le débat. En d'autres termes, leur ambition est de produire un nouveau savoir. Or dans le contexte politico-social de la fin des années 1960 en France, ce savoir renouvelé et réinventé correspond aux aspirations intellectuelles de nombreux jeunes chercheurs. Pour ces derniers, les concepts et les problématiques de l'anthropologie économique marxiste sont extrêmement séduisants parce qu'ils offrent de nouvelles pistes, donnent des réponses et étendent les horizons de la recherche, non seulement en ce qui touche aux sociétés précapitalistes africaines d'ailleurs, mais en ce qui concerne le mouvement historique de longue durée du capitalisme.] [Par ailleurs, à la fin des années 1960, l'anthropologie économique marxiste n'est plus seulement un courant de pensée auquel se raccrochent, par les problématiques et les concepts qu'ils préconisent, un certain nombre de chercheurs. Elle est un mouvement intellectuel (donc par certains aspects aussi une mode intellectuelle) qui opère à la fois dans le champ académique et dans le champ socio-politique.] [À la fin des années 1960, l'anthropologie économique marxiste est ni plus ni moins apparentée à une arme de contestation contre l'idéalisme bourgeois et l'impérialisme.]

1° argument

2° argument

bilan partiel

2. Les années 1970 : apogée des études menées en termes de mode de production

1° idée principale

[Au début des années 1970, l'anthropologie économique marxiste s'affirme de plus en plus dans la production des concepts normatifs à partir desquels est entreprise l'étude des formations sociales africaines. Si, jusque-là, la réflexion s'était appuyée sur des recherches de terrain encore fraîches, le débat qui s'amorce vers les années 1972-73 tend de plus en plus à s'enfoncer dans la théorie circulaire et dans la dialectique des concepts.] [Ce sont en effet les concepts, particulièrement ceux de mode de production et d'articulation des modes de production, qui constituent dans bien des cas le point de départ et le point d'arrivée des analyses.] [Le système de concepts découvert par Marx (Althusser ne vient-il pas de le rappeler dans un *Avertissement* célèbre?) ouvre ni plus ni moins le continent histoire à la connaissance scientifique.] [C'est la période où les anthropologues marxistes s'occupent de tirer les prolongements théoriques de leurs écrits antérieurs.] [Pierre-Ph. Rey aboutit ainsi, pour caractériser les rapports de dépendance et d'autorité se manifestant au sein des sociétés qu'il étudie, au concept d'exploitation.] [De son côté, C. Meillassoux produit tout un ensemble de textes où il s'emploie à schématiser le mode de fonctionnement des sociétés d'autosubsistance.] [Enfin, E. Terray s'interroge sur le processus d'émergence de l'État au sein des sociétés précapitalistes et sur la nature des classes qui s'y reproduisent.]

1° argument

2° argument

3° argument
1° exemple

2° exemple

3° exemple

2° idée principale

[Au milieu des années 1970, l'anthropologie économique marxiste accroît considérablement son audience, son influence et sa crédibilité internationales.] [Plusieurs de ses principaux porte-parole sont invités dans les universités étrangères. D'autres siègent au sein des comités éditoriaux de périodiques influents, sont responsables de collections d'ouvrages ou publient régulièrement dans les pages du journal *Le Monde*. Enfin, plusieurs voient leurs ouvrages traduits en anglais. Autant d'indicateurs, pour emprunter une expression à Pierre Bourdieu, "de capital de pouvoir et de prestige scientifique".] [Mais il y a plus. Pour de nombreux jeunes chercheurs qui ne sont qu'indirectement intéressés par l'anthropologie et par l'Afrique, Rey, Terray et Meillassoux incarnent la nouveauté, le changement, la remise en question et la critique fine. Une certaine identification semble s'opérer entre, d'une part, les problématiques de l'anthropologie économique, leurs auteurs, le système conceptuel sur lequel ils s'appuient, et, d'autre part, la remise en cause d'un ordre politico-institutionnel existant (qu'on avait alors l'habitude d'appeler bourgeois).] [Par ailleurs, les ouvrages d'un Leclerc et d'un Copans, qui s'emploient à faire ressortir les liens unissant l'anthropologie appliquée et la domination impérialiste, accentuent encore l'impact des travaux de l'anthropologie économique marxiste qui, on le sait, se placent résolument dans la perspective d'une dénonciation de l'ordre néocolonial.] [Au milieu des années 1970, le champ d'étude et les préoccupations générales de l'anthropologie économique ne sont plus seulement l'Afrique, les sociétés précapitalistes et la critique de l'ethnologie fonctionnaliste et structuraliste. Ils sont d'un autre ordre : la mise au point de

1° argument

2° argument

3° argument

1° idée-force du texte

191

problématiques universelles, la production d'une nouvelle science sociale et la construction d'une société différente, dans les pays du Tiers Monde en particulier. C'est dans ce contexte général, qui déborde largement l'aspect simplement méthodologique et scientifique de concepts, que tendent à s'affirmer les études menées en termes de mode de production.]

<table>
<tr><td>3° idée principale</td><td></td></tr>
</table>

3º idée principale	[L'impact scientifique des travaux de l'anthropologie économique marxiste et de ses principales problématiques se fait d'abord sentir en][Grande-Bretagne, grâce à l'audience que leur accordent plusieurs périodiques (*Economy and Society, Journal of Peasant Studies, Journal*
1º exemple illustratif	*of Contemporary Asia, New Left Review, Critique of Anthropology*), et grâce aussi aux essais fort remarqués (et contestés) de Barry Hindess et Paul Q. Hirst.] [Au Canada, les travaux de l'anthropologie écono-
2º exemple	mique marxiste sont amplement cités. Les ouvrages de Rey, Terray, Godelier, Meillassoux et Copans (pour ne nommer que les plus connus) apparaissent fréquemment dans les bibliographies de cours.]
	[Aux États-Unis, les problématiques de l'anthropologie économique marxiste pénètrent plus lentement les milieux de la recherche. Le formalisme et le substantivisme restent largement dominants comme courants théoriques et méthodologiques. Il n'en demeure pas moins que plusieurs chercheurs influents, Marshall Sahlins, Eric Wolf et Sigmund Diamond pour n'en nommer que trois, accordent une grande
3º exemple	attention aux travaux produits par ce courant de pensée. Les écrits de K. Gough, qui rejoignent ceux de J. Copans, ont par ailleurs l'avantage de porter le débat à un niveau qui dérange, celui du politique. Enfin, le lancement de trois périodiques voués à la diffusion du marxisme (*Dialectical Anthropology, Insurgent Sociologist, Ufa-hamu*) a pour effet de catalyser de nombreux efforts isolés et de relancer, aux États-Unis, le débat sur les modes de production et sur la dépendance économique du Tiers Monde.]
4º idée principale	[Jusqu'à la fin des années 1970,] [les études menées en termes de mode de production continuent sur leur lancée tout en commençant à subir la crise générale du marxisme ou, pour être plus précis, celle
1º argument	des paradigmes althussériens.] [Graduellement, elles tendent à se regénérer à partir de nouvelles études de terrain. Le débat n'est plus seulement théorique, il s'alimente à un nombre considérable d'études empiriques. Cette situation influe énormément sur l'intérêt accordé à la problématique des modes de production telle qu'elle s'était jusque-là développée. En effet, ces études empiriques entraînent dans bien des cas la remise en cause des hypothèses, des conclusions et de certaines formulations hâtives auxquelles étaient parvenus, dans la
2º argument	première moitié des années 1970, les pionniers de l'anthropologie économique marxiste en Afrique. À la longue, ces études empiriques démontrent l'inadéquation des concepts normatifs et l'ambiguïté des méthodes développées par l'anthropologie économique marxiste. À la longue aussi, ces études ont pour effet de soustraire la problématique

des modes de production de ses paradigmes althussériens.]
[Paradoxalement toutefois, au lieu de contribuer à relancer le débat sur les modes de production, les très nombreuses recherches empiriques de la fin des années 1970 tendent plutôt à le faire s'enliser dans une infinité de nuances, de cas d'espèce et de subtilités de genre qui ne donnent lieu à aucun nouvel effort de théorisation. Les conditions sont posées pour que les concepts développés par l'anthropologie économique marxiste soient utilisés pour désigner des réalités extrêmement diverses, n'évoluent plus dans leur contenu, perdent leur capacité analytique et s'apparentent à de simples instruments de classement. Les conditions sont également posées pour qu'un débat intense et passionné redevienne, seulement, un débat feutré d'académiciens et de ce fait perde toute sa vitalité.]

3° argument

3. Le déclin de la problématique des modes de production

2° idée-force du texte

[Au début des années 1980, l'anthropologie économique marxiste est en crise. La réflexion théorique de ses plus brillants penseurs paraît épuisée. À quoi attribuer cette crise et cet essoufflement? Plusieurs facteurs entrent en jeu. Quatre sautent immédiatement aux yeux :

1) l'étiolement, depuis le milieu des années 1970, de la conjoncture politico-intellectuelle ayant favorisé l'essor et la diffusion rapide, dans certains milieux, de la problématique des modes de production;

2) la disparition ou le retrait de certains des plus brillants penseurs du courant althussérien (et l'on sait à quel point la réflexion sur les modes de production a été nourrie par la lecture althussérienne des oeuvres de Marx);

3) la configuration actuelle des rapports de forces au sein du milieu universitaire parisien et la difficulté pour les chefs de file de l'anthropologie économique marxiste de se positionner avantageusement au sein de la recherche institutionnalisée française;

4) la retraite générale des chercheurs, particulièrement des plus jeunes, vers l'univers rassurant et sécurisant du factuel (réification et fétichisation de l'empirisme).]

1° idée principale

[En fait, l'actuelle remise en cause des études menées en termes de mode de production n'est pas seulement liée à la pertinence théorique et méthodologique du concept.] [Elle trouve également son origine dans l'apparition d'une conjoncture politique où prédominent les courants conservateurs et utilitaristes, dans la crise d'un mode historiquement daté de construction du savoir (primauté du savoir théorique sur le savoir empirique) et dans la difficulté pour les anthropologues marxistes d'imposer leur système normatif de pensée (ou leur hégémonie conceptuelle) aux études et problématiques empiriques développées par les jeunes chercheurs montants.] [Le concept de mode de production et les problématiques qui en

arguments

explicitation des argu-
ments : 1° idée

découlent ont certes acquis une audience dans les milieux académiques parce qu'ils ont énormément stimulé et ajouté à la réflexion
sur les sociétés précapitalistes. Mais ils ont également bénéficié d'une
diffusion assez large dans certains milieux liés à la recherche parce
qu'ils ont été associés à un vaste mouvement intellectuel incarnant,
dans son discours et ses pratiques, la critique et la volonté de
changement.] [Dans la conjoncture actuelle, ce discours et ces
pratiques passent moins bien. Faute d'être renouvelé et remodelé par
des successeurs désireux de reconstruire théoriquement la probléma-

2° idée

tique des modes de production, le débat amorcé et supporté pendant
un temps par l'anthropologie économique marxiste s'est dilué en
éclatant sous les feux nourris de la critique empiriste et en s'enfermant
dans la circularité des réseaux universitaires.] [Dans la conjoncture
actuelle, le concept de mode de production et les problématiques
qui en découlent attirent peu parce qu'ils ne servent en fait qu'à
alimenter un ensemble de recherches bien menées, impeccables du

3° idée

point de vue méthodologique et collées aux singularités des situations.
Mais de débat théorique, de renouvellement des concepts, de production d'un nouveau savoir, il n'y a pratiquement pas trace.]

2° idée principale

[Évidemment, si la conjoncture politico-intellectuelle prédominant
actuellement en France et si la soumission des problématiques de
l'anthropologie économique marxiste aux paradigmes de l'empirisme
et de l'eclectisme expliquent en partie la désaffection des chercheurs
envers les études menées en termes de mode de production, elles
ne sauraient toutefois constituer les seuls facteurs.] [La principale et
la plus immédiate des raisons doit être recherchée dans ce que G.

1° argument

Dupré et E. Terray appellent la réduction, l'appauvrissement et la
banalisation de la problématique des modes de production.] [Au cours
des années 1970, plusieurs travaux utilisant cette problématique
avaient d'abord trouvé leur aboutissement dans le discours déductif.
Le principal problème rencontré par les chercheurs avait été, dans
bien des cas, de reconstituer un mode de production pour ensuite

2° argument

l'insérer dans une typologie précise. L'intérêt de cet exercice a tourné
court au moment où l'on s'est aperçu des limites de cette démarche,
de son caractère méthodologiquement douteux et de son impact
politiquement insignifiant.]

4. Le débat sur le concept de mode de production peut-il renaître?

reprise des idées-
forces du texte

[Malgré certaines innovations intéressantes, l'état du débat sur le
concept de mode de production donne toutes les apparences de
stagner dans la mesure où il n'évolue que très peu sous son aspect
théorique. Comme mouvement intellectuel, ce que fut l'anthropologie
économique marxiste au cours des années 1970 a atteint ses limites.
Et dans les cadres tracés par ce mouvement intellectuel, le concept
de mode de production a lui aussi atteint les siennes.] [Pour rebondir,

argumentation ouverte

pour redevenir aussi stimulantes qu'elles le furent au cours des années 1970, les études menées en termes de mode de production ne devront pas seulement, comme plusieurs le prétendent, prendre la forme d'analyses serrées. Cela fait déjà dix ans qu'elles suivent cette voie dans les pays anglo-saxons et la problématique des modes de

1° argument

production n'en est pas moins considérée, par plusieurs, comme inutile et dépassée. Pour rebondir, les études menées en termes de mode de production devront être supportées et stimulées par un nouveau mouvement intellectuel.] [Si l'appréhension des sociétés par le biais de systèmes conceptuels s'est toujours révélée une démarche finale-ment insuffisante et incomplète, les études empiriques, de leur côté,

2° argument

n'ont que très rarement débouché sur un renouvellement des modes de perception sociale, c'est-à-dire sur un renouvellement des façons à travers lesquelles les sociétés sont reconstituées.] [En fait, la connaissance progresse parce qu'elle s'alimente en problématiques et en hypothèses produites par des chercheurs eux-mêmes stimulés par un contexte social porteur de changement et de nouveauté. Les

3° argument

analyses empiriques comme telles provoquent peu de débats. Dans la majorité des cas, elles ne font que les assécher et poser les conditions pour que de nouveaux débats naissent ailleurs, alimentés par de nouveaux acteurs et de nouvelles situations. L'espoir d'une renaissance du débat sur le concept de mode de production réside précisément dans ces ailleurs.]

14

Savoir communiquer sa pensée par écrit

Certains croient que la qualité d'un rapport de recherche se mesure d'abord à la richesse de l'argumentation développée, à la crédibilité des exemples apportés en preuve, à la finesse des analyses et au nombre d'ouvrages cités en bibliographie. Autrement dit, la qualité d'une recherche tiendrait d'abord au "fond" du texte et à l'ampleur de la documentation consultée.

En vérité, il ne s'agit là que d'un aspect fondant la qualité d'un rapport de recherche. D'autres conditions sont également nécessaires et tout aussi importantes. La clarté de la discussion menée et la logique du raisonnement tenu, la beauté de l'expression écrite et la capacité à soutenir l'intérêt du lecteur représentent quatre éléments qui ont une incidence déterminante sur la qualité finale d'un rapport. Le plus talentueux des chercheurs risque de demeurer toute sa vie dans l'ombre s'il ne sait pas communiquer ses connaissances sous une forme qui capte l'attention de ses collègues et séduit la communauté élargie des scientifiques.

C'est l'objectif de ce chapitre que d'indiquer des principes, suggérer certaines règles et proposer quelques trucs permettant de maîtriser cette phase délicate de la réalisation d'un rapport de recherche qu'est la communication finale des connaissances.

La maîtrise de cette phase s'exerce à trois niveaux différents : dans l'organisation logique des idées exprimées, dans la structuration équilibrée du texte et dans la capacité à convaincre et séduire le lecteur. Le chapitre précédent nous a permis de faire ressortir le rôle névralgique du plan dans l'organisation logique d'un raisonnement et d'une argumentation. Nous insisterons maintenant sur les deux autres conditions préalables à la présentation d'un texte de qualité.

1. STRUCTURER SON TEXTE DE FAÇON ÉQUILIBRÉE

La multiplication des moyens électroniques de communication n'a pas donné lieu, loin de là, à la liquidation du texte comme support fondamental de la transmission du savoir et des connaissances. De fait, en classe comme dans les organismes publics et les milieux d'affaires, la capacité des candidats à bien s'exprimer par écrit, à bien agencer leurs idées et à communiquer clairement et de façon concise leur pensée, constitue un facteur déterminant de réussite, de reclassement et de promotion.

Évidemment, l'art de la communication écrite ne s'apprend pas comme une règle de conjugaison et ne s'enseigne pas comme une matière. Il s'agit d'un mode d'expression que l'on peut améliorer, raffiner et enrichir en s'exerçant, en étant respectueux de certains principes de base, en étant conscient de ses propres difficultés et en lisant beaucoup.

Nous l'avons vu au chapitre précédent, le plan joue un rôle névralgique dans la structuration cohérente et équilibrée d'un texte. Mais le chercheur soucieux de la qualité de sa prestation doit également agir à un autre niveau, moins spectaculaire et trop souvent considéré comme secondaire, celui de la maîtrise des éléments fondamentaux du texte : la phrase, le paragraphe, la ponctuation et les titres de sections et de sous-sections. Il s'agit d'un niveau élémentaire mais déterminant de la communication écrite. Examinons le tout de plus près.

La phrase et le paragraphe : au coeur de la production du texte

Un texte, c'est d'abord une agglomération de phrases, de paragraphes et de sections organisée de manière cohérente. La ponctuation joue en quelque sorte le rôle du gendarme dans cette agglomération : elle rythme le débit, guide le lecteur dans les méandres de la pensée de l'auteur, impose les bifurcations, règle les pauses, établit une progression dans le développement d'une argumentation, etc.

Il n'y a pas de recettes miracles pour rédiger un bon texte. Il semble cependant que le respect de certains principes élémentaires rend possible la transmission d'une matière en espérant un maximum de communication entre l'auteur et le lecteur. Établissons ces principes :

Une idée, une phrase

La phrase est le **support et le lieu d'énoncé d'une idée**. Une idée complexe peut être déconstruite en plusieurs segments et ainsi donner lieu à l'écriture de plusieurs phrases. Par ailleurs, plusieurs phrases peuvent scander le développement et l'approfondissement d'une même idée principale. Elles se regroupent alors sous la forme d'un paragraphe.

On retiendra dès lors un premier principe : le chercheur débutant a tout intérêt à n'énoncer qu'une idée par phrase. Pour développer et approfondir cette idée, il est préférable de recourir à plusieurs phrases s'agençant les unes aux autres sous un mode simple et unies par un fil conducteur.

L'utilité des constructions syntaxiques simples

Une phrase peut être construite de différentes manières. La variété des constructions peut donner lieu à d'intéressantes créations littéraires. Mais cette variété des constructions syntaxiques n'entraîne pas nécessairement une plus grande cohérence du texte. Or on ne doit jamais oublier qu'un travail scientifique ou un rapport de recherche, parce qu'il oblige le lecteur à un effort continuel de compréhension, exige du rédacteur la recherche d'un niveau de cohérence et de clarté maximal. C'est pour cette raison que la phrase simple, composée d'un sujet, d'un verbe et d'un complément, est préférable à tout autre construction syntaxique pour exprimer une idée complexe.

197

Clarté et simplicité vont en effet de pair! La maîtrise de cette construction syntaxique élémentaire, d'une part, la maîtrise d'un mode d'agencement cohérent de ces phrases simples, d'autre part, peuvent éventuellement conduire à l'expérimentation de constructions syntaxiques plus complexes. Mais l'on ne saurait trop conseiller au chercheur débutant de ne pas s'aventurer dans des expériences de création littéraire avant de maîtriser les principes élémentaires de la construction syntaxique.

Préconiser une structure logique de rédaction

Les idées se raccordant ordinairement les unes aux autres, chaque phrase doit normalement s'inscrire dans une structure logique de rédaction. Préparée par une phrase qui l'annonce, chaque nouvelle phrase doit en appeler une autre. Une phrase non annoncée ou non appelée, une phrase ne s'insérant donc pas dans une structure logique et progressive de rédaction, produit une importante diversion de la pensée, brise le rythme de la discussion et perd le lecteur.

L'exemple suivant illustre le cas d'une structure logique de rédaction :

> Un réseau interactif de mots ne s'organise pas anarchiquement. Il se structure autour d'un mot ou d'une expression clé. Dans le cas de la société québécoise sous Lesage, cette expression semble être le slogan ayant servi au Parti libéral pour mousser sa campagne électorale de 1960 : "C'est le temps que ça change!". Cette expression donne la clé d'accès à une myriade d'autres mots et expressions qui sont logiquement conséquents de la première proposition fondamentale, comme un corollaire dérive logiquement d'un théorème. Sur la base de cette expression clé, la réponse se développe en fonction d'associations d'idées. Elle possède sa propre logique constructive et n'a bientôt plus rien à voir avec la réalité de l'histoire, même si elle peut à l'occasion la recouper directement. Entraîné dans ce jeu d'associations d'idées, prisonnier de sa propre logique constructiviste, l'étudiant débouche facilement sur la caricature, sur l'anachronisme historique pur et simple. Cette caricature de l'histoire possède une logique différente de celle qui découle de la méconnaissance des faits. Elle tire principalement son origine de la dynamique relativement autonome à travers laquelle se construit sa réponse[1].

De la phrase... au paragraphe

Le paragraphe est le rassemblement de plusieurs phrases unies par l'énoncé et le développement d'**une** idée principale. Le paragraphe est fondamental dans la structuration d'un texte en ce sens qu'il établit rythme, orientation, cohérence et unité dans la progression de l'argumentation. Le paragraphe idéal comprend trois parties :

— une **tête**, où l'idée principale est énoncée de façon claire et concise;

— un **corps**, où le développement de l'idée principale progresse de façon logique et cumulative, certains mots de cadrage (ex. : premièrement, puis, enfin) scandant cette progression;

---

[1] J. Létourneau, "L'imaginaire historique des jeunes Québécois", *Revue d'histoire de l'Amérique française*, vol. 41, n° 4 (printemps 1988), p. 559-560.

— une **fin**, correspondant en quelque sorte à un bilan sommaire qui permet de resituer l'argumentation par rapport à la progression d'ensemble de la discussion, et qui permet aussi l'enchaînement à un autre maillon de l'argumentation.

L'exemple suivant illustre bien notre propos :

Tête de paragraphe:

énoncé de l'idée principale

[À partir de 1946, le Québec connaît une période de prospérité économique incomparable par sa longueur et sa régularité avec celles qu'il avait connues entre 1900 et 1944. Mais on écarte plusieurs problèmes d'analyse en parlant en des termes aussi généraux. En fait, si l'on s'en tient à l'étude des conditions matérielles d'existence des travailleurs salariés, on peut voir que cette image de prospérité générale peut être nuancée de bien des façons.]

Corps

1° idée

[Entre 1946 et 1959, les salaires nominaux et le revenu personnel *per capita* augmentent. Mais au terme de cette période, l'écart de revenu séparant le travailleur québécois du travailleur ontarien, pour un emploi identique, reste encore important.]

2° idée

[D'autre part, au Québec même, les revenus de travail gagnés par les salariés masculins de souche francophone sont bien inférieurs à la moyenne générale des revenus de travail gagnés par les salariés d'autres origines ethniques.]

3° idée

[Troisièmement, au début des années 1960, la proportion des individus et des ménages souffrant d'insuffisance de revenu est encore considérablement élevée dans la province, particulièrement dans les régions éloignées des grands centres.]

4° idée

[Enfin, la répartition des revenus reste très inégale et discriminatoire, en particulier pour les femmes, les travailleurs agricoles et les ouvriers oeuvrant dans les secteurs mous de l'industrie québécoise.]

Fin du paragraphe:
bilan sommaire

[En somme, dépendamment des indicateurs que l'on retient, la prospérité qui semble avoir caractérisée le Québec sous Duplessis a sans doute été vécue de façon fort différente par les diverses catégories sociales[2].]

L'enchaînement des paragraphes

La phrase met en forme l'idée. Le paragraphe est la réunion de plusieurs phrases unies par le fil conducteur d'une idée principale. À leur tour, les paragraphes s'enchaînent logiquement pour former une sous-section ou, plus largement encore, une section. Habituellement, la sous-section et la section sont le lieu d'énoncé et de démonstration d'un **élément fondamental de l'hypothèse formulée par le chercheur**. Le fil conducteur d'un rassemblement de paragraphes formant une sous-section ou une section est donc l'élément d'hypothèse que l'auteur choisit d'approfondir.

De la même façon qu'une phrase s'insère dans une structure logique, progressive et cumulative de réflexion, chaque paragraphe doit venir à point nommé dans le processus général de la démonstration. Sinon, c'est le rythme de l'argumentation qui est brisé. Or l'un des objectifs fondamentaux à viser en matière d'écriture scientifique est certainement la continuité du propos. Le texte doit en fait donner l'impression de "couler", c'est-à-dire de progresser sans brisure, sans raté, sans digression. Divers

---

[2] J. Létourneau, "Accumulation, régulation et sécurité du revenu au Québec au début des années 1960", thèse de doctorat, Québec, Université Laval, 1985.

trucs peuvent être utilisés pour donner cette impression de continuité. C'est ainsi que la première ou la dernière phrases d'un paragraphe peuvent servir de pont avec le paragraphe précédent ou suivant. Certains mots de raccordement ou certaines expressions de cadrage peuvent également accentuer l'impression de continuité d'un texte. Par exemple : "Mais ce n'est pas tout" ou encore : "Allons plus loin". En fait, les possibilités sont très nombreuses (voir encart, page suivante). On se rappellera seulement qu'un texte scientifique est une construction en étages; que l'on ne peut faire de sauts dans l'argumentation sans passer un étage et voir ainsi toute la construction s'écrouler; que chaque inflexion importante de l'argumentation doit normalement donner lieu à l'ouverture d'une nouvelle sous-section ou section.

Sections et sous-sections : identifier les moments forts de la démonstration

Un texte équilibré comporte des sections et sous-sections bien identifiées par des titres. Chacune de ces sections correspond à une portion du plan de travail initialement élaboré par l'auteur. Les titres viennent en quelque sorte condenser l'idée principale développée dans les dix ou vingt paragraphes qui composent la section. Ils permettent également au lecteur de situer ce rassemblement de paragraphes par rapport aux moments précédents et suivants de la démonstration. Ils constituent enfin pour l'auteur des repères utiles qui orientent sa démarche de réflexion et d'écriture.

Les titres de sections et de sous-sections sont, dans un texte long, les balises qui scandent la progression d'une démonstration, les carrefours où s'effectuent les bifurcations fondamentales d'un propos, les noeuds où s'opèrent les passages d'un point d'argumentation à un autre. Le choix des mots composant l'intitulé d'une section ou d'une sous-section doit être extrêmement minutieux. Ce titre est en effet indicatif du propos qui suit : il en dit et en résume la substance; il en est l'archétype. Mis les uns à la suite des autres, ces titres et sous-titres constituent la colonne vertébrale du texte; il s'apparente à des supports auxquels l'on accroche des muscles (les points d'argumentation) et de la chair (les éléments d'information).

La ponctuation: faire battre le pouls du texte

Sans ponctuation adéquate, un texte est illisible. Il n'est qu'un étalement de mots qui perdent leur force et leur caractère en se bousculant les uns les autres. Il n'est qu'une pensée énoncée sans mise en forme. Il n'est qu'un fond non communicable, un contenu non transmissible. La ponctuation rend un texte significatif. Elle lui donne une personnalité singulière. Elle introduit de la vie dans ce qui pourrait n'être qu'une suite intarissable de mots.

La ponctuation d'un texte ne signifie pas simplement mettre ici une virgule et là un point. Il s'agit au contraire d'organiser son texte en recherchant un maximum de sens et d'effets pour le lecteur. La ponctuation est un système complexe de signes qui a pour effet de régler les flux de mots, de marquer les pauses, d'introduire les divisions, d'établir certains rapports syntaxiques. La ponctuation est aussi nécessaire à la construction d'une phrase que les mots. C'est dire son importance.

Les signes de ponctuation sont connus de tous : le point, le point-virgule, le deux-points, les points de suspension, le point d'interrogation, le point d'exclamation, la

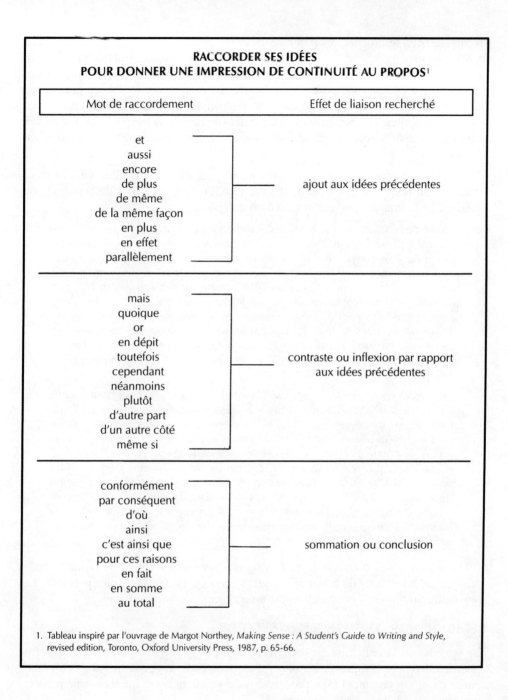

**RACCORDER SES IDÉES
POUR DONNER UNE IMPRESSION DE CONTINUITÉ AU PROPOS**[1]

Mot de raccordement	Effet de liaison recherché
et aussi encore de plus de même de la même façon en plus en effet parallèlement	ajout aux idées précédentes
mais quoique or en dépit toutefois cependant néanmoins plutôt d'autre part d'un autre côté même si	contraste ou inflexion par rapport aux idées précédentes
conformément par conséquent d'où ainsi c'est ainsi que pour ces raisons en fait en somme au total	sommation ou conclusion

1. Tableau inspiré par l'ouvrage de Margot Northey, *Making Sense : A Student's Guide to Writing and Style*, revised edition, Toronto, Oxford University Press, 1987, p. 65-66.

virgule, le tiret, le crochet, les parenthèses et les guillemets. La difficulté principale se situe au niveau de leur utilisation adéquate et opportune. Mal placé, un signe de ponctuation trahit le sens d'une phrase, dénature une idée et brise une argumentation. Utilisée à bon escient, une ponctuation bonifie un propos, révèle l'heure juste d'une idée, accentue ou secondarise un élément d'information. La ponctuation fait parler le texte. Elle rythme le ton d'un discours, accélère ou ralentit le tempo d'une discussion, établit les rapports entre les différents points d'argumentation. La ponctuation est le pouls d'un texte.

Les deux exemples suivants font ressortir, d'une part, toute l'ambiguïté et l'incohérence d'un texte mal ponctué; et, d'autre part, la clarté et l'effet de continuité de ce même texte marqué par une ponctuation adéquate.

> Séparé des énoncés non scientifiques, auxquels il s'agglutine, et par lesquels, très souvent il passe de l'existence virtuelle, à l'existence réelle, l'énoncé scientifique n'est qu'une logique positive : c'est réinscrite dans un texte et plus largement encore dans un réseau textuel, intertexte, que cette logique s'incarne, et prend un sens accessible à l'entendement, à la raison. Dans un texte la logique positive de l'énoncé scientifique existe en symbiose, en syncrétisme, avec d'autres logiques. Cette symbiose, résulte parfois d'une opération consciente de manipulation, et de dissimulation. Dans la majorité des cas cependant l'auteur du texte, souvent inconscient par rapport aux combinaisons qu'il élabore est incapable de faire le tri entre les logiques, qu'il mobilise dans son projet de démonstration et d'interprétation.

> Séparé des énoncés non-scientifiques auxquels il s'agglutine et par lesquels, très souvent, il passe de l'existence virtuelle à l'existence réelle, l'énoncé scientifique n'est qu'une logique positive. C'est réinscrite dans un texte, et plus largement encore dans un réseau textuel (intertexte), que cette logique s'incarne et prend un sens accessible à l'entendement, à la raison. Dans un texte, la logique positive de l'énoncé scientifique existe en symbiose, en syncrétisme avec d'autres logiques. Cette symbiose résulte parfois d'une opération consciente de manipulation et de dissimulation. Dans la majorité des cas cependant, l'auteur du texte, souvent inconscient par rapport aux combinaisons qu'il élabore, est incapable de faire le tri entre les logiques qu'il mobilise dans son projet de démonstration et d'interprétation[3].

Mais la rédaction d'un bon texte ne découle pas exclusivement de la maîtrise des principes élémentaires de la communication écrite. Il faut encore aller plus loin. Les prochains paragraphes ont précisément pour objectif de nous y mener.

2. RÉDIGER POUR CONVAINCRE ET SÉDUIRE

Le moment de la rédaction est souvent lié à une angoisse exaspérante et suffocante pour le chercheur. S'il procède à partir d'un plan, cette angoisse disparaît en grande partie car il sait comment faire progresser sa discussion. Il sait aussi comment opérer les transitions dans sa démonstration.

---

[3] J. Létourneau, "La production du sens de l'histoire : Essai sur les rapports entre savoir scientifique et mémoire collective", communication prononcée au Sixième colloque international d'histoire orale, Oxford University, septembre 1987, p. 39.

OBJECTIF : CLARTÉ

Rédiger pour être parfaitement compris par le lecteur est une opération parfois plus délicate qu'il n'y paraît; c'est que nous vivons à une époque où la communication orale occupe une grande importance. Or nous avons trop souvent tendance à oublier que langue écrite et langue parlée sont deux formes d'expression différentes.

En effet, nous ne pouvons pas écrire comme nous parlons. À l'oral, le geste, le regard, l'intonation et le contexte d'ensemble de la communication verbale contribuent à l'intelligence des propos du locuteur qui a la possibilité de vérifier immédiatement l'effet de ses paroles et de reformuler ce que l'interlocuteur, dont il peut observer le froncement des sourcils!, ne semble pas avoir compris. À l'écrit, le texte rendu l'est une fois pour toutes; il est le seul intermédiaire entre l'émetteur et le récepteur. Celui-ci reste seul à s'interroger sur des propos qui, parfois, manquent de cohérence.

Il ne s'agit pas bien sûr de prétendre que l'expression orale n'a pas à être soignée, mais bien de faire ressortir à quel point la clarté est la qualité maîtresse d'un bon texte. Pour atteindre cette qualité, il faut tout d'abord bien maîtriser son sujet. C'est dire l'importance de chacune des étapes du travail intellectuel qui vont de la définition du sujet à l'organisation du matériel recueilli sous forme de plan cohérent. En fait, l'écriture ne peut en aucun pas pallier les lacunes des étapes précédentes. C'est précisément la réussite de ces étapes qui permet, en dernier lieu, de se concentrer sur la qualité de la langue, c'est-à-dire de respecter les conventions qui la régissent.

Ces conventions ont pour nom grammaire, orthographe, syntaxe, vocabulaire et ponctuation. Il s'agit d'un **code**, complexe il faut l'admettre, qui permet de communiquer efficacement à l'aide d'un texte. Plus le code est suivi, plus la pensée est saisie pour ce qu'elle est; à l'inverse, lorsque la forme débauche le sens, le lecteur doit interpréter ou deviner : souvent, il ne comprend pas l'idée énoncée.

Certains trucs, maintes fois expérimentés, aident à s'assurer de la clarté d'un texte :

— par exemple, procéder à une série de relectures où l'on ne s'occupera que d'**un seul aspect** des conventions linguistiques à la fois;

— laisser décanter la première rédaction, histoire de prendre une distance par rapport à sa propre pensée et ainsi se mettre dans la peau du lecteur qui découvre pour la première fois le texte;

— faire lire le texte par un collègue en qui l'on a confiance. Celui-ci peut, souvent mieux que l'auteur lui-même, déceler les incohérences d'argumentation, les fautes de style, les digressions, etc.;

— enfin, lire son propre texte à voix haute. Certaines fautes, celles de syntaxe en particulier, se détectent plus facilement à l'oreille.

Reste tout de même le problème de l'écriture du texte. Certains multiplient les versions en essayant d'améliorer et d'affiner successivement leur discussion dans sa forme et son fond. Cette façon de faire n'est pas à rejeter si elle donne des résultats convaincants. Il existe cependant une méthode plus rationnelle, probablement plus rapide aussi. Elle consiste à rédiger un texte en deux temps :

— d'abord rédiger pour **convaincre** le lecteur;
— reprendre ensuite le texte pour **séduire** le lecteur, c'est-à-dire pour continuellement capter son intérêt.

Dans les deux cas, l'auteur doit cependant rechercher un objectif fondamental : **la clarté**. L'encart de la page précédente expose certains trucs pour y parvenir.

Examinons maintenant de plus près la méthode suggérée.

Rédiger pour convaincre le lecteur

C'est le moment où le chercheur s'intéresse principalement à la **qualité** des arguments auxquels il a recours, des preuves qu'il utilise, des éléments d'information qu'il aligne. C'est le moment où le chercheur se préoccupe principalement d'être convaincant en ordonnant le plus intelligemment possible sa documentation. C'est le moment où il se préoccupe de rendre inattaquable la partie informative de son texte; le moment aussi où il cherche à agencer ses réflexions, ses idées, ses constatations et sa documentation en fonction d'une stratégie de démonstration. Tout ce processus s'apparente quasiment à un scénario de joute intellectuelle avec le lecteur.

Cette première rédaction n'implique pas nécessairement le raffinement de la forme du texte. Contrairement à la méthode par versions successives, elle implique cependant un travail poussé d'élagage, d'ordonnance et de raffinement du fond du texte.

Rédiger pour séduire le lecteur

C'est le moment où le chercheur s'intéresse principalement à la **communication de sa pensée**, le moment où il proportionne et affine son texte en fonction d'une stratégie de séduction intellectuelle du lecteur. C'est le moment où le chercheur se préoccupe de la justesse de ses formulations, de la beauté de son style, de la précision de ses termes, de l'articulation fonctionnelle de ses phrases, de la progression logique et cumulative de son texte, de la concision et de la clarté de son écriture. Le recours à une grammaire et à des dictionnaires spécialisés est ici indispensable. L'encart apparaissant ci-après fournit quelques titres précieux.

À travers son texte, le chercheur doit donner l'impression :

— **qu'il maîtrise bien son sujet tel qu'il l'avait formulé**. L'utilisation d'un style ferme et assuré qui sait tirer profit de la nuance, qui sait s'appuyer sur une documentation riche et abondante et qui sait manier le vocabulaire spécialisé de certaines disciplines est probablement un idéal à atteindre.

— **qu'il a trouvé plaisir à faire la recherche qu'il livre maintenant publiquement**. C'est en effet une façon efficace de développer la sympathie du lecteur à son endroit.

MAÎTRISER L'ART DE L'EXPRESSION ÉCRITE. CONNAÎTRE SES "VRAIS AMIS"

Apprivoiser les différentes conventions d'une langue, c'est d'abord apprendre à mieux connaître les outils de travail que sont les **dictionnaires** et les **grammaires**. Certes, ces lourds et arides volumes ne se lisent pas d'une couverture à l'autre. Mais savoir les utiliser efficacement est une condition incontournable de maîtrise de l'exercice d'écriture.

Il existe plusieurs genres de dictionnaires et de grammaires. Les indispensables sont les suivants :

Le dictionnaire de langue

Il est recommandé de se munir d'un dictionnaire de langue, par exemple le *Petit Robert*, qui renseigne sur les sens propre et figuré des mots, et sur leur utilisation courante dans la langue. Il renferme des tables de conjugaison, met en garde contre les paronymes et les homonymes et propose, pour la plupart des mots, toute une gamme d'analogies, de synonymes et d'antonymes. Un tel dictionnaire est indispensable pour trouver la nuance appropriée, pour découvrir le mot exprimant le plus justement la subtilité d'une idée. Les dictionnaires de type encyclopédique comme le *Larousse* proposent pour leur part des définitions plus conceptualisées, plus formalisées des mots. Ils renseignent beaucoup plus sur ce que les mots désignent que sur leur utilisation courante dans la langue.

La grammaire

La grammaire est un manuel où sont inscrites les règles qui régissent l'emploi des différents types de mots. Y sont décrites toutes les parties du discours, expression consacrée pour désigner les mots selon leur nature : substantif, verbe, adjectif, préposition, etc.; et y sont expliquées les règles d'accord selon la fonction qu'ils occupent dans la phrase : sujet, complément, attribut, etc. On y apprend quels types de mots ne varient jamais et comment la nature et la fonction des autres en influencent l'accord. La plus connue des grammaires est certainement le *Précis de grammaire française* de Maurice Grevisse.

Le dictionnaire des difficultés

Ce type d'ouvrage complète et facilite l'utilisation de la grammaire. Les règles et les mots sur lesquels on achoppe le plus souvent y sont classés par ordre alphabétique (d'où son nom de dictionnaire), ce qui simplifie sa consultation. On utilisera avec profit : Adolphe V. Thomas, *Dictionnaire des difficultés de la langue française* , Paris, Larousse, 1971.

Le dictionnaire des anglicismes

On se méfie trop peu de ces mots français qui ressemblent comme des frères à certains mots anglais sans pour autant avoir le même sens. Le dictionnaire des anglicismes les dénonce et propose pour les remplacer des termes auxquels aucun reproche ne peut être fait, tout en rétablissant dans leur sens les expressions galvaudées. Il est important de consulter un ouvrage adapté aux réalités nord-américaines. Français et Québécois ne commettent pas les mêmes anglicismes. Les premiers s'en tiennent en général à des emprunts de vocabulaire (*sponsoring, shopping, dancing*) , alors que les Québécois ajoutent à ces emprunts de vocabulaire des anglicismes syntaxiques beaucoup plus insidieux (*à date, au niveau de, dû à, suite à*). On consultera avec bonheur : Gilles Colpron, *Dictionnaire des anglicismes*, Montréal, Beauchemin, 1982.

205

Dans tous les cas, le chercheur qui rédige un texte doit garder en mémoire certaines indications qui l'aideront à mieux communiquer sa pensée et, par là, à capter l'intérêt du lecteur. En voici énumérées une dizaine :

DIX TRUCS POUR AMÉLIORER LA QUALITÉ DE SA RÉDACTION[1]

1° Employer le mot juste pour exprimer la bonne idée.

2° Utiliser des termes précis, à la définition claire, qui ne laissent planer aucun doute sur leur sens véritable; le cas échéant, procéder à la définition des notions et concepts introduits dans le propos.

3° Utiliser un vocabulaire simple que l'on maîtrise bien plutôt qu'une terminologie sophistiquée dont les subtilités de sens nous échappent.

4° Varier les formulations syntaxiques et stylistiques pour éviter les répétitions déplaisantes et la monotonie du propos.

5° Utiliser la forme active plutôt que passive : non seulement celle-ci allège-t-elle le texte mais elle facilite la communication de la pensée.

6° Éviter la multiplication des qualificatifs, des adverbes ou des pronoms relatifs dans une même phrase : ils ne font qu'alourdir la syntaxe, provoquent parfois la confusion et brouillent la suite du propos.

7° Essayer de marier, dans une dynamique de mise en valeur et de renforcement mutuels, argumentation abstraite et discussion empirique.

8° Situer stratégiquement les mots dans une phrase de façon à rehausser une idée, imposer un ton, marquer un contraste entre des argumentations, etc.

9° Ne pas craindre d'éliminer tout mot ou segment de phrase qui semble inutile ou superflu à la bonne compréhension de l'idée exprimée. Éviter le verbiage : il n'échappe jamais au spécialiste!

10° Enfin, rédiger une première version du texte avant d'entreprendre tout travail de correction.

1. Encart inspiré par l'ouvrage de Northey, p. 59-74.

Annexe I

Comment présenter des références bibliographiques

Le lecteur sait l'importance d'une référence bibliographique complète et précise, ne serait-ce que pour repérer ultérieurement la publication citée par un auteur. Malheureusement, le chercheur l'oublie souvent ou se montre négligent à cet égard. Cette annexe propose un mode de présentation des références bibliographiques qui allie précision, concision et praticabilité.

Il n'existe pas une seule façon, universellement acceptée, de présenter des références bibliographiques. En fait, de plus en plus de chercheurs ont recours à des systèmes de présentation abrégée qui réduisent considérablement l'information bibliographique accompagnant chaque mention d'un document. En plus de contribuer à l'accentuation des problèmes de communication scientifique, cette façon de faire augmente parfois singulièrement le temps qu'il faut prendre pour retrouver les références dans les fichiers normalisés des grandes bibliothèques.

En proposant un système de présentation raisonné des références bibliographiques, cette annexe veut sensibiliser le chercheur débutant à la nécessité d'assimiler un code de conduite en matière de communication scientifique. Le système proposé capitalise sur les avantages des modèles existants de présentation. Il comprend également certains ajouts qui ont fait consensus au cours des dernières années. Précisons que le système proposé ne se veut pas exhaustif. Il vise d'abord à prévoir les cas les plus fréquents de références bibliographiques auquel fait face le chercheur débutant[1].

---

[1] Quatre ouvrages nous ont aidé à consigner les notices bibliographiques apparaissant dans les pages suivantes : Benoît Bernier, *Guide de présentation d'un travail de recherche* , Sillery, PUQ, 1979 (1973); Terry Cook *et al.*, *Références aux documents d'archives* , Ottawa, Archives publiques du Canada, 1983; Kate L. Turabian, *A Manual for Writers of Term Papers, Theses and Dissertations* , 5e éd., Chicago, University of Chicago Press, 1987 (1937) ; Jean-Guy Violette, sous la dir. de, *Guide pour la rédaction et la présentation des mémoires et thèses* , 1ere version, Québec, Université Laval, département d'histoire, 1987.

1. LES LIVRES

L'auteur

un auteur[2]

HOPKINS, Anthony G. *An Economic History of West Africa*. Londres, Longman, 1975 (1973). x-337 p., index, bibliogr., tabl., cartes géogr.

deux auteurs

BOHANNAN, Paul, et Laura BOHANNAN. *Tiv Economy* . Evanston (Ill.), Northwestern University Press, 1968. viii-265 p., bibliogr., index, tabl., cartes géogr., pl., diagr.

trois auteurs

LORENZI, Jean-Hervé, Olivier PASTRÉ et Joëlle TOLEDANO. *La crise du XXe siècle*. Paris, Economica, 1980. 387 p., tabl., graph., diagr.

plus de trois auteurs

WEITZMANN, Kurt, *et al. The Icon*. Trad. de l'italien. New York, Knopf, 1982 (éd. ital., 1981). 419 p., pl.

un organisme comme auteur[3]

Centre de recherche de littérature canadienne-française de l'Université d'Ottawa. *Le roman canadien-français : Évolution, témoignages, bibliographie*. Montréal et Paris, Fides, 1971 (1964). 458 p., coll. "Archives des lettres canadiennes", 3.

un organisme public comme auteur[4]

Canada, Commission royale sur l'union économique et les perspectives de développement du Canada (Commission Macdonald). *Rapport*. Ottawa, Ministère des Approvisionnements et Services, 1985. 3 vol., tabl., schémas, graph., bibliogr., ann.

sans nom d'auteur

Outstanding Women of Prince Edward Island. Charlottetown, Zanta Club of Charlottetown, 1981. vii-163 p., ill.

Le titre

un titre

DESAULNIERS, Jean-Pierre, et Philippe SOHET. *Mine de rien*. Montréal, Albert St-Martin, 1982. 158 p., ill., coll. "Communication".

---

[2] Toutes les références bibliographiques citées en exemple dans cette annexe sont présentées avec des collations complètes. La collation rend compte des particularités externes et physiques de l'ouvrage : nombre de pages, illustrations, cartes, plans, etc. Selon la coutume, ces particularités sont identifiées sous un mode abrégé. Les significations des abréviations communément utilisées dans la collation sont les suivantes : p. (page), t. (tome), vol. (volume), bibliogr. (bibliographie), tabl. (tableau), graph. (graphique), diagr. (diagramme), ill. (illustration), pl. (planche), fig. (figure), fasc. (fascicule), grav. (gravure), ann. (annexe), append. (appendice), chap. (chapitre), ms. (manuscrit), mss. (manuscrits).

[3] Si le nom émane d'unités particulières d'un organisme (service, direction, bureau, etc.), il faut indiquer la hiérarchisation des unités concernées. Ex. : Gouvernement du Québec, ministère de la Main-d'oeuvre et de la Sécurité du revenu, Direction générale des politiques et des programmes, Direction des politiques de sécurité du revenu. *Guide descriptif des programmes de sécurité du revenu, janvier 1983*. Québec, Ministère de la Main-d'oeuvre et de la Sécurité du revenu, 1983. vi-170 p., tabl., ann.

[4] Une autre façon de décrire les documents publics est également utilisée et peut être acceptée. L'individu, auteur personnel du mémoire, est désigné comme auteur. L'organisme devient alors l'éditeur de l'ouvrage. Ex.: MORIN, André. *Dépenses et rémunération dans les administrations publiques : Évolution et importance relative (Québec, Ontario, Canada, 1969-1979)*. Québec, Conseil du Trésor, Bureau de la recherche sur la rémunération, 1982. 73 p., tabl., ann.

un titre et un sous-titre[5]	GARRANTY, John A. *Unemployment in History : Economic Thought and Public Policy.* New York, Harper & Row, 1978. xii-273 p., index.
un titre dans une langue étrangère peu connue des lecteurs[6]	VOLBACH, Wolfgang Fritz. *Elfenbeinarbeiten der Spätantike und des Frühen Mittelalters* [Ivoires de la fin de l'antiquité et du haut moyen âge]. 3e éd. rev. et corr. Mayence, Philip von Zabern, 1976 (1916). 154 p., pl.
un titre bilingue	JEWSIEWICKI, Bogumil, avec Jocelyn LÉTOURNEAU. *Modes de production : Les défis africains / Mode of Production : The Challenge of Africa .* Québec, SAFI, 1985. 172 p., bibliogr.
titre du tome d'un ouvrage, même auteur	KOLAKOWSKI, Leszek. *Main Currents of Marxism.* Vol. 2 : *The Golden Age.* Trad. du polonais par P.S. Falla. Oxford, Oxford University Press, 1981 (1978). 542 p., bibliogr., index.
titre du tome d'un ouvrage, différents auteurs	BODY-GENDROT, Sophie *et al. De la première guerre mondiale à nos jours.* Tome 5 de *Histoire de la vie privée,* sous la dir. de Philippe Ariès et Georges Duby. Paris, Le Seuil, 1987. 634 p., ill., bibliogr., index.
actes d'un colloque	*La mosaïque gréco-romaine II. IIe Colloque international pour l'étude de la mosaïque antique* (Vienne, 30 août — 4 septembre 1971). Paris, Picard, 1975. 446 p., pl.
	BERNIER, Gérald, et Gérard BOISMENU, éd. *Crise économique, transformations politiques et changements idéologiques : Actes du colloque de la société québécoise de science politique* (Trois-Rivières, 25-26 mai 1983). Montréal, ACFAS, 1983. 523 p., tabl., graph., coll. "Cahiers de l'ACFAS", 16.
catalogue d'exposition	LESSARD, Michel. *Les Livernois, photographes.* Catalogue d'exposition (Québec, Musée du Québec, 18 juin - 23 août 1987). Québec, Musée du Québec/Québec Agenda, 1987. 338 p., ill., bibliogr.

Participations diverses à un ouvrage

direction, édition, compilation, etc.	PALMER, Robin, et Neil PARSONS, éd. *The Roots of Rural Poverty in Central and Southern Africa.* Berkeley et Los Angeles, University of California Press, 1977. 430 p., tabl., graph., cartes géogr., index, coll. "Perspectives on Southern Africa", 25.
traduction	TROFIMENKOFF, Susan Mann. *Visions nationales : Une histoire du Québec.* Trad. de l'anglais par Claire et Maurice Pergnier. Montréal, Trécarré, 1986 (éd. angl., 1983). 455 p., ill., bibliogr., index.

[5] L'usage connu est de donner et de souligner le sous-titre d'une publication. Le signe de ponctuation que nous recommandons pour marquer la séparation entre le titre et le sous-titre est le deux-points. Comme le sous-titre désigne généralement un sujet plus particulier que le titre, le deux-points indique que le sous-titre a une relation de déterminant par rapport au titre. Précisons que l'on doit adopter, tout au long d'un travail, la même façon d'indiquer la relation entre le titre et le sous-titre.

[6] La règle de base concernant les titres en langue française, italienne et espagnole est la suivante : on ne met une majuscule qu'aux noms propres. En langue anglaise, on écrit avec une majuscule la première lettre de tous les mots, sauf les articles, les prépositions et les conjonctions. En allemand, la première lettre de tous les noms, y compris les noms communs, s'écrit avec une majuscule. Dans tous les cas, le premier mot d'un titre et le premier mot d'un sous-titre s'écrivent avec une majuscule.

préface, introduction, *avant-propos, etc.*	LAMONTAGNE, Maurice. *Business Cycles in Canada : The Postwar Experience and Policy Directions.* Préf. de Walter Gordon. Toronto, James Lorimer / Canadian Institute for Economic Policy, 1984. xxxvi-194 p., tabl., graph.

Particularités de l'édition

nouvelle édition	AGLIETTA, Michel. *Régulation et crises du capitalisme : L'expérience des États-Unis (1870-1970).* Nouv. éd. rev. et aug. d'un avant-propos. Paris, Calmann-Lévy, 1982 (1976). 334 p., tabl., graph., coll. "Perspectives de l'économique : Économie contemporaine".
réimpression, même *maison d'édition*	DUROCHER, René, et Paul-André LINTEAU. *Le retard du Québec et l'infériorité économique des Canadiens français.* Montréal, Boréal Express, 1980 (1971). 172 p., coll. "Études d'histoire du Québec", 1.
réimpression, autre *maison d'édition*	ANDERSON, Perry. *Passages from Antiquity to Feudalism.* Londres, New Left Books, 1974. Réimpr., Londres, Verso, 1978. 304 p., index.

L'adresse bibliographique

*plusieurs lieux d'édi-**tion*[7]	BAXANDALL, Michael. *Patterns of Intention : On the Historical Explanation of Pictures.* Londres et New Haven, Yale University Press, 1985. 148 p., pl.
*deux maisons d'édi-**tion*[8]	JANSON, H.W. *History of Art : A Survey of the Major Visual Arts from the Dawn of History to the Present Day.* Englewood Cliffs (N.J.), Prentice-Hall / New York, Abrams, 1962. 572 p., ill.
édition échelonnée *dans le temps*[9]	RICOEUR, Paul. *Temps et récit.* Paris, Le Seuil, 1983-85. 3 t., coll. "L'ordre philosophique".

Cas particuliers

mémoire et thèse	LÉTOURNEAU, Jocelyn. "Accumulation, régulation et sécurité du revenu au Québec au début des années 1960". Thèse de doctorat, Québec, Université Laval, 1985. 902 p., bibliogr., tabl., graph., schémas.

---

[7] Si le nom du lieu d'édition est ambigu parce qu'il y a risque de confusion entre deux villes, il est préférable d'ajouter, après le nom de la ville, le nom du pays, de la province ou de l'état où se trouve la ville. Cet ajout se fait sous un mode abrégé et entre parenthèses. Ex.: Cambridge (Mass.); Cambridge (G.B.). Si le lieu est peu connu, il vaut mieux le préciser. Ex. : Gembloux (Belg.); Englewood Cliffs (N.J.). Lorsque le lieu de l'édition est écrit dans une langue étrangère, ce nom doit être traduit en français. On écrit ainsi Londres au lieu de London, Anvers au lieu de Antwerpen, Florence au lieu de Firenze. Enfin, si le lieu d'édition n'est pas indentifié, on indique s.1., ce qui veut dire "sans lieu".

[8] Il est préférable de réduire le nom de la maison d'édition à sa plus simple expression, à condition que cela ne crée aucun problème d'identification. On ne conserve pas les expressions à caractère commercial comme "et Cie", "Inc.", "Ltd". On peut également supprimer des expressions comme "Les Éditions", "Aux éditions de", etc.

[9] Lorsque plus de deux volumes ou tomes ont été publiés, on indique la date du premier volume (ou tome) et celle du dernier.

compte rendu	YOUNG, Brian. Compte rendu de l'ouvrage de Allan Greer, *Peasant, Lord and Merchant : Rural Society in Three Quebec Parishes, 1740-1840,* Toronto, University of Toronto Press, 1985. *Labour/Le Travail,* n° 20 (automne 1987), p. 250-251.

2. LES ARTICLES

Article de périodique[10]	FURET, François. "En marge des Annales : Histoire et sciences sociales". *Le Débat,* n° 17 (1981), p. 112-126.
volume, numéro, mois, trimestre	DECHÊNE, Louise. "La croissance de Montréal au XVIIIe siècle". *Revue d'histoire de l'Amérique française,* vol. 27, n° 2 (sept. 1973), p. 163-179.
article de journal[11]	THOMAS, Gordon. "Poison Gas : Deadly Perfume of the Desert". *The Globe and Mail,* 145e année, n° 43 268 (9 août 1988), p. A-7.
article dans un ouvrage collectif	STICHTER, Sharon. "The Formation of a Working Class in Kenya". Dans *The Development of an African Working Class : Studies in Class Formation and Action,* éd. par Richard Sandbrook et Robin Cohen, Toronto, University of Toronto Press, 1975, p. 21-48.
article republié dans un recueil	LÉTOURNEAU, Jocelyn. "L'imaginaire historique des jeunes Québécois". *Revue d'histoire de l'Amérique française,* vol. 41, n° 4 (printemps 1988), p. 553-574. Republié dans *Recherches actuelles et mémoires collectives,* sous la dir. de John R. Porter, Québec, CÉLAT, 1988, coll. "Actes du CÉLAT", 1, p. 103-124.
article d'encyclopédie, de dictionnaire...	JOUBERT, Louis. "Épizooties". *Encyclopaedia Universalis,* Paris, Encyclopaedia Universalis, 1984, corpus 7, p. 68-70.
section d'un ouvrage	YOYOTTE, Jean. "Égypte ancienne". Dans *Histoire de l'Art,* vol. 1 : *Le monde chrétien,* sous la dir. de Pierre Devambez, Paris, Gallimard, 1961, coll. "Encyclopédie de la Pléiade", p. 93-381.

3. LES AUTRES DOCUMENTS

disque[12]	RAVEL, Maurice. *Daphnis et Chloé : Ballet en un acte (fragments symphoniques, 2e série).* Boston Symphony Orchestra; New England Conservatory Chrorus; Claudio Abbado, chef d'orchestre. Deutsche Grammophon, 2530 038, 1970. 33 1/3 t. p. m., stéréo.

[10] Si des guillemets sont déjà compris dans le titre d'un article, on reproduit ces guillemets. Mais si ces guillemets sont insérés au début ou à la fin du titre, on ne met pas de doubles guillemets.

[11] La description complète d'un article de journal mentionne habituellement le nom du journal, suivi du nom de la ville (mis entre parenthèses). On peut cependant omettre le nom de la ville, si ce nom est bien connu des lecteurs. On ne l'indique pas s'il est compris dans le nom du journal (ex. : *New York Times*). Si le nom de la ville peut être confondu avec celui d'une autre ville ou est trop peu connu, il vaut mieux ajouter le nom de l'état, de la province ou du pays. Ex. : *Le Quotidien* (Chicoutimi).

[12] La description comprend le nom de l'auteur, le titre au long, des mentions spéciales (s'il y a lieu), la compagnie de production, le numéro d'identification du disque, la date (si disponible), la description technique.

film[13]	LAMOTHE, Arthur. *De Montréal à Manicouagan*. Film cinémato-graphique. Office national du film. S.l., s.n., 1963. 1 bobine : 27 min., son, n. et b., film 16 mm.
film conservé sur vidéocassette[14]	ARCAND, Denys. *Le déclin de l'empire américain*. Enregistrement vidéo. Corporation image, M et M et l'Office national du Film. Montréal, O.N.F., 1986. 1 cassette : 102 min., son, coul., VHS.
émission de télévi-sion[15]	*La semaine verte, 14 novembre 1976*. Enregistrement vidéo. Radio-Canada, 1976. 1 cassette : 30 min., son, n. et b., vidéo 3/4 po.
carte tirée d'un atlas	COLTON, J.H., et A.J. JOHNSON. *Johnson's New Brunswick, Nova Scotia, Newfoundland and Prince Edward Island*. [1: 3 000 000]. [1862]. 1 carte : ms., 19 x 36 cm. Dans *Johnson's New Illustrated... Family Atlas...* New York, Johnson and Ward, 1862, pl. 19.

4. LES DOCUMENTS D'ARCHIVES[16]

une pièce d'archives[17]	Archives publiques du Canada, Fonds William Lyon Mackenzie King, MG 26 J1, vol. 20, p. 18601-18603. W.L.M. King à Sydney Fisher, 15 août 1913.
pièce d'archives reproduite[18]	Grande-Bretagne, Archives du Colonial Office, CO 42, vol. 57, p. 114-117 ; Archives publiques du Canada, MG 11, microfilm, bobine M-43. Défense, Drummond & Jordan vs Andrew Cameron, 1780.
document sonore[19]	Archives publiques du Canada, Archives nationales du film, de la télévision et de l'enregistrement sonore, Fonds Peter Stursberg, n°

[13] La notice comprend le nom de l'auteur, le titre, le médium, des éléments du générique (s'il y a lieu), le ou les producteur(s), le lieu de production, l'organisme responsable de la réalisation, l'année de production, la description matérielle.

[14] Se décrit comme un film.

[15] Si l'émission s'insère dans une série, l'intitulé de cette émission s'apparente alors à un sous-titre. Ex. : *Le 60-80 : Le rêve des sociologues*. Enregistrement vidéo. Réalisation, Jacques Faure; animation, François Ricard. Montréal, Radio-Québec, 1983. 1 cassette : 29 min., son, coul., vidéo 3/4 po.

[16] Cette section emprunte largement au document publié par les Archives du Canada, *Références aux documents d'archives* (Ottawa, 1983) et rédigé sous la direction de Terry Cook. Certaines modifications aux modèles proposés dans la publication des APC ont toutefois été apportées.

[17] La notice bibliographique d'un document d'archives comprend deux grandes sections : localisation et description de la pièce. Les éléments d'information à mentionner sont les suivants : dépôt, titre du fonds, cote du fonds, volume, page, description de la pièce. Noter que dans la description d'un document d'archives, le titre doit être reproduit textuellement. Celui-ci peut être mis en italique ou souligné, si le document a été publié, ou entre guillements s'il s'agit d'un document inédit. Lorsqu'un titre officieux est fourni par le chercheur, il ne doit pas être mis en relief.

[18] Si l'on utilise la reproduction d'un document d'archives conservé dans un autre dépôt, la référence doit être celle du dépôt possédant l'original, suivie de la cote de localisation et du numéro de bobine du document reproduit.

[19] La référence inclut la localisation du document (dépôt, titre du fonds, n° d'entrée, cote topographique et n° de conservation, le cas échéant), la description du document, la date d'enregistrement ou de diffusion, la durée de l'enregistrement.

d'entrée 72-51, n° 130. Interview de Howard Green par Peter Stursberg, 26 octobre 1971, 3 min.

carte manuscrite[20] HALL, Wm., et John B. DUBERGER. "Plan of the Fortifications of Quebec with the New Works Proposed". 1: 2 400. 1er août 1804. 1 carte en deux sections : ms., coul., 71 x 126 cm. Archives publiques du Canada, Collection nationale des cartes et plans, NMC 11082.

carte imprimée[21] ARROWSMITH, J. *British North America*. [1 : 9 504 000]. Londres, J. Arrowsmith, 15 février 1832. 1 carte : col. à la main, 49 x 64 cm. D'après le fichier de la Collection nationale de cartes et de plans, 1ere version. Archives publiques du Canada, Collection nationale de cartes et de plans, NMC 9799.

plan architectural[22] EWART, J.A. "Factory Building for Steel Equipment Co. Ltd, Pembroke, Ont., 1 1/2" Scale Detail of Entrance Door". [1913]. 1 plan : 80 x 120 cm. Archives publiques du Canada, Collection nationale des cartes et plans, Fonds Ewart, n° d'entrée 77803/14, article n° 181.

photographie tirée d'un fonds public[23] Campement indien et canots, lac Mistassini (Qué.). 1884. Photo de A.P. Low. Négatif sur plaque de verre : 16,7 × 21,7 cm. Archives publiques du Canada, Collection nationale de photographies, Fonds de la Commission géologique du Canada, n° d'entrée 1970-88, série B, article n° 795, PA-50820.

photographie tirée d'un fonds privé "Skylight". 1934. Photo de Arthur H. Lomax. Bromure d'argent : 30,4 × 23,5 cm. Archives publiques du Canada, Fonds Arthur H. Lomax, n° d'entrée 1982-220, article n° 14, PA-126643. Taken in daylight with a 3 × 4 Forth Derby camera. Droit d'auteur : Arthur H. Lomax, R.R. 2, Dundas (Ont.). Épreuve pour le salon de la photographie.

---

[20] La description comprend le nom de l'auteur, le titre, l'édition ou la version (s'il y a lieu), l'échelle, la date d'exécution de la carte, le support et le nombre d'unités, les autres caractéristiques matérielles, les dimensions, la série (s'il y a lieu), la localisation. L'utilisation des crochets indique une incapacité d'identifier un élément de description avec certitude. Noter que le titre d'une carte manuscrite est placé entre guillemets. Enfin, localisation et description sont inversées.

[21] La description comprend les éléments suivants : le nom de l'auteur, le titre, l'édition ou la version, l'échelle, le lieu de publication, le nom de l'éditeur, la date de publication, le support et le nombre d'unités, les autres caractéristiques matétielles, les dimensions, la série (s'il y a lieu), la localisation. Noter que le titre d'une carte imprimée est souligné. Enfin, lorsqu'une carte a plusieurs versions, il faut ajouter ces renseignements à la fin de la description de la pièce.

[22] La description comprend le nom de l'auteur, le titre, la date d'exécution, le support, les autres caractéristiques matérielles, les dimensions, la localisation. La notice bibliographique doit comprendre le nom de l'architecte ou du cabinet d'architectes.

[23] Les informations devant apparaître dans la notice bibliographique sont les suivantes : le titre de la pièce, le lieu, la date, le nom du photographe, le type de photographie, les dimensions (hauteur et largeur), le titre du fonds ou de la collection, le numéro d'entrée, la série, le numéro de la pièce, l'inscription (s'il y a lieu), les restrictions concernant la reproduction et l'utilisation (par exemple : la mention du droit d'auteur), d'autres notes (s'il y a lieu). Noter que le titre donné par le photographe est mis entre guillemets. Le titre créé n'est pas mis en relief.

5. LA DESCRIPTION D'OBJETS[24]

<table>
<tr>
<td>légende d'une photo-
graphie de peinture
conservée dans un
musée [25]</td>
<td>Botticelli. Adoration des mages. Début des années 1480. Huile sur bois : 70,2 × 104,2 cm. Washington, National Gallery of Art, coll. Mellon, n° 22 (Photo : Washington, National Gallery of Art).</td>
</tr>
<tr>
<td>légende d'une photo-
graphie de peinture
tirée d'un ouvrage</td>
<td>Henri Matisse. L'Asie. 1946. Vence. Huile sur bois : 116 × 0,81 cm. New York, Metropolitan Museum of Art (Photo tirée de Henri Matisse : Exposition du centenaire, Paris, Réunion des Musées Nationaux, 1970, fig. 198).</td>
</tr>
<tr>
<td>légende d'une photo-
graphie de peinture
attribuée à un auteur</td>
<td>Jan van Eyck (attrib. à). Crucifixion. Vers 1430-35. Panneau transféré sur canevas : 56,5 × 19,8 cm. New York, Metropolitan Museum of Art (Photo : New York, Metropolitan Museum of Art).</td>
</tr>
<tr>
<td>légende d'une photo-
graphie de sculpture</td>
<td>Région mosane. Pied de croix reposant sur des statuettes. Vers 1177-1186. Tilleul : haut. 250,4 cm. Creglingen, Herrgottskirche (Photo : G. Schaffert, Foto-Droguerie Kurt Anslinger, Crelingen/ Tauber).</td>
</tr>
<tr>
<td>légende d'une photo-
graphie d'objet</td>
<td>Amphore à col. Athènes, Agora P20177 (Photo : Musée).

Héraclius. Pièce de cuivre de douze nummia , droit. Alexandrie, 613-618. Diam. 15 mm. Birmingham, University of Birmingham, Barber Institute of Fine Arts (Photo tirée de P.D. Whitting, Monnaies byzan-tines, Paris, Bibliothèque des Arts, 1973, fig. 223).</td>
</tr>
<tr>
<td>légende d'une photo-
graphie d'édifice[26]</td>
<td>Le Corbusier. Notre-Dame du Haut, Ronchamp, France. 1950-54. Intérieur, vers le sud (Photo extraite de H.W. Janson, History of Art, 2e éd. Englewood Cliffs (N.J.), Prentice-Hall, 1977, pl. 141).

Tewkesbury, église abbatiale, XIIe siècle. Extérieur, transept sud, mur est, détail des arcades aveugles (Photo : Jean-Guy Violette).

Rue Buade. Bureau de poste de Québec. Pierre Gauvreau, architecte. 1871-73. Le bâtiment après les transformations et les agrandissements de 1913 (Photo : Archives publiques du Canada, PA 23952).</td>
</tr>
</table>

[24] Cette section reprend presque intégralement les spécifications apparaissant dans l'ouvrage réalisé sous la dir. de Jean-Guy Violette, *Guide pour la rédaction et la présentation des mémoires et thèses* , 1ere version, Québec, Université Laval, département d'histoire, 1987.

[25] La description comprend les éléments suivants: le nom de l'auteur (s'il est connu), le titre de l'oeuvre (ou le sujet de l'oeuvre), la date de l'oeuvre (ou sa datation), le lieu où l'oeuvre fut réalisée et est encore conservée ou le lieu d'où elle provient, le médium et le support, les dimensions, le lieu de conservation (si l'oeuvre n'est pas conservée *in situ*), avec la collection particulière d'un musée (s'il y a lieu) et le numéro d'inventaire (s'il y a lieu), la source de la photographie, le numéro du négatif (s'il y a lieu). Si la photographie est de l'auteur, on écrit (Photo : auteur). Si cette photographie est fournie par une institution, on indique la ville et le nom de l'institution. Une photographie tirée d'une publication s'indique de la manière suivante : (Photo extraite de Weitzman *et al.*, *The Icon*, New York, Knopf, 1982, p. 186).

[26] La description comprend habituellement le nom de l'architecte (s'il y a lieu), le nom donné à l'édifice (ou sa fonction), la ville ou se trouve l'édifice, la date (ou la datation), la vue particulière offerte par la photographie ou la partie de l'édifice qui est photographiée, la source de la photographie. Noter que ces divers éléments peuvent être disposés de plusieurs façons. Tout est fonction des éléments de description connus et disponibles, et de ce que l'on veut mettre en valeur.

Annexe II

Comment se référer à un document

Un travail de recherche comporte ordinairement de nombreuses notes en bas de page. Certaines visent à nuancer ou à détailler le texte principal : on les appelle notes de contenu. D'autres renvoient à des publications dont le chercheur s'est servi pour bâtir son argumentation ou documenter son propos : il s'agit des notes de référence.

Cette annexe propose certaines normes en matière de présentation des notes de référence. Le but visé est la simplicité et la clarté du renvoi. C'est pourquoi nous ne reprenons pas intégralement les prescriptions du système conventionnel.

L'annexe comprend trois sections portant respectivement sur la première référence à un document (§1), la référence subséquente (§2) et les cas particuliers de référence (§3). Précisons que nous avons largement emprunté, pour la confection de cette annexe, au *Guide pour la rédaction et la présentation des mémoires et thèses* (sous la dir. de Jean-Guy Violette, Québec, département d'histoire, Université Laval, 1987), et au petit ouvrage des Archives publiques du Canada, *Références aux documents d'archives* (sous la dir. de Terry Cook, Ottawa, APC, 1983).

1. SE RÉFÉRER À UN DOCUMENT POUR LA PREMIÈRE FOIS

Règles de base

la ponctuation	Toutes les sections de la référence doivent être séparées par une virgule, jamais un point. Il s'agit d'une convention universelle qui doit être strictement appliquée.
la première référence	Elle doit être suffisamment complète, c'est-à-dire comprendre les éléments essentiels de description. Cette façon de faire concorde avec l'esprit général qui préside à la composition des notes, soit l'économie et la simplicité de la lecture. Lorsqu'une référence n'apparaît pas en bibliographie, on adoptera toutefois une description plus élaborée.

Les éléments essentiels de description dans le cas...

d'un livre[1]	Anthony G. Hopkins, *An Economic History of West Africa*, Londres, Longman, 1975 (1973).

---

[1] En note, le prénom précède toujours le nom de l'auteur. Aucun signe de ponctuation ne sépare les deux éléments. Cette règle vaut pour tous les genres de documents.

215

d'un livre réédité[2]	Jacques Le Goff, *La civilisation de l'Occident médiéval*, 4e éd., Paris, Arthaud, 1972 (1964).
d'une réimpression, autre maison d'édition[3]	Perry Anderson, *Passages from Antiquity to Feudalism*, Londres, Verso, 1978.
de deux auteurs	Jean Hamelin et Jean Provencher, *Brève histoire du Québec*, Montréal, Boréal Express, 1981.
d'une direction, édition, compilation	Joe Parr, éd., *Childhood and Family in Canadian History*, Toronto, McClelland and Stewart, 1982.
d'un ouvrage avec sous-titre[4]	Boubacar Barry, *Le royaume du Waalo : Le Sénégal avant la conquête*, préf. de Samir Amin, Paris, Maspero, 1972.
d'un livre avec tomes	Jean Hamelin et Nicole Gagnon, *Histoire du catholicisme québécois : Le XXe siècle*, tome I : *1898-1940*, Montréal, Boréal, 1984.
de plusieurs tomes, différents auteurs	Sophie Body-Gendrot et al. , *De la première guerre mondiale à nos jours*, tome 5 de *Histoire de la vie privée*, sous la dir. de Philippe Ariès et Georges Duby, Paris, Le Seuil, 1987.
du passage cité[5]	Perry Anderson, *Lineages of the Absolutist State*, Londres, Verso, 1979 (1974), p. 323.
de l'article de périodique	Arthur Clegg, "Craftsmen and the Origin of Science", *Science & Society*, vol. XLIII, n° 2 (été 1979), p. 186-201.
de l'article de journal	Réal Laberge, "Bombardier décroche un contrat à Houston", *Le Soleil*, 16 septembre 1988, p. B-1.

[2] Les informations concernant l'édition doivent inclure la mention de la première date d'édition de l'ouvrage. Certaines informations concernant les particularités de la nouvelle édition (revue et corrigée, augmentée, etc.) devraient également apparaître. Ex. : Henry B. Parkes, *Histoire du Mexique*, nouv. éd. mise à jour, Paris, Payot, 1971 (1939).

[3] Il n'est pas nécessaire d'indiquer, s'il y a lieu, la maison responsable de l'édition antérieure (dans ce cas-ci : New Left Books, 1974).

[4] On peut laisser tomber le sous-titre lorsque l'information qu'il communique n'a pas d'importance pour la compréhension de la référence (ou des références subséquentes). S'il s'agit d'un titre bilingue, on mentionnera cependant les intitulés des deux langues. Ex. : Bogumil Jewsiewicki avec Jocelyn Létourneau, *Modes de production : Les défis africains / Mode of Production : The Challenge of Africa*, Québec, Safi, 1985.

[5] Il importe de mentionner le passage précis qui a été utilisé, c'est-à-dire la page ou les pages qui sont citées. Si l'ouvrage comprend plusieurs volumes, il faut mentionner le volume auquel l'on se réfère. Ex. : Gertrud Schiller, *Iconography of Christian Art*, vol. II, Greenwich (Conn.), Graphic Society, 1972, p. 101. Il est possible de citer une section ou un chapitre d'un ouvrage. Ex. : Marc Bloch, *La société féodale*, Paris, Albin Michel, 1973 (1939), t. 1, 1ere part., chap. 2. Si l'on veut indiquer une référence qui commence à une page, sans donner la page extrême où elle finit, on se sert de l'abréviation "suiv." (qui veut dire "et les pages suivantes"). Ex. : p. 665 suiv. Enfin, si l'on veut indiquer que l'information se trouve distribuée ici et là à travers une portion de texte, on peut utiliser le terme latin *passim* (qui veut dire "ici et là"). Ex. : p. 665-700 *passim*.

de l'article dans un ouvrage collectif	Sharon Stichter, "The Formation of a Working Class in Kenya", dans *The Development of an African Working Class : Studies in Class Formation and Action*, éd. par Richard Sandbrook et Robin Cohen, Toronto, University of Toronto Press, 1975, p. 21-48.
de l'article d'encyclopédie	Louis Joubert, "Épizooties", *Encyclopaedia Universalis*, Paris, 1984, corpus 7, p. 68-70.
de l'article republié dans un recueil[6]	Jocelyn Létourneau, "L'imaginaire historique des jeunes Québécois", dans *Recherches actuelles et mémoires collectives*, sous la dir. de John R. Porter, Québec, CÉLAT, 1988, p. 103-124.
du compte rendu	Brian Young, compte rendu de l'ouvrage de Allan Greer, *Peasant, Lord and Merchant : Rural Society in Three Quebec Parishes, 1740-1840*, *Labour/Le Travail*, n° 20 (automne 1987), p. 250-251.
du mémoire ou de la thèse	Jocelyn Létourneau, "Accumulation, régulation et sécurité du revenu au Québec au début des années 1960", thèse de doctorat, Québec, Université Laval, 1985.
des actes d'un colloque[7]	Gérald Bernier et Gérard Boismenu, éd., *Crise économique, transformations politiques et changements idéologiques : Actes du colloque de la SQSP* (Trois-Rivières, 25-26 mai 1983), Montréal, ACFAS, 1983.
du catalogue d'exposition[7]	Michel Lessard, *Les Livernois, photographes*, catalogue d'exposition (Québec, Musée du Québec, 18 juin-23 août 1987), Québec, Musée du Québec/ Québec Agenda, 1987.
d'un disque	Maurice Ravel, *Daphnis et Chloé : Ballet en un acte (fragments symphoniques, 2e série)*, Deutsche Grammophon, 2530 038, 1970, 33 1/3 t. p. m., stéréo.
d'un film	Arthur Lamothe, *De Montréal à Manicouagan*, film cinématographique, O.N.F., s.l., s.n., 1963, 1 bobine : 27 min., son, n. et b., film 16 mm.
d'une émission de télévsion	*La semaine verte, 14 novembre 1976*, enregistrement vidéo, Radio-Canada, 1976, 1 cassette : 30 min., son, n. et b., vidéo 3/4 po.
du document d'archives[8]	A.P.C., Fonds W.L.M. King, vol. 20, p. 18601-18603, King à Fisher, 15 août 1913.
d'une carte manuscrite[9]	Wm. Hall et John B. Duberger, "Plan of the Fortifications of Quebec with the New Works Proposed", 1 : 2 400, 1er août 1804, APC, Collection nationale de cartes et plans, NMC 11082.

[6] Il n'est pas nécessaire d'indiquer la référence de la première publication.

[7] La mention des dates du colloque ou de l'exposition est facultative. Si l'on juge pertinent de les indiquer, on les mettra entre parenthèses pour bien montrer qu'elles ne font qu'ajouter une information par rapport au colloque.

[8] Dans la mesure où la référence à un document d'archives est donnée au long dans la bibliographie accompagnant tout travail de recherche, elle peut être, dans le corps du texte, présentée de façon abrégée. On aura soin de mentionner les éléments d'information indispensables touchant à la localisation et à la description de la pièce. Dans le cas présent, APC fait référence aux Archives publiques du Canada.

[9] Notice abrégée d'une référence présentée au long dans la bibliographie.

d'une carte imprimée[10]	J.H. Colton et A.J. Johnson, *Johnson's New Brunswick, Nova Scotia, Newfoundland and Prince Edward Island*, [1 : 3 000 000], [1862], dans *Johnson's New Illustrated... Family Atlas...* New York, Johnson and Ward, 1862.
d'un document sonore[11]	APC/ANFTES, Fonds Peter Stursberg, n° d'entrée 72-51, n° 130, interview de Howard Green par Peter Stursberg, 26 octobre 1971, 3 min.
d'un plan architectural	J.A. Ewart, "Factory Building for Steel Equipment Co. Ltd, Pembroke, Ont, 1 1/2″ Scale Detail of Entrance Door", [1913], 1 plan : 80 × 120 cm, APC, Collection nationale des cartes et plans, Fonds Ewart, n° d'entrée 77803/14, art. n° 181.
d'une photographie	Campement indien et canots, lac Mistassini (Qué.), 1884, photo de A.P. Low, APC, Collection nationale de photographies, Fonds de la Commission géologique du Canada, n° d'entrée 1970-88, série B, art. n° 795, PA-50820.

2. LES RÉFÉRENCES SUBSÉQUENTES

Elles sont données sous un **mode abrégé**. La méthode habituelle fait usage de plusieurs abréviations d'expressions latines : *ibid.* (de *ibidem*, au même endroit); *id.* (de *idem*, le même auteur); *op. cit.* (de *opere citato*, dans l'ouvrage cité) et *loc. cit.* (de *loco citato*, au lieu cité). Généralement, l'abréviation *op. cit.* n'est utilisée que pour la référence à un livre. Elle remplace le titre et toute l'information relative à l'édition, y compris l'adresse bibliographique. L'abréviation *loc. cit.* est réservée aux références des articles (ou l'équivalent). Évidemment, on ne peut utiliser les expressions *op. cit.* et *loc. cit.* que si, entre la première référence et une référence subséquente, on ne cite pas un livre ou un article du même auteur. Dans ce cas, la référence subséquente doit comporter le titre du livre ou de l'article. Ce titre sera cependant abrégé s'il est le moindrement long. Enfin, on cesse d'utiliser les abréviations *op. cit.* et *loc. cit.* dans le cas où la première référence est très éloignée d'une référence subséquente, par exemple une vingtaine de pages. On répète alors le titre de la publication.

La méthode que nous recommandons simplifie ce système en ne conservant que l'expression *ibid*. Celle-ci garde sa signification conventionnelle de "au même endroit", c'est-à-dire "au même ouvrage", "au même article", etc. Dans le cas où il peut y avoir confusion entre des titres, on répète le titre sous une forme abrégée. S'il n'y a pas risque de confusion, on se contente d'indiquer le nom de l'auteur. Il peut suffire d'indiquer le nom de l'auteur lorsqu'une seule de ses publications est mentionnée dans les notes. Cependant, si la référence subséquente est éloignée de la première référence, il est nécessaire de répéter le titre.

Dans la méthode habituelle comme dans celle que nous proposons, on abrége un titre de la manière suivante :

---

[10] L'emploi des crochets signifie que les informations données n'apparaissent pas sur la carte.

[11] ANFTES signifie Archives nationales du film, de la télévision et de l'enregistrement sonore.

Robert Choquette, *L'Église catholique dans l'Ontario français du dix-neuvième siècle*, Ottawa, Éditions de l'Université d'Ottawa, 1985.
devient
Choquette, *L'Église catholique*.

Gérard Bouchard, "Les prêtres, les capitalistes et les ouvriers à Chicoutimi, 1896-1930", *Le Mouvement social*, n° 112 (1980), p. 5-23.
devient
Bouchard, "Les prêtres".

Les deux exemples apparaissant à la page suivante illustrent l'un et l'autre système de référence. Celui que nous recommandons apparaît à la suite du premier. On peut immédiatement noter sa simplicité.

Le principe de la référence abrégée s'applique également aux documents d'archives. L'abréviation *ibid* remplace alors tous les éléments communs d'une référence qui en suit immédiatement une autre. Exemple[12] :

1. Archives publiques du Canada, Archives du ministère de l'Agriculture, RG 17, vol. 1631, dossier 1097 A, John Lowe à Hector Fabre, 14 septembre 1885.

2. *Ibid.*, Lowe à Henry Jones, 13 mars 1888. [Indique une autre lettre du même dossier et du même volume que la lettre indiquée à la référence numéro 1].

3. *Ibid.*, 18 mars 1888. [Indique une deuxième lettre de Lowe à Jones tirée du même dossier et du même volume que la lettre indiquée à la référence numéro 1].

4. *Ibid.* [Indique une deuxième citation tirée de la lettre du 18 mars 1888 dont il est fait mention à la référence numéro 3].

3. CAS PARTICULIERS DE RÉFÉRENCES BIBLIOGRAPHIQUES

La référence partielle

Lorsqu'une partie des éléments de la référence bibliographique est donnée dans le texte principal, on ne reprend pas ces éléments dans la note. Cette règle s'applique au nom de l'auteur ainsi qu'au nom de l'auteur accompagné du titre de l'ouvrage. Par exemple, si dans le texte principal il est question de Jacques Le Goff ou de Jacques Le Goff et de son ouvrage *La civilisation de l'Occident médiéval*, les notes prendront respectivement la forme suivante :

1. *La civilisation de l'Occident médiéval*, Paris, Arthaud, 1972 (1964), p. 600.

2. Paris, Arthaud, 1972 (1964), p. 600.

La double référence

Quand une référence à un ouvrage a été prise dans un autre ouvrage, il faut mentionner les deux références. C'est ce que l'on appelle la double référence. On utilise alors des expressions telles que "cité dans", "cité par", "X citant". On peut faire usage du point-virgule pour séparer les deux parties de la référence. Exemple :

1. J. Makek, *Le mouvement hussite en Bohème*, Prague, 1958, p. 247-248 ; cité dans Francis Rapp, *L'Église et la vie religieuse en Occident à la fin du moyen âge*, 2e éd., Paris, PUF, 1980 (1971), p. 292.

[12] Tiré de Terry Cook, sous la dir. de, *Références aux documents d'archives*, Ottawa, APC, 1983, p. 20.

LA MÉTHODE HABITUELLE

37. Robert Choquette, *L'Église catholique dans l'Ontario français du dix-neuvième siècle*, Ottawa, Éditions de l'Université d'Ottawa, 1985, p. 30.
38. *Ibid.*
39. Gérard Bouchard, "Les prêtres, les capitalistes et les ouvriers à Chicoutimi, 1896-1930", *Le Mouvement social*, n° 112 (1980), p. 10.
40. Choquette, *op. cit.*, p. 90.
41. *Ibid.*, p. 92.
42. Bouchard, *loc. cit.*, p. 20.
43. *Ibid.*, p. 21.
44. Robert Choquette, "Problèmes de moeurs et de discipline ecclésiastique : Les catholiques des Prairies canadiennes de 1900 à 1930", *Histoire sociale/Social History*, vol. VIII, n° 15 (mai 1975), p. 115.
45. Bouchard, *loc. cit.*, p. 19.
46. Choquette, "Problèmes de moeurs", p. 119.
47. *Id.*, *L'Église catholique*, p. 50.
48. *Id.*, p. 56.

LA MÉTHODE QUE NOUS PROPOSONS

37. Robert Choquette, *L'Église catholique dans l'Ontario français du dix-neuvième siècle*, Ottawa, Éditions de l'Université d'Ottawa, 1985, p. 30.
38. *Ibid.*
39. Gérard Bouchard, "Les prêtres, les capitalistes et les ouvriers à Chicoutimi, 1896-1930", *Le Mouvement social*, n° 112 (1980), p. 10.
40. Choquette, p. 90.
41. *Ibid.*, p. 92.
42. Bouchard, p. 20.
43. *Ibid.*, p. 21.
44. Robert Choquette, "Problèmes de moeurs et de discipline ecclésiastique : Les catholiques des Prairies canadiennes de 1900 à 1930", *Histoire sociale/Social History*, vol. VIII, n° 15 (mai (1975), p. 115.
45. Bouchard, p. 19.
46. Choquette, "Problèmes de moeurs", p. 119.
47. Choquette, *L'Église catholique*, p. 50.
48. *Ibid.*, p. 57.

Plusieurs références dans une note

Pour éviter de multiplier abusivement les notes, il est recommandé de juxtaposer plusieurs références dans une seule note, lorsque ces références se rapportent à un même endroit du texte. On peut utiliser le point-virgule ou le point pour séparer les diverses références. Exemple :

1. Marc Bloch, *La société féodale*, Paris, Albin Michel, 1973 (1939), p. 195; Jacques Le Goff, *La civilisation de l'Occident médiéval*, Paris, Arthaud, 1972 (1964), p. 300; Georges Duby, *Adolescence de la chrétienté occidentale, 980-1140*, Genève, Skira, 1967, p. 57.

Certaines notes sont à la fois note de contenu et note de référence. Dans ce cas, la référence sera ou non précédée d'une introduction. On peut se servir des termes "voir" ou "cf." (abréviation de l'impératif latin *confer* , qui veut dire compare) pour introduire brièvement une référence. Exemple :

1. À ce sujet, l'argumentation de Boubacar Barry rejoint d'ailleurs celle de Paul et Laura Bohannan dans leur ouvrage *Tiv Economy*, Evanston (Ill.), Northwestern University Press, 1968, p. 17. Cf. aussi l'article de P. Bohannan, "Some Principles of Exchange and Investment among the Tiv", *American Anthropologist*, vol. LVII, n° 1, part 1 (février 1955), p. 60-69.

Liste des collaborateurs

CLAUDE BOUDREAU — étudiant au doctorat, département de géographie, Université Laval

GAÉTAN DROLET — conseiller à la documentation, Bibliothèque de l'Université Laval

HÉLÈNE GAUDREAU — chargée d'enseignement au CÉLAV; assistante à la rédaction, revue *Études littéraires* , département des littératures, Université Laval

GEORGES-P. LÉONIDOFF — historien d'art, recherchiste à la Commission des biens culturels du Québec

JOCELYN LÉTOURNEAU — professeur, département d'histoire, Université Laval; chercheur au CÉLAT

JACQUES MATHIEU — professeur, département d'histoire, Université Laval; chercheur au CÉLAT

SYLVIE PELLETIER — étudiante au doctorat, département d'histoire, Université Laval

JOHN R. PORTER — professeur, département d'histoire, Université Laval; chercheur au CÉLAT

DIDIER PRIOUL — historien d'art, conservateur au Musée du Séminaire de Québec

JEAN-GUY VIOLETTE — professeur, département d'histoire, Université Laval

DIANE VINCENT — professeure, département de langues et linguistique, Université Laval; chercheuse au CÉLAT.

Table détaillée des matières

II
DE LA DÉFINITION D'UN SUJET DE RECHERCHE
À LA RÉDACTION D'UN TRAVAIL LONG